마르크스주의자들의 종교비판을 넘어서서

한반도 화해신학 서설

이 도서의 국립중앙도서관 출판예정도서목록(CIP)은 서지정보유통지원시스템 홈페이지(http://seoji.nl.go.kr)와 국가
자료공동목록시스템(http://www.nl.go.kr/kolisnet)에서 이용하실 수 있습니다. (CIP제어번호 : CIP2015026908)

마르크스주의자들의
종교비판을 넘어서서

한반도 화해신학 서설
Overcoming the Marxist Criticism on Religion

홍성현 지음

한울
아카데미

서문

한반도에 사는 약 8000만 한민족이 삼팔선을 가운데 두고 남북으로 갈라져 서로 총부리를 겨누고 있는 이 참담한 현실을 극복하고, 통일된 나라를 속히 이뤄내 평화롭게 살기 위해 예수의 삶과 교훈을 최고의 가치로 믿고 따르는 한국 기독교인이 시급히 준비해야 할 것은, 약 50년 동안 이른바 주체사상의 영향으로 기독교를 거부했거나 또는 기독교를 전혀 접하지 못했던 이북 동포가 이해하고 수용할 수 있는 기독교 신앙의 체계적인 서술, 즉 통일 후의 기독교 신학이다. 현재 한국 기독교인의 삶, 신앙, 신학으로는 통일 후 이북 동포에게 다가가기 쉽지 않다고 생각하고 남북한 동포가 같이 만날 날을 대비해 화해신학의 서설이라도 장만하고자 이 책을 쓴다.

"호랑이 굴에 들어가려면 먼저 호랑이의 특성을 알아야 한다"라는 격언에서 보듯이 우선 한국 기독교인이 알아야 할 것은 이북 민중의 머리에 가득 차있는 주체사상을 이해하는 일이다. 이른바 '김일성주의'라고도 불리는 이북의 주체사상은 사회주의 이북의 핵심 사상인데, 그 사상을 이해하려면 공산주의 사상의 뿌리인 카를 마르크스(Karl Marx)의 사상부터 알아야 한다. 필자는 이 책에서 공산주의 시조인 마르크스로 거슬러 올라가 그가 기독교를 왜 그리고 어떻게 비판했는지를 먼저 살피고, 다음으로 마르크스 사상을 정치와 경제 전반에 접목시킨 블라디미르 레닌(Владимир Ленин)의 사상을 알아보며, 마지막으로 김일성과 그의 추종자들의 기독교 비판을 살피려 한다.

이 분야의 연구 여건과 분위기가 좋지 않은 가운데 집필해야 하기에 독자의 기대에 크게 부응할지 걱정이다. 다만 이 연구서가 자극이 되어 이 방면의 연구가 앞으로 좀 더 심도 있게 진행된다면 그것만으로 이 연구서를 펴낸 보람을 가지려 한다. 이북의 공산화 과정에서 노회나 지교회의 활동이나 개 교회 목회자들의 희생과 고통 등에 관해서는 자료가 없어 언급하지 못함을 이해해주기 바란다. 또한 많은 목회자와 교우가 희생된 사실을 듣고 있지만 이 책에서 구체적으로 취급하지 못함을 양해해주기 바란다. 이북 자료를 찾는 과정에서 김일성의 글과 그를 추종하는 이북 학자들의 글을 접하다 보니 자칫 오해를 일으킬 수 있는 고찰도 있음 직하다는 것을 인정한다. 바라기는 사실에 어긋나는 것이 있다면 증거 자료와 함께 주저 없이 필자에게 알려주기 바란다. 본문에서 종종 언급하겠지만 이 책은 실제 상황을 경험하지 못한 필자가 이북 학자들의 기록에 의존해 이북 사회를 지배하고 있는 이데올로기를 이론적으로 만나 씨름한 것임을 늘 염두에 두면서 읽어주기 바란다.

통일 후 한국 기독교인이 대면할 상대인 이북 사람을 미리 아는 방법은 여러 가지일 것이다. 여기서는 그들의 사상과 이론을 그들의 기록을 통해 독자에게 펼쳐 보이려 노력했다. 모세가 가나안 정복을 위해 정탐꾼을 보냈을 때 갈렙과 다른 사람들의 보고가 엇갈렸다. 갈렙은 가나안이 젖과 꿀이 흐르는 복된 땅이고 거기에 사는 사람들은 강하고 성읍은 견고하며 실로 크다고 보고했다. 그런데 다른 정탐꾼들은 그 땅이 거민을 삼키는 땅이라고 악평했다. 이스라엘 백성은 갈렙의 말이 아닌 다른 정탐꾼들의 보고를 믿고 가나안에 가기를 주저하고 심지어 제대로 보고한 갈렙을 죽이려 했다. 그러나 모세는 갈렙의 보고를 믿고 정복의 길에 나섰다. 이 이야기는 한국 기독교인이 이북을 향해 취해야 할 선교적 자세를 보여준다. 그리고 필자도 갈렙의 입장에 서서 이북 사람들이 전하는 자료를 그대로 전하고 싶을 뿐이다. 그 길만이 교회가 이북의 현실을 잘 알고 거기에 대처하는 지혜를 얻을 수 있기 때문이다.

다가온 한반도 통일을 준비하면서 통일 이후 한국 교회가 이북 사람을 만나 예수의 복음을 전할 때 그들이 이해하고 수용할 수 있도록 지금부터 철저히 준비해야 한다. 이를 위해 필자는 과거 남북한 교회의 신학이, 그리고 기독교인들의 신앙이 어떠했는가를 이북 사람들의 입을 통해 전하려 한다. 이북 기독교인들이 과거 저질렀던 잘못이 있다면 그것을 다시 반복하지 않기 위해, 그리고 한국 교회의 신앙과 신학을 이북 사람들이 쉽게 이해하고 받아들일 수 있도록 준비해야 하기 때문이다.

필자는 8·15 광복 직후 월남한 사람들 중 하나이다. 필자의 외삼촌이 공산당의 총에 의해 학살을 당했다. 공산당의 탄압에 못 견뎌 고향과 친인척을 떠나 이북에서 탈출한 많은 교인 중 필자도 끼어 있었다. 그럼에도 필자가 남북한의 통일과 이북 교회의 재건에 계속 관심을 갖는 이유는 같은 피를 나눈 한민족이 이북에 살고 있기 때문이다. 하루속히 고향 땅을 밟아 아름다운 주님의 교회를 세우고 싶다. 당시 30대 초반의 홀로되신 필자의 어머니가 집을 두고 외할머니와 외삼촌을 떠나 월남했기에 늘 고향의 가족을 그리워하시다 필자에게 고향에 교회를 지으라는 유언을 남기고 눈을 감으셨다.

필자는 광복 직후 이북 기독교인들의 신앙이 잘못되었다는 전제에서 출발하는 것이 결코 아니다. 필자의 집필 목적은 강대국들이 삼팔선으로 갈라놓은 한반도 북쪽에 러시아 군대와 함께 평양을 점령해 북반도 전체를 장악한 김일성의 공산주의가 당시 이북 교회의 어떤 점을 문제 삼아 없애버렸는가를 밝혀 통일 후 이북 교회 재건에 한국 교회가 할 일들을 준비하자는 것이다.

통일 이후 이북 동포가 마음으로부터 받아들일 수 있는 예수의 복음이 되도록 한국의 신학자와 목회자와 교우 들이 통일 이후의 신학을 미리 준비해야 한다. 필자의 연구는 통일 후 한국 교회의 남북한 화해신학을 준비하는 데 한 줄기 도움이 된다면 만족할 것이다.

한국에서 가난하고 짓눌린 소외 계층을 위해 민중신학이 생겼듯이 이북 인민을 위한 인민신학이나 혹은 남북한의 화합과 일치를 추구하는 통일신학이나 화해신학이 한국 교회의 노력으로 이룩될 수는 없을까? 필자는 이런 결과를 기대하면서 그 첫 준비 단계라도 마련하기 위해 이 책을 내놓는다.

필자는 1988년 필자가 세운 제3세계신학연구소에서 『맑스주의자들의 종교비판』을 출판한 바 있는데 시기적으로 남북관계가 경색된 때였기에 필자가 의도한 결과를 거의 거둘 수 없었다. 이제 팔순에 접어들면서 후학에게 한반도의 평화통일과 통일 후 새로운 단일 민족을 이루기 위한 화해운동을 위해 교회가 무엇을 해야 할 것인가를 나누기 위해 그 책의 내용을 기초로 새로운 자료를 보강해 출판하게 되었다. 70여 년간 반(反)종교적·비종교적으로 살아온 이북 동포에게 한국 교회가 설득력 있게 다가갈 수 있는 길을 열기 위해 한반도 화해신학 서설 정도라도 마련하려고 한다. 이 책이 통일 후 한반도 평화와 화해의 신학을 정립하려는 후학에게 조금의 도움이라도 된다면 더 이상 바랄 것이 없겠다. 이북의 모든 백성과 격의 없이 만나는 날을 희망하며 후학에게 바라는 것은 화해신학 본론이다. 남북한 민중이 다 같이 받을 수 있는 인간론, 구원론, 민족론, 역사관, 생명론, 평화론 등의 화해신학 본론을 써 줄 후학이 많이 나오기를 기대한다.

이 책을 출판한 도서출판 한울의 김종수 사장님과 수고한 직원들에게 감사의 말씀을 전한다. 그리고 한 지붕 밑에 살면서 필자의 건강과 여건을 알뜰하게 챙겨준 사랑하는 아내 황금지 목사님에게 고맙다는 말을 전하고 싶다.

차례

들어가는 글

두 동강난 조국, 그 분단 속에 살고 있는 8000만 동포, 한반도의 현실은 그 무엇으로 보나 비극의 연속임에 틀림없다. 70여 년이 넘도록 형제면서 상통할 수 없이 지냈다는 사실, 아니 오히려 서로 총칼을 겨누고 대결하고 있는 이 기막힌 현실을 생각할 때 통분해하지 않을 사람이 어디 있으랴! 한반도의 지나간 역사를 통해 수없이 짓밟히고 유린당한 조국 강토와 한민족이 이제는 반쪽으로 쪼개져 골육상쟁까지 일삼고 있으니 이젠 기가 차서 더 이상 울분을 터뜨릴 수도 없는 처지가 아닌가? 한민족을 이토록 갈라놓은 저 강대국들을 원망하고만 있기에는 아픔과 상처가 너무 크고 깊다. 우리는 더 이상 어떤 강대국도 믿어서는 안 된다. 한민족을 갈라놓은 주변 강대국들은 계속 갈라진 한민족을 이용하고 있을 뿐이다. 오로지 온 세계 위에 계시는 야훼 하나님을 믿는 믿음으로 쪼개지고 나뉜 남북한 형제끼리 서로 화합할 길을 대담하게 모색해야 한다.

분단 70년간 남북한은 서로 다른 이념 아래 정치·경제·문화 등 모든 면에서 서로 다르게 변화했다. 이북의 이념인 공산주의는 이북의 3000만 인민의 삶을 결정지었고, 한국의 자본주의는 미국 문화의 영향 아래 5000만 한국인의 삶에 영향을 주었다. 이렇게 달라진 문화와 정치의 차이는 남북한 적십자 대표나 기타 남북회담 대표가 만날 때마다 명백히 드러나곤 한다. 그래서 만날 때마다 서로 엇갈리는 말싸움만 하곤 한다. 이런 어설픈 대화는 거의 실효를 거두지 못하고 감정만 상한 채 헤어졌다. 대화의 길이 열렸음에도 효과적인 대화가 이뤄지지 않고 있으니 통일의 날을 그토록 열망하던 국민에게 큰 실망만 줄 뿐이었다. 이념과 사상과 제도를 초월해 하나의 길을 모색하겠다던 7·4공동성명이나 6·15선언 등은 한갓 기념비로 화석화되어 있을 뿐이다.

조국 통일은 한민족이면 누구나 염원한다. 통일을 원치 않는 사람이 있다면 그것은 개인의 이권을 앞세우는 사람이고 민족보다 당장 자기의 삶을 더 아끼는 비애국자일 가능성이 높다. 통일을 해야 우리의 힘도 강해지고 따라서 경제적·정치적 자립도 가능하다. 나뉜 소단위 가족이 재결합한다는 눈물겹도록 감격적인 사건 말고도 대동단결된 하나의 민족이 한반도에 건재하게 자리 잡고 산다는 사실을 실증키 위해 통일의 열망은 한층 더 강력히 대두되고 있다. 더 이상 약소국가로 업신여김 받으면서 살지 않기 위해서라도 단결되고 부강한 통일 조국을 형성해야 한다. 두 쪽으로 갈라놓고 자기들 필요에 따라 이용하는, 더 이상 강대국들의 이용물이 되지 않기 위해 남북한은 속히 하나가 되어야 한다.

오랫동안 한국 교회는 이북 연구를 도외시했다. 통일을 염원하면서도 상대방을 알려 하지 않았다. 즉, 한국 기독교는 처음부터 공산주의 이념을 가진 이북과 대화하려 하지 않았다. 다만 적으로 간주하고 원수로 여기고만 있었다. 기독교는 "원수를 사랑하라"라는 진리를 선포하는 종교이다. 따라서 기독교인은 원수를 사랑하기 위해서 그를 이해해야 한다. 우선은 말을 건네야 한다. 여기서 대화는 필수적이다. 서로 통하는 대화를 열기 위해 상대방을 알아야 한다. 이북의 이념을 알아야 하고 저들의 생활을 연구해야 한다. 통일을 염원하고 이북에 그리스도를 전하려는 한국 기독교는 먼저 이북의 사상을 연구하고 알아야 한다.

기독교와 마르크스주의의 대화란 심히 어려운 과제 중 하나이다. 마르크스주의 무신론과 전체주의가 기독교와 대화할 수 없는 '철의 장막'을 치고 있으니 둘 사이의 대화란 불가능하다고 보는 분이 많은 것도 이해가 된다. 하지만 이미 유럽과 미국에서는 어려운 고비들을 넘기면서 대화를 모색했다.

마르크스주의 철학자와 기독교 신학자의 대화가 우리 세계의 실제적이고 이론적인 문제 해결에 공헌했다. 전쟁, 인종차별, 가난, 질병 등 인간의 생존과 직결된 문제로 서로 싸우지 말고 문제를 풀어가자고 하면서 대화를 계속했다.

기독교와 마르크스주의가 만남으로써 각자의 입장을 좀 더 명백히 이해하게 되고, 자신들의 미래를 설계하는 데 근본적인 것이 무엇인지를 깨닫게 되며, 자신들의 강조점에 있어 본질적이지 않은 것이 무엇인지를 발견하게 된다. 이와 같이 대화와 토론을 통해 상투적인 옛 주장을 털어버리고 잘못된 편견을 제거하기에 이르기도 한다. 마르크스주의자와 기독교인이 만남으로써 세계 전반에 걸쳐 일어나는 여러 가지 문제를 해결하기 위한 디딤돌을 놓는 역할도 담당하게 된다.

오랫동안 기독교와 마르크스주의 두 진영은 서로 저주의 화살을 쏴댔다. 그러나 작금의 기독교와 마르크스주의의 대화는 나쁜 감정이나 분위기가 아닌 환경에서 이뤄지고 있다. 미국의 경우 많은 목사가 마르크스주의에 관심을 가지고 연구하면서 대화의 길을 모색했다. 조지 헤런(George H. Herron), 찰스 베일(Charles H. Vail), 프랭클린 스폴딩(Franklin S. Spalding), 벅 화이트(Bouck White), 에드워드 카(Edward. E. Carr), 토머스 맥그래디(Tomas McGrady) 등이 그런 분들이다.[1]

제1, 2차 세계대전 사이에 기독교와 마르크스주의 대화가 특히 촉진되었는데, 그 이유는 세계경제공황 및 점증하는 파시스트 국가들의 위협 때문이었다. 바로 이 시기 프랑스에서는 마르크스주의자 모리스 토레즈(Maurice Thorez)가 프랑스 기독교인을 향해 협조의 호소를 한 바 있다. 제7차 공산당 대회(1935)에 이어 토레즈는 가톨릭 노동자들을 마르크스 사상 강좌에 초대했고 다른 한편으로 마르크스주의자들이 가톨릭 지성인 세미나에 참석하기도 했다. 물론 대부분의 프랑스 기독교인은 이런 운동에 무관심했다. 그러나 토레즈의 호소로 양자의 대화를 위한 잡지 ≪새 땅(Terre Nouvelle)≫이 출간되었고 『공산주의와 기독교(Communism and Christianity)』라는 제목의 책을 통해 여러 기독교 신학자의 논문이 발표되었다.

이런 대화 분위기는 프랑스에 국한된 것이 아니었다. 1936년 『기독교와 사회혁명(Christianity and the Social Revolution)』이란 책이 영국에서 출판되었다. 그다음 해 ≪런던 목격자(London Spectator)≫란 잡지가 수편의 논문을 실었는데 이것이 그해 『기독교와 공산주의(Christianity and Communism)』라는 단행본으로 출간되었다.

같은 시기 미국에서 활발한 대화가 시작되었는데, 해리 워드(Harry F. Ward), 윌러드 업하우스(Willard Uphaus), 라인홀드 니부어(Reinhold Niebuhr) 같은 사람들이 주도했다. 또한 이 시기 독일과 스위스에서는 헤르만 쿠터(Herman Kutter), 레온하르트 라가츠(Leonrhard Ragaz), 폴 틸리히(Paul Tillich) 같은 신학자들에 의해 기독교사회주의의 꽃이 한창 피고 있었다.

이러한 서구의 초기 마르크스주의와 기독교의 대화는 제2차 세계대전으로 일격을 받긴 했으나 간단히 없어지지 않았다. 기독교인들이 나치당과 연

---

1) Oakley C. Johnson, "Marxism and the American Christian Church: 1876-1917," *Political Affairs*, Vol. 45(July, 1966), pp. 53~63.

합한 것에 대해 공산주의자들의 맹렬한 공격이 있었던 반면, 나치에 대항하는 저항운동에 가담했다가 나치 수용소에 감금된 많은 기독교인과 마르크스주의자가 그들의 공통된 체험을 통해 공동의 행동과 상호 이해와 존중을 할 수 있다는 사실을 확인했다. 그래서 전쟁이 끝난 후에도 시시각각으로 아래에 열거된 저서를 통해 기독교와 마르크스주의의 상호 이해는 이어졌다. 버넌 베너블(Vernon Venable)의 『인간의 본성: 마르크스주의의 견해(Human Nature: Marxian View)』(1945), 알렉산더 밀러(Alexander Miller)의 『마르크스의 기독교적 의미(The Christian Significance of Karl Marx)』(1946), 카를 카우츠키(Karl Kautsky)의 『사회민주주의와 가톨릭교회(Die Sozialdemokrätie und die Katholische Kirche)』(1947), 요하네스 샨츠(Johannes Schanz)의 『가톨릭, 휴머니즘, 사회주의(Katholizismus, Humanismus, und Sozialismus)』(1948), 존 버네트(John Bernett)의 『기독교와 공산주의(Christianity and Communism)』(1948), 앙리 드로쉬(Henri Deroche)의 『마르크스주의의 의미(Signification du Marxisme)』(1948), 레몽 뱅코트(Raymond Vancourt)의 『마르크스주의와 기독교사상(Marxisme et pensée Chreéstienne)』(1948), 토레즈의 『공산주의자와 기독교인들의 연대를 위하여(Pour l'union, communisme et le chretiens)』(1948), 로제 가로디(Roger Garaudy)의 『공산주의와 기독교(Le communisme et les chrétiens)』(1949) 등이다.

1945년 12월에 열린 이탈리아 공산당의 제5차 대회는 완전한 종교 자유를 선언해 조직·전도 등에 문을 열어놓았다. 또한 어떤 종파에 속해 있는 사람도 공산당원이 될 수 있도록 문호를 개방했다. 그렇다고 해서 이상의 움직임이 냉전정책을 유산시키지는 못했다. 유럽과 중국 본토에서의 공산주의 거사는 이오시프 스탈린(Иосиф Сталин)의 독재 공산주의로 인해 많은 기독교인으로 하여금 마르크스주의와의 대화는 종국에 배신과 이용을 당할 것이라고 믿게끔 만들었다.[2) 그래서 1950년대 초기 마르크스주의와 기독교의 관계에 관한 책들은 논쟁적 색채를 띠게 되었다.[3] 그 결과 1950~1956년 사이 순수한 마르크스주의와 기독교의 대화는 사실상 중단 상태에 있었다.[4]

그러나 1950년대 후반에 들어와 마르크스주의와 기독교의 대화 재개를 위한 분위기가 차츰 조성되기 시작했다. 항존했던 핵전쟁의 공포와 점증하는 제반 국제 문제, 예컨대 인종 분규, 인구 폭발, 공해, 기아, 질병 등의 문제가 부각되면서 마르크스주의와 기독교는 서로 싸우고 있을 것이 아니라 인류를 파멸로 이끄는 파괴적인 것들에 대항해 같이 움직여야 한다는 사실을 많은 사람이 공감했다. 이들은 수억 명의 사람들이 오늘과 내일의 희망의 목표를 기독교에 둔 데 반해 다른 수억 명의 사람들은 자기들의 세계를 이해하고 변화시키기 위해 마르크스주의를 옹립하고 있음을 인정했다. 기독교와 마르크스주의는 똑같이 추종자들에게 충성을 요구하고 있었기 때문에 양쪽 지도자들은 인류 전체를 파멸시키는 무서운 적 앞에서 각기 추종자들에게 대화를 통해 국제적이고 인류 전체에 관한 문제에 마음을 열고 대화하도록 선도할 지상명령을 받고 있다고 주장했다. 이들은 그러한 긴급한 문제의 해결을 위한 대화를 양 진영이 각자 회피한다면 인류 전체에게 무모한 희생을 가져올 뿐이라고 주장했다.

더구나 1950년대 후반에는 기독교와 마르크스주의 둘 다 내적인 위기에

---

2) Roger L. Shinn, "Discussion: Communist-Christian Dialogue," *Union Seminary Quaterly Review*, Vol. 22, No. 3(March, 1967), p. 214.

3) 당대의 반공적 색채를 띤 책을 몇 권 소개한다. Arthur Võõbus, *Communism's Challenge to Christianity*(Maywood, Illinois: Seminary Book Store, 1950); Gary Macoin, *The Communist War*(NY: Devin-Adair, 1951); George Dryburgh and Crawford Miller, *The Challenge of Communism*(London: SCM, 1952); Charles W. Lowry, *Communism and Christ*(NY: Morehouse-Gorham Co., 1952); Leslie Davison, *The March of Communism*(London: Epworth Press, 1954); Joseph Johnston, *God's Secret Armies Within the Soviet Empire*(NY: Putnam, 1956).

4) 이때가 한반도에서는 6·25전쟁의 시기였다.

직면했다. 아담 샤프(Adam Schaff)가 폴란드의 경우를 예로 들어 지적했듯이 "1955~1957의 정치적·도덕적 충격은 특히 젊은 지식인 사이에 개개인의 존재 문제에 큰 관심을 일으켰다".[5] 이전 시대 마르크스주의자들이 지나쳐 버린 인간 차원을 다시 발견하는 현상은 결코 폴란드에만 한정된 것이 아니었다. 체코에서도 같은 현상이 발생했다. 비테즈슬라프 가르다프스키(Vitĕzslav Gardavský)와 밀란 마호베츠(Milan Machovec) 같은 마르크스주의 철학자들에 의해 프란츠 카프카(Franz Kafka)의 저서들이 새로운 흥미로 읽히게 되었고 많은 체코 지식인은 인간의 소외현상이 경제적인 해석을 넘어서는 차원에서 다뤄져야 함을 인식하기에 이르렀다. 유고슬라비아, 프랑스, 독일, 폴란드 둥지의 여러 마르크스주의자도 기독교적이거나 비기독교적인 실존주의 철학자들과의 대화를 통해 그들이 그토록 오랫동안 잊고 살았던 주관, 개인주의, 소외, 초월, 휴머니즘 등의 문제를 이해하려고 애썼다. 동구와 서구를 통해 마르크스주의 철학자들은 이런 문제를 이해함에 있어 마르크스 초기 작품의 중요성을 재발견했는데, 이른바 '젊은 마르크스'는 전통적이고 스탈린식의 마르크스주의와는 상당한 차이가 있음을 알게 되었다. 이러한 마르크스주의자들 안에서의 사상적 발전과 발맞추어 그토록 강세를 보이던 카를 바르트(Karl Barth)의 신정통주의 신학, 루돌프 불트만(Rudolf K. Bultmann)의 존재론적 신학, 로마 가톨릭의 인격주의 신학 등이 1950년대 후반에 들어 빛을 잃기 시작했다. 그래서 기독교 신학자들은 마르크스주의자들과의 대화를 통해 좀 더 창조적인 자기이해를 도모할 수 있다고 생각했다. 대화를 통해 각자의 전망에서 근본적인 것을 인지함으로써 또 자신들의 주 강조점에서 상대적으로 불필요한 것들을 발견하고 자신들의 전통을 풍부히 하기에 이르렀다.

---

5) Adam Schaff, *A Philosophy of Man*(NY: Monthly Review Press, 1963), p. 5.

이러한 상황에서 마르크스주의와의 새로운 접촉을 위한 개신교의 공식적인 대화 시도가 1966년 7월 12~26일 제네바에서 열렸던 세계교회협의회(World Council of Churches: WCC) '교회와 사회' 대회에서 시작되었다. 세계 각지에서 모인 388명의 대표들은 다음의 결의문을 채택했다.

> 기독교인과 비기독교적 사회 이념 옹호자 간의 직접 대화는 가능하다. 특히 세계교회협의회가 기선을 잡아 세계 각지에서 마르크스주의자들과의 비공식 대화를 추구할 것을 선언한다. 이렇게 함으로써 인류의 평화와 증진을 위해 기독교인과 비기독교인 ― 그들의 이념이 어떻든 상관없이 ― 사이에 협력의 가능성을 증가시킴을 우리는 믿는다.[6]

세계교회협의회 중앙위원회는 이 결의문을 채택했고, 1967년 8월에는 '교회와 사회'국에 국제적인 마르크스주의-기독교의 대화 모임을 준비하도록 위임했다. 그 모임 중 하나였던 1975년 5월 19~24일 제네바 모임에 필자도 참석해 함께 토론한 바 있다. 그때 필자는 미국 프린스턴 대학 도서관에서 김일성 전집 등 이북에서 출판된 자료를 읽으면서 한국 기독교인과 이북 주체사상가 간 대화의 길을 모색할 수 있다고 생각했다. 세계교회협의회는 드디어 1984년 10월에 일본 히가시야마소(東山莊)에 남북한 기독교인을 함께 초청해 갈등을 해소하고 한민족과 아시아 평화를 이룩하는 길을 모색한 바 있다. 필자는 당시 대한예수교장로회 대표 중 한 사람으로 참여했다.

세계 교회의 호소에도 불구하고 한국 교회는 지척에 두고 있는 이북의 이념에 대해 너무 적대적이다. 대화를 하려면 상대방의 생각을 알아야 할 텐데

---

6) WCC, *World Conference on Church and Society, Official Report*(Geneva: Imprimeriela Concordance, 1967), p. 206.

한국 교회는 마르크스주의 사상에 동조하는 이북 동족과 대화하려는 의지가 전혀 없는 것 같다. 늦었지만 이제라도 이북 동포와 대화하기 위해 이북 사상을 알아야 한다. 같은 민족으로서 싸우지 말고 함께 살아가는 길은 대화밖에 없다. 늦었지만 한국 교회는 이제라도 이북에서 기독교가 거의 사라져버린 이유를 깊이 있게 연구해 남북의 대화를 이끌어내어 통일을 앞당기고, 나아가 평양이나 신의주뿐 아니라 이북 모든 지역에서 민중을 위한 예수의 참모습이 드러나 기독교가 이북 민중을 위해 우뚝 서는 날이 속히 오도록 최선을 다해야 한다. 이 책이 그 일에 조금의 도움이라도 되기를 바란다.

이 책은 총 5장으로 구성되었다. 제1장은 이북의 종교비판을 다루었다. 마르크스의 종교비판에서 출발해 레닌의 종교비판 그리고 그들의 영향을 받은 김일성의 종교비판을 살펴볼 것이다. 여기서 이북 기독교가 무슨 이유로 그토록 심하게 비판을 받아서 번창하던 평양과 기타 지역의 교회가 문을 닫고 말았는지 살필 것이다.

제2장은 이북의 휴머니즘을 다뤘다. 여기에서 먼저 이북에 영향을 준 소련 공산당 휴머니즘의 발전 과정을 고찰해 그것이 결국 김일성 우상화에 어떻게 관련되었는지를 지적하고 비판했고, 스탈린 우상화와 김일성 우상화를 같이 놓고 비판했다. 이 비판에 인용된 이론들은 유럽 마르크스주의자들에게서 나온 것으로서 기독교와 마르크스주의 대화의 가교를 제공하는 좋은 예가 될 것이다.

제3장은 이북의 메시아사상을 다루었다. 마르크스의 유토피아 사상과 독일의 마르크스주의 철학자 에른스트 블로흐(Ernst Bloch)의 사상을 비교하면서 김일성의 미래에의 꿈을 검토했다.

제4장은 기독교가 마르크스주의를 만나 어떻게 응답했는가를 살폈다. 전통적인 기독교와 무산대중(프롤레타리아)의 관계를 설명할 것이고, 이어 한반

도에서 기독교가 이들과의 만남에서 어떤 자세를 취했는가를 알아보았다. 특별히 중국 마오쩌둥(毛澤東)의 공산주의를 만난 중국 기독교가 어떻게 대처했는가를 살피려고 한다. 특히 당대의 중국 기독교 지도자인 딩광쉰(丁光訓) 주교와 우야오쭝(吳耀宗) 등 기독교인들이 새로운 중국을 만나 어떻게 대처했는가를 서술하려 한다. 중국 기독교가 이른바 '삼자애국운동'이라는 새 간판을 달고 공산주의 정권에서 신앙을 어떻게 유지했는가를 깊이 연구해볼 만하기 때문이다.

제5장은 김일성의 기독교 박해 정책으로 기독교가 거의 사라진 이북에서 통일 후 한국 기독교인이 이북 동포를 만나 어떤 신앙과 신학으로 저들과 대화를 시도해야 할지 모색하고자 한다. 제5장은 이 책의 결론인 만큼 마르크스 사상(김일성의 주체사상)과 이념에 깊이 물들어 있는 이북 사람과의 비판적이고도 건설적인 대화를 이끌어낼 수 있는 한반도의 평화와 화해와 통일을 위한 신학의 서설이라도 장만하고자 서술되었다.

나이 팔순에 접어든 필자가 후학에게 바라는 것은 50여 년 이상 반(反)종교적·비종교적으로 살아온 이북 민중에게 예수를 좀 더 설득력 있게 전하는 길을 열기 위해 통일신학과 화해신학을 좀 더 구체적으로 정립하는 것이다. 그런 마음으로 이 책을 쓴다. 이 책이 통일 후 한반도 평화와 화해의 신학을 정립하려는 후학에게 조금의 도움이라도 된다면 더 이상 바랄 것이 없겠다.

제1장 마르크스주의자들의 종교비판

　왜 이북에서 기독교가 전멸되었는가? 김일성 정권이 기독교를 철저하게 거부한 이유는 무엇인가? 공산주의와 기독교가 왜 충돌했는가? 마르크스주의가 이북을 점령하던 1945년경 이북 기독교는 무엇을 하고 있었나? 이러한 문제들을 이해하기 위해 광복 직후 김일성 정권을 세운 소련의 레닌의 공산주의 정권이 있었다는 것을 알아야 한다. 다음에 구체적으로 논하겠지만 레닌이 김일성 정권을 세우면서 이북의 민주 세력인 기독교의 박멸은 예고되었다. 김일성은 공산주의 정권을 세우기 위해 처음부터 기독교 지도자들을 하나둘씩 제거하기 시작했다.

　당시 특히 아시아에서 세차게 분 공산주의 사상은 이른바 마르크스주의이다. 이북에서 정권을 잡은 김일성의 정치 이념은 한마디로 마르크스-레닌주의였다. 따라서 이북의 종교비판 역시 마르크스와 레닌의 종교비판에 근거하고 있다. 이번 장에서는 마르크스의 종교비판까지 거슬러 올라가 고찰하려 한다. 그리고 레닌의 사상을 살피고 마지막으로 김일성의 무신론을 살피려 한다.

1. 마르크스의 종교비판

마르크스의 종교비판을 세 가지 유형으로 나눠 고찰하려 한다. 첫째는 철학적인 면, 둘째는 정치적인 면, 셋째는 경제적인 면이다.

1) 철학적인 종교 거부

마르크스의 종교비판에 관한 최초의 글은 그의 박사학위 논문인 「데모크리토스와 에피쿠로스의 자연철학에 관한 차이점(Differenz der demokritischen und epikureischen Naturphilosophie)」에서 발견할 수 있다. 이 논문에서 마르크스는 에피쿠로스(Epicouros)를 계몽자로 찬양하면서 다음과 같이 말했다.

> 에피쿠로스는 위대한 그리스의 계몽자이다. 따라서 루크레티우스(Lukrez)[1]가 다음
> 과 같이 칭찬한 것은 에피쿠로스에 합당하다: 땅 위에서의 고달픈 삶이 사람들을 억
> 압하고 하늘 높이 고개를 내밀고 얼굴을 잔뜩 찌푸린 인간들을 도도히 위협할 때, 처
> 음으로 한 그리스인이 감히 그의 죽을 운명을 가진 눈을 치켜뜨고 저 괴물에게 용감
> 히 대항했다.[2]

에피쿠로스가 아리스토텔레스(Aristoteles)의 추상적 철학을 배격한 것과 같이 마르크스는 게오르크 헤겔(Georg W. F. Hegel)의 관념철학과 결별했다. 이미 마르크스 이전에 루트비히 포이어바흐(Ludwig A. Feuerbach)가 종교의

---

1) 루크레티우스는 기원전 97년경에 살던 에피쿠로스 철학파의 한 사람이다.

2) Karl Marx, *Frühe Schriften*, H. J. Lieber and P. Furth(Herausgeber)(Stuttgart: Cotaverlag, 1962), p. 68.

소외성을 비판한 바 있는데, 마르크스는 바로 포이어바흐의 계승자로서 종교를 비판했다. 포이어바흐는 종교의 소외성을 철학의 소외성의 근거지로 보았고, 철학의 소외성이 가장 최근에 그리고 적나라하게 나타난 데가 헤겔의 철학 체계라고 생각했다. 포이어바흐의 말을 들어보자.

> 헤겔의 철학은 인간을 자기 자신과 소외시켰다. 그의 철학의 전 체계는 추상에 근거하고 있다. …… '절대정신'이란 신학의 '죽은 영'인데 그것이 헤겔 철학 안에서 영적인 존재를 인도한다. …… 신학은 영혼들을 믿는 믿음인데 …… 사변적 신학은 감지할 수 없는 추상성 속에서 그 영혼들을 가지고 있다.[3]

마르크스는 이런 포이어바흐 사상의 체계를 따라 다음과 같이 설명한다.

> 철학에도 때로 그 자체 안에서 주체성을 띠기도 하고 또한 전체적으로 추상적 원리를 형성하는 등 한 가지 법칙으로만 내닫지 않는 어떤 교차하는 접촉점이 있듯이, 철학이 그 눈을 외면 세계로 돌리는 계기가 있다. 철학은 더 이상 추상적으로서가 아니고 마치 실천적인 사람과 같이 세상과 더불어 음모를 꾸민다. …… 이것이 철학의 참회절[4]이다. …… 제 성격을 드러내는 옷을 입는 것은 철학에 본질적인 것이다.[5]

그때 철학은 전체성을 이해하려는 노력을 그만두고 구체적인 역사의 현실 문제로 돌아온다는 것이다. 여기서 마르크스 철학의 세계성이 그의 종교비판과 직결되는 것이 자연스러운 결과임을 본다. 마르크스는 초자연까지를 포함

---

3) Ludwig Feuerbach, *Samtliche Werke*(Frommann-Holzboog: Stuttgart, 1904), Vol. 1, p. 249.
4) 참회절(Shroetide)은 사순절 전 3일간을 말한다.
5) Karl Marx, *Frühe Schriften*, p. 102.

한 우주의 전체성에 매이기보다 구체적인 땅의 역사에 초점을 맞춰 보는 철학, 그래서 구체적인 인간의 땅 위에서의 문제를 해결하는 철학에 관심을 두었다. 신(神) 증명을 비판하기 위해 마르크스는 프리드리히 셸링(Friedrich W. Schelling)의 글을 먼저 인용한다.

> 약한 이성은 객관적인 하나님을 모르는 이성이 아니다. 오히려 어떤 신을 인정하길 원하고 있다. …… 지금이야말로 새로운 인간성이 마음의 자유를 알아야 할 때이고 그것을 잊게 한 제한에 대해 아우성치는 것을 더 이상 찾아내서는 안 되는 때이다.[6]

마르크스는 이어서 헤겔의 신 증명에 대해 논구한다. 그는 우연한 사건이란 있을 수 없다는 전제에서 출발해 신 혹은 절대자는 존재한다고 결론내린다. 그러나 마르크스는 우연한 사건이 존재한다는 바로 그 기초 위에서 신이 존재할 뿐이라고 주장한다. 신은 우연적인 세계의 보증자이다. 그런데 마르크스의 신 개념은 전통적인 기독교적 개념과 다르다. 그의 말을 들어보자.

> 다른 한편 신의 존재에 대한 증명들은 인간의 본질적인 자기의식의 존재에 대한 증명 외에 아무것도 아니고 그 의식의 논리적 설명에 지나지 않는다.[7]

마르크스에 의하면 종교란 주체와 객체의 불완전한 화해를 드러내는 것으로서 결국 소외현상을 만든다는 것이다. 그러나 자의식은 주체와 객체, 하나님과 세상의 통일성의 주체적 의식(意識)을 말한다. 1842년 1월 학문과 예술 분야 독일 연감에 게재된 어떤 논문은 포이어바흐의 신학적 입장이 데이비드

---

6) 같은 책, p. 75.
7) 같은 책.

슈트라우스(David F. Strauß)의 신학적 입장보다 뛰어나다는 주장을 의심했다. 이에 마르크스는 「슈트라우스와 포이어바흐의 중간자로서의 루터(Luther als Schiedsrichter zwischen Strauß und Feuerbach)」라는 짧은 논문에서 포이어바흐가 더 우수하다고 주장했다. 이 논문에서 마르크스의 첫 번째 종교비판이 완성되었다고 보인다.[8] 마르크스가 포이어바흐를 신학적으로 우수하다고 본 것은 그가 기적을 자연적이거나 인간적인 욕망의 실현이라고 주장했기 때문이다. 그런데 슈트라우스는 초자연적인 기적을 믿었고 마르틴 루터(Martin Luther)는 슈트라우스를 옳다고 인정했기 때문에 루터는 포이어바흐와 같은 올바른 신학적 표준을 갖지 못했다는 것이다. 마르크스는 루터의 글을 인용하면서 다음과 같이 루터를 공박했다.

　　하나님과 그의 아들 예수 그리스도 안에서 우리는 강해질 수 있다. 하나님은 우리가 할 수 없는 것을 하실 수 있기 때문이다. 우리가 어떻게 할 수 없을 때 그때 하나님은 도울 수 있고 또 기쁘게 그것을 해주신다.[9]

　　하나님이 약한 자의 보상으로서 그런 일을 한다는 루터의 주장을 마르크스는 못마땅하게 생각했다. 즉, 루터가 말하는 믿음은 인간의 무능을 전제한다는 것이다. 인간이 강할 때가 아니라 인간이 약할 때 하나님에 대한 믿음이 필요하다는 논구에 대해 마르크스는 비판했다. 그러면서 마르크스는 인간의 강함을 높이 세우는 포이어바흐의 철학을 찬양한다. 다음에 인용된 글은 마르크스가 포이어바흐의 철학에 비춰 기독교인을 비난하는 내용이다.

---

8) Werner Post, *Kritik der Religion bei Karl Marx*(München: Kösel, 1968), p. 88.
9) 같은 책.

예수 믿는다는 사람들, 부끄러운 줄을 알아라! 높은 자나 낮은 자나 공부한 자나 못한 자나 예수 믿는 자 모두는 부끄러운 줄을 알아라. 한 절반의 기독교인이 기독교의 본질을 그 본래의 모습대로 숨김없이 당신들에게 보여주고 있지 않은가!

사변적인 신학자들과 철학자들이여, 내가 당신들에게 충고한다. 진짜 당신들이 사물들을 이제까지와는 달리 사실 그대로 접근하려면, 달리 말해 당신들이 진리에 도달하기를 원한다면, 이제까지의 사변적인 철학의 개념이나 전제에서 당신들을 풀어버리시오. 그리고 당신들이 진리와 자유에 이르는 길은 오직 불의 개울(Feuer-bach)[10]을 지나가는 길밖에 없소.[11]

마르크스의 초기 비판은 포이어바흐와 브루노 바우어(Bruno Bauer)의 종교비판의 영향을 받았다. 그가 물론 저들의 종교비판을 그대로 수용한 것은 아니다. 그는 저들이 종교를 너무 추상적으로 비판했다고 비판한 적이 있다.[12]

그러면 마르크스 초기 저작에서 그의 종교비판의 중요성은 무엇인가? 「정치경제학비판(Kritik der Politischen Okonomie)」 서문에서 그는 자기의 초기 작품이 '자기이해'를 위해 봉사했고 거기서 그 일을 완성했다고 서술했다. 실제로 마르크스의 초기 종교비판은 어딘가 막연하고 추상적이었다. 그리고 엄밀한 의미에서 독창적이지 못했다.[13] 그러나 마르크스의 의도는 어떤 논리를 전개하면서 엄격성을 지키려는 데 있지 않았던 것 같다. 그는 종교를 비판함에 있어 그 논리성을 트집 잡은 것이 아니다. 그의 관심의 초점은 종교가 구체적인 세상에서 존재 가능하게 된 조건을 따져보는 데 있었다. 그는 당대

---

10) 독일어에서 'Feuer(불)'이라는 단어와 'Bach(개울)'를 합성하면 포이어바흐(Feuerbach)의 이름이 된다.

11) Karl Marx, *Frühe Schriften*, p. 109.

12) Werner Post, *Kritik der Religion bei Karl Marx*, p. 91.

13) 같은 책, p. 110.

교회의 신앙이 현실의 문제와는 동떨어지게 움직일 뿐만 아니라 오히려 문제를 악화시킨다고 믿었다. 종교는 어디까지나 현 세계 안에서 구체성을 띠는 것이어야 한다고 생각한 마르크스는 오히려 종교현상이 그 반대임을 보고 이에 비판을 가한 것이 틀림없다.

과연 마르크스가 서 있었던 철학, 즉 "철학의 현세성(ein Weltlichwerden der Philosophie)"[14]은 그가 보기에 이 세상을 넘어 있는 종교와 기독교를 거절할 수밖에 없었다. 역사 안에서의 구원은 절대적인 초역사적 "정신(Geist)"에 의해 보장될 수 없고 인간의 현실적 이성에 의해서만 보장될 수 있다고 그는 믿었다. 더 이상 구원은 하나님의 계시에 의해 되는 것이 아니다. 삶의 의미도 초월적 하나님에 의해 주어지는 것이 아니다. 오히려 '프로메테우스'가 구속하고 삶의 의미를 제공한다. 프로메테우스는 누구인가? 그는 "군중의 신들을 거부한 자가 불경한 자가 아니고, 신들에 대한 군중의 의견을 받아들이는 자가 불경한 자"라고 규정한 자로 "철학 달력에 있는 성자와 순교자 가운데 최고로 고귀한 자이다".[15] 신에게만 유일하게 주어졌던 불의 사용권을 신에게서 빼앗아 땅 위로 가져온 프로메테우스를 최고 성인으로 인정한 20대 시절 마르크스의 논문이 보여주듯 그의 철학적 관심은 구체적인 땅의 현실에 있었다. 그의 철학적 종교비판은 여기서부터의 자연스러운 도출이라 할 수 있다.

2) 정치적 종교거부

마르크스 당대에 이미 앙리 드 생시몽(Henri de Saints-simon)이나 샤를 푸리

---

14) Karl Marx, *Frühe Schriften*, p. 72.

15) Karl Marx, "The Difference Between the Natural Philosophy of Democritus and the Natural Philosophy of Epicurus," *On Religion*(NY: Schocken Books, 1964), p. 15.

에(Charles Fourier)와 같은 공상적 사회주의자들이 있었다. 그러나 그들과 마르크스 사이에는 근본적으로 차이가 있었다. 마르크스는 사랑에 기초한 이들의 사회주의를 감상주의라고 혹평했을 정도였다.[16] 그의 새로운 전망은 이러한 전통적인 개념을 무가치하게 만들었다. 그의 새로운 전망은 전통적인 개념이 현실과 유리되어 있어 어쩔 수 없이 무산대중의 혁명을 끌어들일 수밖에 없었다는 것을 천명해준다. 계급이 낮고 착취와 침략이 없는 밝은 사회를 만들기에는 기독교적인 감상적 사회주의로는 불가능하다는 것을 마르크스의 새 전망이 알려준 셈이다. 게오르게 리히트하임(George Lichtheim)의 다음 평은 매우 절적하다.

> 단순히 좀 더 안정된 기반 위에다 사회를 세우려고 바라던 교조주의적 개혁자들인 당대 사회주의자들과 1840년대의 뛰어난 공산주의자들 간의 구별을 분명히 한 것이 바로 이와 같은 전망이다.[17]

마르크스의 전망에는 의식과 구체적인 사실적 상황의 일치가 있었다. 기독교적 사회주의자들에게는 이러한 일치가 없었던 것이다. 마르크스가 그들을 감상주의적이라고 부른 이유가 거기에 있었다. 마르크스는 이른바 '기독교 국가'라고 알려진 독일에서 신문 검열이 심하게 시행되는 것에 강력히 항의했다. 즉, 신문의 자유는 발행이나 출판의 자유 이상의 어떤 것을 의미한다. 신문은 사람들의 소식을 알려주고 '이론과 실천'을 매개한다. 그것을 통해 국민들의 정치적 자유와 해방이 결정된다. 마르크스가 말하는 실천(praxis)은 현존의 실재를 인간의 행동을 통해 혁명화하는 것이다. 이것은 인간이 정

---

16) Karl Marx, *Frühe Schriften*, p. 161.

17) George Lichtheim, *Marxism*(NY: Player Publisher, 1971), p. 123.

치적으로 사회화되고 대자적(對自的)일 때 가능하다. 그러나 마르크스가 보기에 당시 독일 정부는 이러한 방면에서 아주 반동적이었다. 그리고 그것이 당대 독일 정신사를 지배하고 있던 헤겔 철학에서 드러난다고 보았다. 마르크스는 『헤겔 법철학 비판(Zur kritik der Hegelschen rechtsphilosophie)』에서 헤겔 철학이 실천에 근거한 것이 아니고 사변에 기초한 것이라고 맹공을 가했다.

> 독일은 근본적으로 실천적인 행동을 하고 있는가? 다시 말해 현대 국가들의 공적 지
> 위뿐만 아니라 그러한 국가들의 직접적인 미래가 될 인간의 지위에까지 영향을 미치
> 는 혁명을 수행할 수 있는가?[18]

이어서 민중을 사로잡는 힘은 물질적인 힘인데, 이론이 물질적인 힘이 되려면 인간을 향하고 인간을 위한 것이 되어야 한다고 그는 역설한다. 그의 유명한 말 "급진적이라는 것은 사건을 뿌리에서 잡는 것을 의미한다. 그런데 인간의 뿌리란 바로 인간 자신인 것이다"[19]가 분명히 보여주듯이, 그의 '실천'은 뿌리를 잡는 데 있었다. 그의 생각의 선은 언제나 구체적인 지상의 사람에 기초하고 움직였다. 그의 이러한 생각은 그 자신의 철학적 논리에서 나온 것이 아니라 구체적 현실에서 출발한 것이었다. 즉, 그는 구체적 현실의 아픔 속에 살고 있는 민중의 삶의 표현을 그대로 대변한 것이었다. 그가 알기로는 무산대중은 이론적인 문제를 모른다. 민중은 오직 실천적인 문제만을 알고 있다.[20]

이상과 같은 전제에서 볼 때 종교는 구체적 실천을 결하고 있다고 마르크

---

18) Robert Tucker(ed.), *The Marx-Engels Reader*(NY: W. W. Norton & Company, 1972), p. 18.

19) Karl Marx, *On Religion*, p. 50.

20) Karl Marx, *German Ideology*(London: Lawrence & Wishart, 1965), p. 52.

스는 보았다. 종교는 신비적이어서 실천에서 도출될 수 없다. 그렇기 때문에 구체적 문제를 다루는 정치적인 관심에서 종교가 멀리 있다는 것이다. 바로 이 점에서 그의 종교비판은 정치적 비판과 직접적으로 연결되고 있다. 만약 정치적인 진리가 인간의 실제적·이론적인 노력 안에서 이뤄진다면 초역사적·초월적인 진리는 필요 없다. 오히려 비역사적인 종교는 인간의 진리와 자유를 방해할 것이다. 따라서 "종교의 지배는 지배자의 종교 외에 아무것도 아니다".[21] 즉, 종교가 사회나 국가를 지배할 때 구체적인 무산대중의 현실적인 정치적 문제를 외면하게 될 것이니 결과적으로 종교는 자유와 진실을 막아버리는 지배자의 것이 될 것이다. 마르크스는 당대 독일 기독교를 염두에 두고 이 말을 했다. 기독교 국가인 독일이, 그리고 기독교인인 황제가 바로 그들의 초월 신앙의 비현실성 때문에 무산대중, 즉 민중의 자유 문제를 해결할 수 없다고 생각했다. 따라서 마르크스는 기독교를 자유의 종교가 아니라 지배하고 착취하는 데 한 몫을 하는 종교로 이해했다.

이링 페처(Iring Fetscher)가 잘 지적한 대로[22] 마르크스는 헤겔의 '세계정신(Weltgeist)'을 인간의 사회(Gesellschaft)로 대체했다. 이 사회는 순전히 인간적이다. 헤겔의 '세계정신'을 기독교 신학에 바탕을 둔 억압적인 종교 정신으로 이해한 마르크스는 종교적 초월의 차원을 뺀 순전한 인간 사회를 제창한 것이다. 마르크스의 다음 이야기를 들어보자.

> 헤겔은 국가로부터 출발해 사람을 국가에 종속시켜버렸다. 민주주의는 사람으로부터 시작해 국가를 사람에게 종속시킨다. 마치 종교가 사람을 만들지 않고 사람이 종교를 만든 것처럼 헌법이 사람들을 만드는 것이 아니라 사람들이 헌법을 만든다.[23]

---

21) Karl Marx, *Frühe Schriften*, p. 193.

22) Iring Fetscher, *Karl Marx und der Marxismus*(München: R. Piper & Co., 1967), p. 50.

여기서 마르크스의 종교비판과 헤겔의 국가 이해에 대한 비판이 구조적으로 유사하다는 사실이 발견된다. 헤겔의 절대정신이 초월적 신을 의미하는 것으로 해석될 때, 마르크스가 헤겔의 철학, 특히 국가 이해와 종교를 싸잡아 비판하는 근거를 발견할 수 있다. 독일 국가가 헤겔의 이념 위에서 통치한다는 것은 곧 절대정신, 즉 초월적 신에 근거해 통치하는 것을 의미한다. 그런데 그 절대정신이 구체적 인간 문제를 외면한다는 것이다. 바로 이 점에서 헤겔의 국가 이해가 사변적일 뿐 실천적이지 못하다는 것이다. 따라서 종교에 기반을 둔 국가의 통치는 인간을 위할 수가 없다는 것이다.

종교와 국가의 관계에 있어 마르크스가 논한 것 중 더 중요한 것은 국가의 윤리적 이념의 현실태(現實態)가 사유재산으로서의 종교처럼 나타난다는 사실이다. 예컨대 장자의 재산 상속권만 하더라도 종교에서 기원한 것인데 장자의 재산 상속권을 찬양하는 모든 책이 종교적인 색깔로 가득 차 있다는 것이다. 이런 것을 보더라도 "종교는 만행(蠻行)의 가장 높은 형식의 사고이다"[24]라고 마르크스는 꼬집는다. 종교가 이런 것을 뒷받침하기 때문에 장자 상속권자들이 종교에 귀의한다. 여기서 자연히 종교는 가진 자 편에 서게 되고 따라서 못가진 자와는 멀어지는 결과를 빚는다. 상속을 많이 받아 재산이 많은 자들이 기독교에 들어온다는 것은 그 반대편에 불만을 가진 자들, 즉 재산을 상속받지 못한 자들, 무산대중이 기독교에 반발하고 있다는 것을 암시한다. 이렇게 해서 기독교는 가진 자의 종교로 떨어지고, 없는 자(프롤레타리아)의 적이 된다는 것이다. 마르크스가 종교로부터의 해방이 먼저 있어야 정치적인 해방이 가능하다고 한 이유가 여기에 있다. 즉, 종교비판은 정치적인 해방을 전제한 것임을 알아야 한다.

---

23) Karl Marx, *Frühe Schriften*, p. 293.
24) 같은 책, p. 392.

마르크스는 『헤겔 법철학 비판』 서문을 쓸 때만 해도 종교비판에서 부르주아(bourgeois, 유산계급)니 프롤레타리아(무산계급)니 하는 용어를 쓰지 않았다. 그러던 마르크스가 프롤레타리아 해방을 위해 종교를 제거해야 한다고 외친 것은 당시 기독교가 눌린 자와 가난한 자를 보호하고 지켜주는 종교가 절대 아니라는 확신을 얻었기 때문이다. 1843년 5월 그의 친구 중 하나인 아놀드 루게(Arnold Ruge)에게 보낸 편지를 보면 프롤레타리아 해방에 관한 그의 사상이 구체적으로 발견된다. 그에게 있어 독일의 주인은 '천민', '속인'이다.[25] 마르크스 사상을 제대로 이해하기 위해 그 편지를 길게 인용한다.

나는 단지 다음의 사실에 자네가 주의를 집중하도록 환기시킬 수밖에 없네. 천민주의의 적들, 즉 지각 있고 고난받는 모든 사람이 전에는 거기에 대해 방법을 결여했던 하나의 이해에로 도달하게 되었다는 사실일세. 매일매일 옛 주인의 편에서 영구화되고 있는 수동적 조직이 새로운 인간성에 봉사하기 위해 신병을 모집하고 있다네. 그런데 산업과 상업의 구조, 재산과 인간 착취의 구조가 인구 증가보다도 한층 더 빨리 오늘의 사회를 깨뜨리고 있다네. …… 고통을 받으나 생각할 줄 아는 인류가 있고 또 억압을 당하지만 생각하는 민중이 존재한다는 것은 천민주의로 수동적인 동물의 왕국을 계속 밀고 가려는 자들에게는 만만치 않고 속 편하지 않을 걸세. …… 생각하는 민중이 생각하는 기회가 많으면 많을수록, 또한 고난받는 민중이 집회를 여는 기회가 많으면 많을수록 현재 태중에 있는 태아가 더 건실한 생명으로 태어날 것일세.[26]

이상의 편지에서 머지않아 태어날 프롤레타리아계급이라는 태아의 움직임을 볼 수 있다. 당대 부르주아들이 갖지 못한 자들을 천대한 나머지 어쩔

---

25) 같은 책, p. 432.
26) 같은 책, p. 438.

수 없이 계급 분열이 생기고 있음을 마르크스는 예견했다. 기독교 국가인 독일의 집권자들이 자신들도 기독교인이면서 천민주의 정책을 계속 시행한 데서 기독교는 민중에게 정치적으로 거부당했다. 마르크스가 거부한 것이라기보다는 이미 그 이전에 이른바 '천민'인 프롤레타리아가 기독교를 거부했다. 마르크스는 단지 이 역사적 필연을 체계적으로 서술했다고 말할 수 있다.

마르크스는 「유대인 문제(Zur Judenfrage)」에서 인간 해방의 개념을 발전시킨다. 죄르지 루카치(György Lukács)의 말을 빌리면 "여기서 마르크스는 정치적 해방은 단지 외형적인 민주주의를 창출하며 시민사회에서는 실제로 존재할 수 없는 권리와 자유를 결합한다는 이론을 분명히 했다".[27] 이 말은 당대 독일 정부의 정치력을 무가치한 것으로 평가한 것이다. 천민주의를 품고 있어서 프롤레타리아를 억압하는 독일 정부가 참된 천민의 자유와 권리를 이룩하는 해방의 정치를 할 수 없다는 말이다. 직접 마르크스의 말을 들어보자.

> 국가가 기독교적으로 지속하는 한, 그리고 유대인들이 유대교인으로서 남아 있는
> 한, 양자 모두는 똑같이 해방을 받을 수도 없고 줄 수도 없다.[28]

완전한 해방을 위해서는 일상적인 삶과 일에서 인간의 공동체가 이루어져야 하는데, 이 공동체는 정치적 국가 범위를 넘어서까지 인간의 보편적 권리를 주장할 수 있어야 한다. 실제적인 국가로부터의 인간 해방이 없다면 진정한 자유란 불가능하기 때문이다. 또한 국가와 종교의 직접적인 관계 때문에 인간이 자유롭지 못한 상태에서도 국가는 자유국가가 될 수 있다는 사실에서 정치적 해방의 한계성이 드러난다. 국가가 종교적 교리에 얽매어 있는 한, 국

---

27) Lukacs György, *Der Junge Marx*(Phullingen: Neske, 1965), p. 43.

28) Karl Marx, *Frühe Schriften*, p. 452.

민의 참된 해방을 이룰 수 없기 때문이다. 기존 질서의 권위와 특권층의 기득권을 종교적 교리로 옹호하고 나서서 신성불가침의 영역으로 계속 터부시하는 한, 그 아래에서 억압받는 민중의 문제는 해결될 수 없다. 이것이 마르크스로 하여금 종교를 정치적으로 비판케 한 근본적인 원인이다.

마르크스에 의하면 어떤 특별한 종교를 믿는 사람들, 예컨대 유대교인과 일반 시민 간에는 충돌이 있다. 마르크스는 종교적인 사람과 시민을 갈라놓았는데, 전자, 즉 종교를 믿는 사람을 부르주아라고 불렀다.[29] 그의 글 「유대인 문제」의 결론 부분을 읽어보자.

> 모든 해방은 인간의 세계를 회복하는 것이고, 사람들 자신들의 관계를 회복하는 것
> 이다. …… 현실 속에서 한 개인이 자기 자신에게로 추상적인 시민을 다시 불러들이
> 고 그의 일상적인 삶 속에 자신의 개인적인 일을 집어넣고, 그래서 그의 개인적 관계
> 가 한 종(種)의 존재가 될 때만, 또한 그가 자기 자신의 힘을 사회적 힘으로서 인정하
> 고 조직할 수 있어서 사회적 힘이 정치적 힘으로서 자신으로부터 더 이상 분리되지
> 않을 때만 인간의 해방은 완성된다.[30]

사람이 유대교도로 남아있는 한, 자신의 힘을 사회적인 힘으로 만들 수 없다. 따라서 종교인은 결코 인간적 해방을 이룰 수 없다. 부르주아인 유대교인과 같은 종교인은 오직 자신의 재산을 축적하는 데 혈안이 되어 있고, 그 결과는 시민, 즉 프롤레타리아를 억압하는 것이기에 종교는 거부되어야 한다. 마르크스는 기독교 역시 "유대교에서 나온 종교"라고 규정하고 거부한다. 무엇보다 종교가 비판받는 이유는 정치적 관계에서의 기능 때문이었다. 참다운

---

29) 같은 책, p. 461.
30) 같은 책, p. 479.

인간 해방을 위해 종교가 정치를 도운 것이 아니라 반대로 정치를 종교적으로 역이용해 종교인의 배를 채웠고 그 결과로 인간을 억압했기 때문이다.

마르크스가 1843년 말 파리에서 쓴 『헤겔 법철학 비판』에서 정치와 종교가 밀접하게 결부되어 있다는 사실을 밝히고 있다. "종교의 지배가 지배의 종교"라고 생각한 마르크스에게는 "종교비판이 모든 비판의 전제"였다.[31] 그는 이 논문 서두에 이 말을 쓰고 있다. 그의 날선 종교비판은 "사람이 종교를 만든 것이지 종교가 사람을 만든 것이 아니다"라는 사실에 근거한다.

> 다른 말로 하면 종교란 자기 자신을 아직도 발견 못했거나 아니면 자기 자신을 이미 잃어버린 사람의 자의식이고 자기 감정이다. 그러나 사람은 이 세계 밖에 쪼그리고 앉아 있는 추상적인 존재가 아니다. 사람은 사람들과 국가와 사회의 세계이다. 이 국가와 사회가 종교를 만든다.[32]

따라서 종교에 반대하는 투쟁은 이 세계 밖에 있는 다른 세계에 반대해 싸우는 것이다. 종교적 의식은 이 세계를 일그러뜨린다. 종교적 고뇌는 진짜 고통의 표현임과 동시에 진짜 고통에 반대해 항의하는 것이 된다. 종교는 뒤틀린 세상에서 고통당하는 사람에게 구체적 해결을 이 땅에서 약속하지 못하고 저세상에서의 보상만을 약속한다. 그렇기 때문에 "종교가 억압당하는 피조물들의 탄식이요, 마음 없는 세상의 마음인 것은 마치 그것이 정신없는 조건들의 정신인 것과 같다. 종교는 민중의 아편이다".[33] 여기서 우리는 하인리히 하이네(Heinrich Heine)의 말을 떠올리게 된다.

---

31) Karl Marx, *On Religion*, p. 41.
32) 같은 책.
33) 같은 책, p. 42.

땅이 더 이상 그에게 아무것도 제공할 무엇을 갖고 있지 않은 사람을 위해 하늘이 발명되었다. …… 이 발명에게 만세! 고통을 당하는 종족에게 그들의 쓴잔에 달콤한 환각적 마취약을, 영적 아편을, 사랑과 소망과 믿음의 몇 방울을 주는 종교에게 만세.[34]

종교는 결국 인간의 의식을 마비시켜 진짜 고통을 잠시 잊게 할 뿐이다. 종교가 참된 고민의 표현임이 분명하지만 그 표현된 고민이 실제적으로 종교에 의해 해결되는 것은 아니다. 일시적인 마약 주사로 당장의 고통을 잊을 수 있고 기분이 최고조에 달하는 것처럼, 종교의 기능 역시 고통당하는 인간의 괴로움을 정신적 아편 주사로 일시적으로 잊게 하는 것에 지나지 않다. 결국 종교란 실제적 행복을 주지 못하고 환상적인 거짓된 행복을 줄 뿐이다. 사람에게 참된 행복을 주기 위해서는 환상적 행복으로서의 종교를 제거해야 한다. 사람으로 하여금 '상상의 꽃' 대신에 '생화'를 갖게 하려면 종교비판은 필연적이다. 사람에게서 종교를 벗겨버릴 때 그의 환상이 제거되고 그때에야 그는 그의 진짜 현실을 생각하고 행동하며 또 만들 수 있게 된다. 마르크스는 계속 다음과 같이 말한다.

진리를 넘어선 세계가 일단 사라져버렸을 때 역사의 임무는 이 세계의 진리를 세우는 것이다. 일단 인간의 자기소외의 거룩한 형태가 그 껍질을 벗어버리게 되면 역사를 섬기는 철학의 직접적인 과제는 자기소외를 거룩하지 않은 형태로서 드러내는 일이다.[35]

---

34) Heinrich Heine, *Sämtliche Werke*, Vol. 8(Hamburg: Hoffmann und Campe, 1980), p. 478; Helmut Gollwitzer, *Christian Faith and the Marxist Criticism of Religion*(NY: Charles Scribner's Sons, 1970), p. 18.

35) Karl Marx, *On Religion*, p. 42.

마르크스의 종교비판은 구체적으로 인간의 고통을 제거시키는 데 목적을 두고 있다. 인간이 천대받고 종살이하고 버림받으며 무시당하는 뒤틀린 관계를 뒤엎으려는 목적에서 종교를 비판한다. 당대 종교가 고통당하는 사람에게 구체적인 해결을 주기는커녕 오히려 아편 주사로서 일시적이고 환상적인 행복을 맛보게 해 진정한 행복의 길까지도 막는다고 마르크스는 생각했다.

마르크스의 관심은 사람에게 있었다. "인간이 최고의 존재이다." 이 인간을 살리기 위해 급진적 변화가 필요하다. 급진적이 되는 것은 그 사건의 뿌리를 잡는 것이다. 그런데 인간의 경우 뿌리는 인간 자신이다. 즉, 급진적 변화 혹은 혁명은 인간의 해방이다. 마르크스가 인정한 것처럼 루터에 의해 평신도에게 제사장권이 주어진 종교개혁은 평신도를 교황의 자리로 올린 것이다. 이런 경우를 급진적이라고 부르는 것은 그 사건의 핵심에 사람이 관여되고 사람이 해방되었기 때문이다. 그러나 개신교의 급진적 혁명의 결과는 해를 거듭할수록 민중의 자유와 권리에 이바지하지 못하고 소수의 기독교인만 자유와 권리를 향유하게 되었다. 루터의 종교개혁이 인간 혁명으로까지 발전하지 못한 이유가 바로 거기에 있다. 독일 신학자 위르겐 몰트만(Jürgen Moltmann)도 그것을 다음과 같이 지적한 바 있다.

신교의 자유 운동이 뒤틀린 것은 자기 머리를 높이 들고 우쭐대는 자유와 권리가 '예수 믿는 사람'에게만 한정되어 있었다는 사실에서 출발했다. 이것이 신교의 자유 운동이 곧 계몽주의 휴머니즘에게 떠맡겨지고 계몽주의 운동을 가능케 한 이유이다. 그럴 수밖에 없는 것은 자유의 영역이란 보편성에 의해 특징지어지고 그리고 인간에 의해 만들어진 모든 한계와 장벽을 허물어버리기 때문이다.[36]

---

36) Jürgen Moltmann, "The Revolution of Freedom: The Christian and Marxist Struggle," *Openings for Marxist Christian Dialogue*, T. W. Ogletree(ed.)(NY: Abingdon Press, 1969), p. 60.

비록 중세 교회가 막고 있던 자유의 벽이 루터에 의해 일단 터지긴 했으나 신교의 자유의 물결이 한 목표로만 치닫게 되었을 때 또 다른 자유 운동에 의해 다른 방향으로 목표가 터져 나가는 결과가 빚어진 것이다. 여기에서 분명한 것은 종교개혁이 철저하지 못했던 이유가 사람이라는 뿌리를 잡지 못했기 때문이라는 사실이다. 사람, 즉 민중의 자유가 그 뿌리부터 해결받지 못했기 때문에 계몽주의·휴머니즘이 나오게 되고 마르크스의 휴머니즘적 공산주의가 고개를 들었다고 말할 수 있다.

민중의 해방을 위한 뿌리로부터의 해방은 물질적 기초를 요청한다. 민중의 필요를 채워주기 위해 그것이 반드시 필요하다고 마르크스는 주장한다. 그렇다면 그것이 가능한 방법은 무엇인가? 그것을 수행하기 위해 "철학은 프롤레타리아 안에서 그 물질적 무기를 찾아야 하고 또 프롤레타리아는 철학에서 정신적 무기를 찾아야 한다. 이 해방의 머리는 철학이고 그 가슴은 프롤레타리아이다".[37] 실로 마르크스에 의해 인간 해방과 자유의 영역이 저 하층의 민중까지 파급되어야 함이 역설되었는데 민중의 자유와 해방은 초현세적인 종교적 자유와 해방의 내용과는 다른 구체적인 땅 위의 물질적 자유와 해방이어야 한다는 것이다. 종교적 자유와 해방은 이미 땅 위에서 많이 가진 자에게나 필요한 것이지 땅 위에서 억압받고 착취당하는 민중에게는 해당되지 않는다는 것이다. 이런 민중에게 절실히 요청되는 것은 물질적 기초이다. 저들의 물질적 기초가 빼앗기거나 주어지지 않은 이유 자체가 종교 때문이라는 것이다. 배부른 종교인이 정부와 한통속이 되어 민중의 것을 자기들이 차지하고는 땅 위의 물질적 기초를 가진 것 위에 초현세적 행복을 추구하고 있으니 더더욱 민중의 삶은 고갈된다는 것이다. 마르크스의 종교 거부는 이 점에

---

37) Karl Marx, *Frühe Schriften*, p. 506.

서 해석되어야 한다. 뿌리로부터의 민중 해방을 위해 종교가 먼저 제거되어야 한다는 그의 논리는 이 점을 분명히 하고 있다. 헤르베르트 마르쿠제(Herbert Marcuse)는 이 점을 다음의 글에서 보듯이 더 분명히 설명하고 있다.

> 마르크스 이론의 모든 철학적 개념은 사회적·경제적 개념이다. 다른 한편 헤겔의 철학적·경제적 범주는 모두가 철학적인 개념이다. 마르크스의 초기 작품까지도 철학적이지 않다. 비록 철학적인 술어를 쓰고 있으나 그것은 철학을 거부하고 있다.[38]

이 세상 안에 살고 있는 사람의 구체적인 역사적 해방을 위해서는 이 세상을 초월한 거짓되고 환상적인 행복을 거부해야 한다. 그러기 위해서는 사변적인 개념, 초월적인 종교를 가지고는 사람의 해방을 이룩할 수 없다. 구체적·물질적인 기초 위에 선 행복을 선사하는 작업이 요청된다. 여기서 종교의 경제적 비판이 자연스럽게 뒤따른다.

3) 경제적 종교 거부

왕좌와 제단, 돈과 성직의 밀접한 연결은 교회의 실책으로 언제나 비난을 받고 있다. 특히 마르크스 당대 권력과 교회가 손잡고 있었고 재산과 성직자가 한 묶음 속에 뒹굴고 있었다. 이러한 사실은 당대 교회가 그 사회와 정치와 경제에 깊이 관심하고 관여했다는 증거이다. 그들은 말로는 초월적인 설교와 신학을 한다면서도 실제로는 땅 위의 것에 온통 관심하고 있었던 위선자였다. 당대 교회는 심지어 교회의 사회 원칙을 제정하기도 했고 어떤 사람

---

38) Herbert Marcuse, *Vernunft und Revolution*(Luchterhand: Neuvied, 1964), p. 229.

은 기독교사회주의를 제창하기도 했다.[39] 그러나 마르크스는 당대의 "기독교의 사회 원칙은 고대의 노예제도를 정당화했고 중세의 농노제도를 찬양했다. 그리고 지금도 필요할 때는 프롤레타리아가 억압당하는 것을 보고 동정의 얼굴을 하면서도 그 억압을 옹호하고 변명하는 방법을 잘 알고 있다"[40]라고 교회의 사회 원칙을 비난했다. 당대 교회 지도자는 당대를 지배하고 억압하는 계급의 필요성을 설교했고 그들을 축복했다고 마르크스는 꼬집는다. 당시 교회 구조는 프롤레타리아가 앉을 자리가 없도록 되어 있었음이 확실하다. 마르크스의 글에서는 물론이고 다른 여러 기록에서 당대 기독교의 구조적 모순이 지적되고 있다. 부르주아에게나 안성맞춤인 성서 해석, 설교, 교회정치 등으로 프롤레타리아는 전혀 함께 어울릴 수 없었다. 독일의 신학자 발터 디르크스(Walter Dirks)의 글은 이상의 사실을 분명하게 알려준다.

> 당대 사람들이 가지고 있던 옛 농경적·소시민적·부르주아적 기독교 형태에서 벗어나 전혀 다른 형태 속으로 프롤레타리아가 처해졌기 때문에 농경적·소시민적 기독교 형태는 더 이상 프롤레타리아에게 효력이 없게 되었을 때, 그리스도는 기독교인의 매개를 통해 프롤레타리아에게 새롭게 해석되어야 했다.[41]

이는 당시 교회가 설교하는 그리스도를 프롤레타리아가 받아들일 수 없었던 정황을 보여준다. 마르크스는 이런 교회를 다음과 같이 통렬히 공격한다.

기독교의 사회원리는 억압자가 피억압자에 대해 저지른 모든 사악한 행위를 원죄나

39) *Lexikon für Theologie und Kirche*, Vol. 11(Freiburg: Herder, 1967), pp. 1149~1154.
40) Karl Marx, *On Religion*, p. 83.
41) Walter Dirks, "Marxismus in Christliche Sicht," *Frankfurter Hefte*(Feb., 1947), p. 141.

다른 죄의 의로운 심판이나 아니면 주께서 그의 영원한 지혜 안에서 구원받은 자에게 과(科)하시는 시련으로 선포한다.[42]

당대 교회 강단에서 선포되는 설교가 억압자와 지배자 때문에 당하는 사람들의 고통을 원죄의 형벌이나 다른 죄의 대가로 해석하거나 아니면 구원받은 자의 시련과 연단의 기회로만 해석한다는 것이다. 사람들의 고통을 직접 유발한 권력자나 가진 자의 횡포에 대해서는 일언반구 없이 시치미를 뗀다는 것이다. 원인의 척결을 선포하지 않고 고통당하는 민중의 아픔만을 하나님의 형벌, 시련으로 처리하라니 이런 교회에 민중이 가서는 안 된다는 것이다. 그러한 교회는 비겁함, 자기 비하, 굴욕, 복종, 실의를 설교할 뿐이다. 그렇기 때문에 마르크스가 볼 때 "기독교의 사회원리는 비굴한 것이고 프롤레타리아는 혁명적이다".[43] 그래서 기독교는 프롤레타리아의 혁명 의식을 고취하기는커녕 방해한다. 더 엄밀히 말해 기독교는 그들의 혁명 수행을 거부하고 그들의 해방에 반대한다. 마르크스는 그런 이유로 교회를 거부한다. 민중의 해방을 성공적으로 수행하기 위해서는 어쩔 수 없이 교회를 거부해야 한다는 것이다. 따라서 마르셀 레딩(Marcel Reading)의 말을 그대로 옮기면 "교회에 대항한 마르크스의 싸움은 동시에 노동자의 해방을 위한 싸움이다".[44]

마르크스에 의하면 종교는 사람을 소외시킨다. 소외의 표식은 사람이 사람 위에 지배하는 것이다. 마르크스는 그의 「경제학-철학 초고(Ökonomisch-philosophische Manuskripte)」 중 세 번째 원고에서 이렇게 쓰고 있다.

---

42) Karl Marx, *On Religion*, p. 84.

43) 같은 책.

44) Marcel Reading, *Der Politische Atheismus*(Graz: Styria, 1957), p. 351.

한 존재는 자기 발로 스스로 설 때 자신을 독립했다고 여길 수 있다. 그리고 그가 자기 존재를 자기 마음대로 소유할 때만 자기 발로 설 수 있다.[45]

다른 사람의 마음에 들기 위해 사는 사람은 자기 자신을 의존적이라고 여긴다. 만약 누가 자신의 생명을 부지하기 위해서만 아니라 그것을 창조하기 위해 다른 사람을 소유한다면 그때 그는 전적으로 다른 사람의 도움으로 살아간다. 한 인간의 삶이 자기 자신에 의해 창조되지 못한다면 어쩔 수 없이 어떤 외적인 근거를 가질 수밖에 없다. 사람이 종교를 갖는 이유가 여기에 있다. 자기가 자기 자신을 세우지 못하기 때문에 자기 밖의 다른 근거를 가지려는 데서 창조와 구속의 종교를 믿으려는 것이다. 따라서 이미 자기 자신에서 소외된 사람이 종교에 귀의한다. 따라서 인간 삶의 생산과 재생산이 일치할 때 비로소 인간의 삶이 스스로와 일치된다. 즉, 소외가 제거된다. 마르크스가 보는 바로는 전 세계 역사는 인간이 인간의 노력과 노동을 통해 창조된 것이고 또 인간을 위한 자연의 발전이 이룩한 것이다. 이런 인간은 자신의 자기 창조와 자기 자신의 형성 과정에 대한 분명한 증거를 가지고 있다는 것이다. 마르크스가 자연이라고 말한 것은 인간 이외의 어떤 대자나 타자를 의미하는 것이 아니다. 인간이 곧 자연이고 자연이 곧 인간이란 전제 위에서 언급하고 있다. 즉, 인간 자신에게 주어진 본래성을 자연이라 보기 때문에 "인간을 위한 자연의 발전"이란 말과 "인간 노동을 통한 자기 창조"란 결국 같은 내용인 것이다. 마르크스의 말을 직접 들어보자.

> 완성된 자연주의로서의 공산주의는 인본주의(humanism)이다. 이것은 마치 완성된 휴머니즘으로서의 공산주의가 자연주의인 것과 같다. 공산주의는 사람과 자연의 적

---

45) Karl Marx, *Frühe Schriften*, p. 605.

대와 사람 사이의 적대감을 완전하게 해결한다. 실로 그것은 존재와 본질, 객관화와 자기 주관, 자유와 필연, 개인과 종(種) 간의 충돌을 참되게 해결한다.[46]

마르크스에게 있어 자연주의와 휴머니즘은 같은 것이다. 그런데 종교는 자연주의와 정반대이다. 따라서 휴머니즘과 반대된다. 종교는 자기 외면화의 산물이기 때문이다. 자기 소외 현상이 여기서 생긴다. 마르크스 초기 작품의 중심 주제는 소외의 개념인데, 그는 종교가 소외를 조장한다고 보았다. 실존과 본질을 갈라놓은 종교로 인해 자아도 세계도 소외된다고 주장했다.

마르크스가 집중적으로 논한 소외는 노동과의 관계에서의 소외였다. 이제 노동에서의 소외 현상을 논하면서 그것이 종교비판과 어떻게 연결되고 있는지 살피겠다. 노동이 산출하는 대상, 즉 생산품은 노동 자체에 대해서는 소외된 물건으로 대립해 있다. 노동을 하는 노동자에게 그가 만든 생산품이 그대로 주어지는 것이 아니고 오히려 남의 것으로 나타나기 때문이다. 마르크스는 이렇게 표현하고 있다.

노동자가 더 많은 생산품을 생산할수록, 그의 생산품이 힘과 범위에서 증가할수록 노동자는 더 가난하게 된다. 정치경제학적 관점에서 볼 때 이와 같은 노동의 실현은 그 노동자의 손해로 나타나거나 객체의 상실로서 객관화되고, 또한 소외, 즉 외면화로서 나타난다.[47]

이렇게 되는 이유는 자본주의자의 재산 사유화에 있다. 자본주가 생산품을 사유화하면서 노동의 소외 현상이 필연적으로 생긴다. 그 때문에 "노동자

---

46) 같은 책, pp. 593~594.
47) 같은 책, p. 561.

는 자기가 노동 바깥에 있다고 느낀다. 노동자는 일하지 않을 때 편안하게 느끼고 일할 때 편안치 않게 일한다. 따라서 그의 일은 자발적이지 못하고 강제로 하게 된다. 그렇기 때문에 노동은 자기 자신의 필요를 만족시키지 않고 오직 자기 바깥의 어떤 필요를 만족시키는 도구에 지나지 않는다".[48]

이렇게 해서 노동자는 결국 다른 사람에게 종속된다. 그는 자기 자신의 것이 될 수 없다. 바로 여기에서 노동자는 낙심하고 소외된다. 소외되고 외면화된 노동을 통해 노동자는 노동에서 소외되고 또 노동의 바깥에 서 있는 관계가 생긴다. 마르크스의 말을 그대로 옮기면 "노동자와 노동의 관계는 자본주와 노동의 관계, 즉 '노동의 주인'과 노동의 관계를 만든다. 따라서 사유재산은 외면화된 노동, 즉 자연과 자기 자신에 대한 노동자의 외적 관계의 생산이자 결과이며 필연적인 결론이다".[49] 마르크스 초기 작품에서 발견되는 소외 개념의 분석을 마르쿠제의 말로 결론지으려 한다.

> 마르크스의 초기 글은 자본주의사회가 그것을 통해 인간 상호 간 모든 인격적 관계
> 를 사물과의 객관적 관계 형태로 만든 사물화(객체화) 과정에 대한 첫 번째의 공개적
> 연구이다.[50]

그러면 이렇게 고찰한 노동에서의 소외가 마르크스의 종교비판과 어떻게 연결되는지 살필 차례이다. 마르크스에 의하면 양자는 밀접한 관계가 있다. 종교와 소외는 상호 의존하고 있다. 「포이어바흐에 관한 테제(Thesen über Feuerbach)」에서 마르크스는 모든 사회적인 삶은 "근본적으로 실천적이다"

---

48) 같은 책, p. 564.
49) 같은 책, p. 571.
50) Herbert Marcuse, *Vernunft und Revolution*, p. 246.

라고 선언한다. 그리고 종교적인 감정도 그 자체가 사회의 생산물 중 하나이다. 그러나 그것은 실천적이지 않고 신비적이다. 모든 신비한 것은 이론을 잘못 유도해 신비주의로 인도하는데 종교가 바로 그 신비 중 하나이다.

마르크스는 포이어바흐를 칭찬하면서 그가 종교적인 자기 소외를 올바로 보고 그 문제에서 출발한 것은 옳았다고 인정한다. 그러나 포이어바흐가 추상적인 종교를 거부한 것까지는 잘했으나 내재적·감각적인 인간 본질을 사회적·실천적인 면까지 끌어올려 파악하지 못했다고 비판한다. 종교가 제대로 비판받으려면 종교의 신비성과 초월성이 인간의 객관적인 사회성과 실천성에서 어떻게 유리되는가를 분석해야 한다는 것이다. 다른 말로 모든 신비한 것은 "인간의 실천과 또 이 실천의 완전한 이해 안에서만 합리적 해결을 받는다".51)

마르크스는 『종교론(On Religion)』에서 종교의 소외현상을 자세히 논구한다. 한마디로 그는 종교란 소외된 의식의 산물이라고 혹평한다. 그에 의하면 개념이나 관념이나 의식의 산물은 처음부터 인간의 물질적인 활동이나 물질적인 교환과 직접 연계되어 있다. 종교, 도덕, 법, 형이상학 등 모두가 인간에 의해 산출된 관념이다. 인간의 관념은 그것의 물질적 조건에서 직접 유출되어 나타난다. 이처럼 인간 의식은 삶의 과정의 실제적·현실적인 반영이다. 구체적인 삶을 떠나 인간의 관념이나 의식은 산출될 수 없다. 그러므로 "만일 관념의 전체성에 있어 사람과 또 그들의 관계가 사진기 광막(光膜)에 비치는 것처럼 거꾸로 나타난다면, 이것은 전적으로 그들의 역사적인 삶의 과정 때문이다"52)라고 마르크스는 진단한다. 이것은 마치 물건이 인간의 망막에 거꾸로 비치는 이유가 그것의 물리적 현상 과정 때문인 것과 꼭 같은 경우이다.

---

51) Karl Marx, *On Religion*, p. 71.
52) 같은 책, p. 74.

마찬가지로 독일 관념주의 철학도 "하늘로부터 땅으로" 내려온 것이기에 거부한다고 마르크스는 주장한다. 철학이 제대로 되려면 "땅에서 하늘로"가 되어야 하는데 독일 관념론은 거꾸로 되었다고 주장한다. 종교 역시 관념의 하나로서 도치된 의식이라고 단정한다. 종교 역시 의식과 같이 스스로의 독립성을 지니지 못하고 있다. 의식이나 관념이 그 전제조건으로 되어 있는 물질적 조건의 변화에 따라 움직이는 것처럼 종교 역시 자체의 독립성이 없기 때문에 유동한다. 종교는 역사도 지니지 못한다. 그것은 또한 발전도 없다. "삶을 결정하는 것이 의식이 아니고 의식을 결정하는 것이 삶"[53]이기 때문이다. 종교가 의식의 산물이라는 마르크스의 주장을 이해하는 사람은 앞의 인용구에서 의식 대신에 종교를 대치시켜 문장을 재구성하면 어째서 종교가 역사도 발전도 지니지 못하는가를 쉽게 알 수 있을 것이다.

의식은 출발부터 사회의 산물이다. 따라서 인간의 의식으로서의 종교 역시 항상 변화되는 인간 사회의 관계를 반영해왔다. 오늘날의 의식은 부르주아적 자본주의 시대를 반영하고 있다. 이러한 의미에서 종교는 물질적 산물의 한 반영이다. 마르크스는 이상의 논구에 기초해 자본주의사회에서의 종교가 노동의 소외를 뒷받침한다고 주장한다. 자본주의적 종교에는 어쩔 수 없이 자본주의 아래서 일어나는 노동의 소외가 깃들 수밖에 없다는 것이다.

마르크스에 의하면 노동의 분리는 "물질적인 노동과 정신적인 노동이 분리되자마자 즉시 실제의 분리가 된다는 것이다".[54] 이 순간부터 의식은 실재하는 실천에 대한 의식 외 다른 어떤 것을 상상하기 때문이다. 이 순간부터 의식은 이 세상으로부터 스스로를 빼내 "순수한 이론을 형성시키는 일, 즉 신학, 철학, 도덕 등"[55]으로 간다. 여기서 이데올로기로서의 종교가 실제로

---

53) 같은 책, p. 75.
54) Karl Marx, *Die Frübeschriften*(Koner: Stuttgart, 1971), p. 358.

존재하는 생산적 힘과 충돌한다. 종교는 노동자를 이 세계로부터 떼어놓고는 신학, 순수 이론, 도덕 등으로 인도한다. 따라서 종교는 소외를 가져온다.

종교가 노동자를 이 세상에서 떼어놓는다는 점에 주의를 기울일 필요가 있다. 노동자의 삶이 그가 일하고 있는 세계와 사회에 의해 조건 지어지고 있고, 구체적으로 그가 관심하고 있는 물질적 조건에 의존하고 있음에도, 그를 그런 구체적 현실에서 관심을 돌리게 하면 어떻게 될 것인가? 마르크스가 여기서 말하려는 것은 노동자에게서 땅 위의 관심을 제거시킴으로써 그로 하여금 물질(physics)을 많이 벌어들이지 못하게 한다거나 노동을 열심히 하지 않게 한다는 그런 뜻이 아니다. 마르크스의 관심은 노동자가 종교로 인해 초월적 질서와 가치에 탐닉한 나머지 구체적인 지상에서의 착취를 못 보게 되고 또 설령 보았더라도 그것을 적당히 넘기는 어리석음을 범하고 있으니 종교는 결국 노동의 소외를 일으키는 것임을 지적하려는 데 있다. 종교가 소외의 본질이라는 마르크스의 주장은 기독교와 자본주의의 특별한 관계를 더 깊이 다룸으로써 확인된다. 마르크스는 다음과 같이 말했다.

> 종교적인 세계는 진짜 세계의 반영일 뿐이다. 생산의 일반적인 사회관계란 생산자가 자기 생산품에 대해 가치 있는 존재로 행세하고 또 이런 식으로 단순하게 자기의 정신노동을 인간의 노동으로 간주하는 데서 이루어진다. 그래서 상품을 생산하는 생산자의 사회 형태는 기독교가 부르주아의 발전에서 갖는 종교적 형태, 가령 프로테스탄티즘이나 유신론 등에 상응하게 된다.[56]

기독교가 이미 자본주의 정신을 닮았다는 것이다. 자본주의가 사유재산

---

55) 같은 책.

56) Karl Marx, *Frühe Schriften*, p.56.

영역을 갈라놓고 생산한 만큼의, 가지고 있는 만큼의 상품에 견주어 사람의 가치를 저울질하는 것처럼 기독교는 자기 사유영역을 프로테스탄티즘이니 유신론이니 하는 정신적 선을 그어놓고 향유한다는 것이다.

페처가 정확하게 관찰한 것처럼 "마르크스는 막스 베버(Max Weber)보다 훨씬 전에 프로테스탄티즘과 자본주의 정신 사이의 어떤 관계를 알고 있었다".[57] 종교와 자본주의 경제 제도 양쪽 모두에서 인간은 자기 자신의 고유한 활동의 독립적인 생산에서 자신을 잃고 만다. 물론 마르크스가 두 영역의 관계를 그토록 정확히 철저하게 만들지 않았으나 유비를 통해 그 관계를 설명했다. 한 예로, 자본주의가 돈의 기능을 매개로 발전된 것처럼 기독교도 그 모델을 따라서 그리스도를 매개로 조직되었다는 점을 마르크스는 보여주고 있다. 이와 같은 양자의 일치는 종교의 이데올로기적 기능에서 나타난다고 했다. 종교는 이데올로기적인 특징을 갖는 다음 두 가지 의미로서 소외된 관계를 신비화한다. 하나는 신비화란 거짓을 말하는데, 현재 존재하고 역사적으로 생성하는 단순한 관계가 절대적인 관계로 추상화되는 한 그렇게 된다. 다음으로는 신비화란 개인과 사회의 소외를 구체적으로 형성한다. 종교는 바로 이와 같은 신비화의 기능을 통해 기존의 현상(status quo)을 그대로 옹호하고 있다. 오늘의 처참한 현상까지도 절대적인 관계로 추상화해서 옹호하는 셈이 된다. 지배자와 착취자의 지배 이데올로기의 기능을 종교는 이런 식으로 연장시킨다. 다음의 두 가지 면에서 종교는 지배 도구로 이용된다. 첫째는 오늘의 관계를 지속시킴으로써 지배계급의 이익을 정당화하는 데서이고, 둘째는 종교 자체를 그것을 통해 소외가 나오는 지배조직으로서 나타내며 또 소외의 경향성을 만들어낸다.

---

57) Iring Fetscher, *Karl Marx und der Marxismus*, p. 211.

부르주아적 기독교는 자본주의적 사회에서 경제적·역사적 실천에 적응하고 있다. 이것은 마치 자연숭배 종교가 인간 역사의 초기 단계에서 당대의 경제적·역사적 실천에 맞추어 존재했던 것과 마찬가지이다. 이상에서 밝힌 대로 마르크스는 기독교 일반에 관해 비판한 것이 아니다. 기독교와 자본주의가 상호 의존해 민중을 소외시키고 그 결과 지배자의 욕심을 연장시키는 데 대해 비판했다. 이론이 아니라 어디까지나 실천에서 기독교를 문제 삼았다. 그의 종교비판은 구체적인 역사적 상황에 근거하고 있다.

마르크스가 이해하고 있는 당대 종교나 기독교는 전(前)역사(Vorgeschichte)의 현상에 지나지 않았다. 그는 물질적·경제적인 조건에서 사회를 이루고 역사를 만들어가는 대중에게 기독교는 적극적인 의미를 주지 못함을 보았다. 오히려 기독교는 신비화 기능을 통해 노동을 소외시킴으로써 노동자의 이익보다 자본주의 이익에 봉사한다고 이해했다. 따라서 소외가 없는 사회의 질서가 올 때 프롤레타리아는 더 이상 기독교와의 관계를 맺지 않을 것이다. 그런 사회는 자본주의와 줄이 끊긴 사회이고 따라서 자본주의를 부정하는 프롤레타리아는 그런 기독교를 택하지 않게 될 것이기 때문이다.

이제까지 마르크스가 왜 종교를 거부했는가를 여러 가지 측면에서 고찰했다. 철학적·정치적·경제적으로 종교가 거부되었음을 보았다. 마르크스는 종교비판에서 끈질기게 '사람'이라는 뿌리를 계속 잡고 있는 것을 보았다. 철학, 정치, 경제가 구체적인 인간을 위해 필요한 것이라면 그것의 구조나 내용은 구체적으로 사람을 도와주는 일을 하고 있어야 한다는 것이다. 이 점에서 종교가 비판받는 것은 너무 당연하다. 초월자 하나님의 역할이 사람을 위해 존재한다는 사실을 당대 기독교가 간과했다는 사실을 마르크스가 잘 지적했다고 본다. 사람이 중심이 아니고 초월이 중심인 종교 자체는 무의미할 뿐이라는 사실을 마르크스가 강력하게 대변했다. 다른 각도에서 생각할 때 마르크스 당대의 기독교가 초월의 영역을 악용했음도 간과해서는 안 될 것이다. 즉, 마르크스는 당대의 초월 종교가 사람을 도와주지는 못하더라도 사람을 해치는 결과를 만들었다고 생각했기에 그가 기독교를 거부했음이 확실하다.

마르크스의 종교 거부는 그가 누누이 지적하고 있는 것처럼 결코 이론이 아니라 현실에서이다. 당대 교회의 구체적 현실이 결국 신을 몰아낸 결과가 되었다고 할 수 있다. 즉, 마르크스가 종교에서 신을 빼버린 것이라기보다 종교 자체가 이미 신을 제거하고 신의 자리를 인간이 찬탈하고서 약한 사람을 지배하고 착취하는 데 가짜 초월을 이용했다고 말함이 더 적절할 것이다.

마르크스의 반기독교적 종교비판은 당대 국가와 기독교가 하나님의 이름으로 민중을 착취하고 있음에 반발하면서 시작된 것이다. 그의 무신론적 공산주의 사상의 출발점은 노동에서 소외받고 무시당하는 사람을 해방시키는 데 있었다. 초월의 신을 믿는다는 사람이 현실 사회에서는 서민, 특히 노동자를 짓눌러 혹사시키면서 그들을 배고프게 하고 마음을 상하게 하는 현실을 마르크스는 강하게 비판했던 것이다.

2. 레닌의 종교비판

레닌이 없었다면 마르크스의 이데올로기가 빛을 보지 못했을 것이라고 말하는 사람이 많다. 공산주의 이데올로기를 이론적으로 창출한 독일에서는 빛을 못 보던 이데올로기가 레닌에 의해 러시아에서 빛을 발하기 시작했다. 실로 레닌의 마르크스 이데올로기에 대한 공헌은 다대(多大)하다. 그래서 공산주의 이데올로기를 마르크스-레닌주의라고 부르지 않은가!

특히 필자가 관심하는 종교비판 부문에 있어 이른바 '새 무신론'의 의미를 그 구조적인 가치와 혁명적인 자극제로서 심화시킨 레닌의 공헌은 매우 크다고 볼 수 있다. 물론 레닌이 마르크스의 철학적 종교비판에 첨부한 것은 거의 없다. 레닌 역시 이론적인 비판에 관심한 것이 아니다. 그는 마르크스처럼 종교를 이론이 아니라 실제적인 면에서 거부하려고 노력했다. 빌란트 자데마하(Wieland Zademach)의 다음 설명이 그것을 분명히 한다.

> 레닌은 실천적인 목표를 세우고 그것을 수행하는 일에 그의 모든 관심을 쏟았다. 그의 사상과 행동은 이 세계의 프롤레타리아 혁명의 수행과 국제적 공산주의를 세우는 위대한 목표에 의해 완전히 지배당했다.[58]

이제 레닌의 종교비판을 다음의 네 가지 제목으로 고찰하고 분석하려고 한다. 첫째는 종교의 본질과 기원에 관한 레닌의 비판을 다루고, 둘째는 종교를 비판하는 그의 방법을 보려고 한다. 셋째는 '성직자 세속 권력 참여주의(clericalism)'에 대한 그의 혹독한 비판을 다룬 다음, 넷째는 그가 종교를 민중의 아편으로 말하는 것을 들어보고 그것을 분석하려고 한다.

1) 종교의 본질과 기원

원인 없이 종교가 생겨나는 법이 없다고 레닌은 주장한다.[59] 모든 종교는 배후에 지구 안에서 일어난 어떤 원인이 반드시 있다는 것이다. 그는 말한다.

---

58) Wieland Zademach, *Marxistischer Atheismus und die Biblische Botschaft von der Rechtfertigung des Gottlosen*(Düsseldorf: Patmos, 1973), p. 52.

59) Vladimir Lenin, "Materialism & Empirico-Criticism," *Lenin's Collected Works(LCW)*, Vol. XXXV(Moscow: Progress Publishers, 1962), p. 125.

신이란 …… 무엇보다 외적인 자연과 계급적인 멍에가 사람을 잔인하게 복종시킴으로써 생겨난 이념들의 복합이다.[60]

레닌의 종교 기원에 관한 이론적인 견해는 마르크스와 대동소이하다. 그러나 비록 레닌의 이론이 마르크스의 것과 아주 비슷할지라도 레닌은 종교 발생의 두 가지 원인을 설명하면서 자기 입장을 견고히 하기 위해 마르크스의 글을 인용하지 않았다. 니콜라스 발렌티노프(Nikolas Valentinov)가 말한 것처럼 레닌은 마르크스가 종교의 기원에 관해 이미 단정적으로 말했음을 알고는 있었으나 결코 그에게 배워서가 아니라 레닌 자신의 통찰과 언어로 이론을 전개시켰다고 할 수 있다.[61]

레닌에 의하면 종교적 관념은 관념론적 철학에 의해 만들어질 수 있었다. 그의 작품「유물론과 경험 비판론(Materialism & Empirico-Criticism)」에서 그는 자칭 마르크스주의자인 소련의 '마하주의자들'[62]을 맹렬히 비난했다. 레닌은 그들이 마르크스의 견해가 유물론적 입장 위에 세워진 것도 모르면서 앞뒤가 맞지 않는 주장을 한다고 비난했다. 세계는 결코 관념론적 철학으로 설명될 수 없는 것인데 '마하주의자들'은 경험론을 말하면서도 관념론을 버리지 못했다. 외적인 물리적 세계는 한 객관적인 실체로서 인간의 마음속에 있는 주체적 실존일 수가 없다.[63]

레닌이 '마하주의자들'을 공격하는 이면에는 하나님이나 종교를 다시 끌

---

60) Vladimir Lenin, "Letter, V. Lenin to M. Gorky in November, 1913," *LCW*, Vol.35, p. 128.

61) Nikolas Valentinov, *Encounters with Lenin*(London: Oxford University Press, 1968), p. 183.

62) 오스트리아의 에른스트 마흐(Ernst Mach, 1838~1916)의 철학적 입장을 따르는 자들. 이 철학의 요체는 주관주의적·불가지론적 관념론의 한 형태이다.

63) Vladimir Lenin, *LCW*, Vol. 35, p. 209f.

어들일 수 있는 관념주의 형태의 철학과는 절대로 타협하지 않겠다는 그의 무서운 의지가 도사려 있다. 만약 현실성(reality)이 우리 자신의 사고 구성 외에 아무것도 아니라면 그때는 종교도 신도 존재할 수 있을 것이다. 그러나 그와 반대로 영적인 관념은 물질적 세계에 의해 창조된다는 것이다.

레닌에 의하면 종교란 도덕, 관습, 철학 등과 같이 그 자체로서 어떤 실제성, 현실성이 없다. 그것은 모두 인간 삶의 물질적인 조건에 의해 산출된다. 그것이 자체적으로 존재할 수 있는 실체가 될 수 없는 것은 시대마다 사람들의 특수한 사회적·경제적 관계에 의해 그것이 생성되기 때문이다. 물질적 환경이나 관계가 바뀔 때마다 사고의 형태도 바뀐다. 생각과 마음이 바뀌면 거기에 따라 태도와 실천도 바뀐다. 종교와 철학도 어쩔 수 없이 바뀐다. 따라서 종교가 자체적인 실체일 수 없다.

레닌은 종교를 탄생시키는 특수한 물질적인 상황이나 환경을 공포라고 분석한다. 레닌은 원시적인 종교는 인간이 자연에 대해 가졌던 불안과 공포 감정 때문에 생겼다고 선언한다. 인간은 도저히 이해할 수 없고 또 제제할 수도 없는 무서운 힘을 자연으로부터 느낀다. 그 무서운 힘은 종종 인간의 안전을 위협했고 생명을 빼앗았다. 자신과 가족 나아가 이웃 전체의 생명을 앗아갈 때도 있었다. 여기서 인간은 이 무서운 외적인 자연의 힘을 대항할 어떤 더 큰 힘을 자연스럽게 갈망하게 되었다. 인간의 공포와 불안을 극복하고 안정되고 평안한 삶을 누리게 해줄 강력한 힘을 갈망하는 사람의 마음속에 종교가 시작되었다는 것이다.

레닌은 현대의 종교 역시 원시종교의 기원에서 보는 것과 똑같은 감정 때문에 생겼고 지금도 지속한다고 보았다. 레닌은 비록 공포의 원천은 다르지만 삶의 불안을 일으키는 현대의 상황이 종교심을 조작했다고 가르친다. 그런 공포는 인간, 특히 민중이 그들 자신들로서는 도저히 어찌할 수 없는 사회

제도, 더구나 자기들을 잔인하게 다루고 억누르는 사회제도 한가운데에서 느끼는 무능, 불안정, 예측할 수 없는 미래 등에서 연유된다. 레닌의 이야기를 직접 들어보자.

현대 종교의 뿌리는 노동 대중의 사회적 억압, 그리고 자본주의라는 눈먼 세력 앞에서 완전히 무기력해졌다고 느끼는 저들의 감정 속에 깊이 뿌리박고 있다. 자본주의라는 눈먼 힘은 매일 그리고 매시간 전쟁이나 지진 같은 비상한 사건으로 야기된 것보다 수천 배 이상의 공포를 주고 있다. "공포가 신들을 만들었다." 자본주의의 눈먼 힘 — 왜냐하면 대중이 자본주의의 바람을 미리 보지 못하기에 — 그것은 노동자와 소상인에게 "예기치 않게" 그리고 "갑자기" 닥쳐서 그들을 파멸시키는 힘이다.[64]

이상에서 구체적으로 제시된 것처럼 현대 종교의 근원은 자본주의라는 것이다. 즉, 사회적인 요소가 종교를 가능케 하고 있다는 것이다. 자본주의 경제정책에 의해 수탈당한 민중이 교회로 찾아와 그 한을 달래기 때문에 기독교가 계속 존재할 수 있다는 설명이다. 레닌은 마르크스의 기본적 종교비판과 맥을 같이하고 있다. 즉, 경제적 예속이 궁극적으로 "사람들을 종교적으로 사기 칠 수 있게 하는 참된 근원"이고 또한 "현대인 속에 종교적 신앙을 품게 하는 첫째 원인"이다. 이러한 그의 논리를 거꾸로 정리하면 자본주의의 경제적 착취와 그것으로 인한 경제적 예속이 없으면 민중 사이에 두려움은 없어질 것이고,[65] 따라서 다른 힘을 요청하지 않을 것이며, 결국 신의 존재가 요청되지 않게 된다. 그때 종교는 자연히 소멸될 것이라는 논리이다.

---

64) Vladimir Lenin, "The Attitude of the Workers' Party Toward Religion," *Religion, Little Lenin Library VII*(NY: International Publishers, 1937), pp. 14~15.

65) Vladimir Lenin, "Socialism and Religion," *LCW*, Vol. X, p. 87.

2) 종교를 공격하는 방법들

약 20년의 간격을 두고 서술한 레닌의 두 논문은 종교를 공격하는 점에서 다른 태도를 보인다. 1905년에 발표한 「사회주의와 종교(Socialism and Religion)」에서는 어딘가 정중한 태도를 취하고 있는 것 같다. 즉, 연설이나 논문 및 팸플릿 등에서 종교를 직접 공격하는 것을 격려하지 않고 있다. 그런데 「전투적 유물론의 중요성에 관하여(On the Significance of Militant Materialism)」는 1922년 볼셰비키 혁명이 승리한 이후 ≪마르크스주의의 깃발 아래(Under the Banner of Marxism)≫라는 제호의 볼셰비키 과학 잡지의 창간호 서문으로 쓴 것인데, 여기에서는 종교의 직접 공격을 옹호하고 있다. 차후 밝혀지겠지만 레닌의 종교비판은 초기나 후기를 막론하고 그 견해가 서로 모순되거나 변화된 것은 없다고 본다. 그의 견해는 늘 같았으나 달라진 상황에 따라 다른 방법을 사용했다고 보는 것이 적절할 것이다.

1905년에 쓴 그의 첫 번째 글에서 레닌은 종교가 오늘 실제로 존재하고 있는 바 그 실체에 의해 규정되는 방법으로 공격되어야 한다는 견해를 표명했다. 종교는 부르주아 문화의 한 현상에 지나지 않고, 지배계급의 압제의 산물이다. 그런데 종교는 그것을 산출하고 또 이용하는 사회적인 관계로부터 떨어져 있어서 그 자체는 현실성이 없기 때문에 마치 종교가 제일 중요한 것처럼 토론의 전면에 내세울 필요가 없다. "종교가 인간성에 행사한 억압은 사회 안에서의 경제적 억압의 산물이요 또 그 반영"[66]이기 때문에 책이나 토론을 통해서 파괴될 수 없다. 다만 프롤레타리아가 자본주의의 어두운 세력에 대항해 투쟁함으로써 스스로 계몽될 때만 종교는 거부되고 파괴될 수 있다.

---

66) 같은 책, p. 10.

종교는 단지 안개와 같은 것으로 빛이 비치면 사라지듯이, 민중이 억압자에 대항하는 투쟁을 통해 고통과 고난을 극복하게 될 때 민중의 마음속에서 종교, 즉 신이 제거된다는 말이다. 레닌은 누구이 종교 자체의 실체성을 거부한다. 종교는 사회적 억압이 만든 괴물일 뿐 사회적·경제적 억압이 사라지는 공산주의 사회가 왔을 때 그 괴물은 자취를 감출 것이라는 논리이다. 레닌은 이렇게 말한다.

> 땅 위에 천국을 건설하기 위해 억압받는 계급의 순수한 혁명적인 투쟁의 일치가 하늘에 있는 상상적 파라다이스에 관한 프롤레타리아 견해의 일치보다 우리에게 훨씬 중요하다.[67]

이 글에서 분명히 드러나 있는 것처럼 레닌의 관심은 종교를 논리적으로 또는 토론해 공격하는 데 있지 않다. 오히려 종교를 가능케 한 모순된 사회제도, 억압적인 경제 질서를 제거하는 데 더욱 관심을 두었다. 종교를 만든 그 뿌리를 잘라내면 종교는 자연스럽게 말라죽을 것이라는 견해이다. 그런 뜻에서 혁명적인 투쟁에 프롤레타리아가 하나가 되어 싸우자고 제창한다. 그 길은 곧 종교를 파멸시키는 길이기도 하다는 것이다.

하지만 레닌은 종교를 믿는 사람에 대해서 관용하는 태도를 보인 것이 사실이다. "우리는 무신론자라고 선언하지 않는다"라고 레닌은 주장한다. 이유는 간단하다. 신이나 종교는 존재할 가치가 없다고 그는 믿기 때문이다. 무신론자라고 할 때 신을 전제하는 것이니 아예 무신론자라고도 말하지 않겠다는 것이다. 그리고 "옛 편견의 찌꺼기에 아직도 매달려 있는 프롤레타리아가 우

---

67) 같은 책.

리의 당과 좀 더 가까운 접촉을 하려는 것을 우리는 막지 않는다. 또 막아서는 안 된다"라고 말한 이유는 자명하다. 옛 편견의 찌꺼기가 언젠가는 프롤레타리아의 혁명적 투쟁에 의해 없어져 버릴 것이기 때문이다. 그러므로 혁명적 투쟁과 과학적 사고만을 불러일으키는 일이 급선무라는 것이다. 레닌은 계속해서 다음과 같이 주장한다.

> 우리는 항상 과학적인 세계 개념을 가르칠 것이다. 물론 우리는 기독교인의 모순에 대항해 싸우지 않으면 안 된다. 그러나 이것은 종교적인 문제가 전면에 나와야 한다는 뜻은 아니다. 우리는 순수하게 혁명적·경제적·정치적인 투쟁을 벌이고 있는 힘들이 삼류 견해나 꿈 때문에 깨어지게 해서는 안 된다. 이른바 삼류 견해나 꿈은 정치적인 의미를 급속히 잃어가고 있다. 그것들은 점점 경제적 발전의 정상적 코스에 밀려 쓰레기 더미로 밀려나고 있다.[68]

이 점에서 레닌은 마르크스의 훌륭한 제자인데, 마르크스에게도 역시 종교에 대항하는 어떤 직접적인 투쟁도 소용없고 대상을 잘못 잡은 것으로 이해되었다. 소용없다는 것은 세상이 올바로 고쳐지지 않는 한 종교가 폐지될 수 없기 때문이다. 대상을 잘못 잡았다는 것은 참된 적은 오직 "정신적인 향기"[69]뿐이기 때문이다. 마르크스에게 있어 효과적인 치료법이란 철저히 근본적이어야 한다. 즉, 악의 뿌리 자체에 손을 대는 일이다. 이와 마찬가지로 레닌도 종교의 폐지를 직접적인 공격으로서는 안 되고 뿌리에 손을 대야 한다고 누누이 강조했다.

그렇기 때문에 레닌의 프로그램은 종교를 직접 공격하는 대신 종교라는

---

68) 같은 책.

69) K. Marx & V. Engels, *Marx Engels Werke(MEW)*, Bd. 1(Berlin: Dietz, 1981), p. 378.

안개가 생긴 이유, 실제적인 역사적·경제적 뿌리를 설명한다. 그리고 또 "지금까지 귀족주의적 봉건주의 정부에 의해 엄격하게 금지되고 박해받았던, 그것에 관련된 과학 문서를 출판"[70]했다. 그는 이상과 같은 프로그램을 통해 종교를 서서히 박멸할 수 있다고 믿었다. 레닌은 다음과 같이 주장한다.

> 훗날, 프롤레타리아는 중세기적인 잠잠함을 청산한 정권 아래에서 인간을 종교적으로 속이는 진짜 근원인 경제적인 노예 상태를 파멸시키기 위해 위대한 공개적인 투쟁을 벌이게 될 것이다.[71]

레닌의 뜻을 받들어 같이 혁명에 참가했던 혁명단원들이 당의 입장을 무신론이라 선언하고 거기에 걸맞은 프로그램을 만들어 추진하자고 주장했으나 레닌은 반대했다. 그들은 소련 공산당이 반종교적인 정당이요, 따라서 무신론적 입장을 끝까지 고수한다는 맹세를 공개적으로 하자고 주장했다. 나아가 스스로를 무신론자라고 서약하지 않은 사람은 당의 활동이나 기타 어떤 프로그램에도 일체 참석시키지 못하도록 해야 한다고 강력히 주장했다. 다시 말하면 이 극단적인 사람들은 종교와 맞서 싸워 종교를 완전히 제거해버리자는 입장이었다.

이에 대해 레닌은 반대 입장을 견지했다. 그런 사람들을 나무라기 위해 프리드리히 엥겔스(Friedrich Engels)의 입장에 호소하곤 했다. 엥겔스는 『반뒤링(Anti Dühring)』에서 노동당 정책에 무신론자임을 공개적으로 선언하는 프로그램을 넣자고 주장하는 사람들을 자주 공격하며 "종교에 선전포고를 하자"[72]라고 주장하는 자들을 강력히 반대했다. 레닌이나 엥겔스가 반종교적

---

70) Vladimir Lenin, *Religion, Little Lenin Library VII*, p. 10.
71) 같은 책, p. 11.

이었음에는 틀림없으나 그 방법에 있어 극단론자들과 대립했다. 실로 우리는 여기서 당시 교회가 왜 저토록 민중에게 호되게 공격과 미움을 받았는지를 되새기지 않을 수 없다. '종교에 대한 선전포고'라도 선언되었으면 어찌 되었을까? 하여간 엥겔스는 선전포고를 말린 입장에 있었다. 그리고 레닌 역시 엥겔스의 입장을 지지했다. 레닌은 소련 공산당의 급진파를 설득하기 위해 엥겔스가 영국에 망명해 있는 '블랑키파'[73]를 공격한 사실을 인용하고 있다. 블랑키파는 종교에 대해 전쟁을 포고해야 한다고 아우성치던 자들인데 그것을 엥겔스는 난센스라고 일축했다. 만약 종교에 대해 전쟁을 포고하면 그것은 오히려 종교에 대한 흥미를 되살려주어 죽어가는 종교를 죽지 않게 만들 것이기 때문이다. 저들의 태도는 단순히 무정부주의적이다. 레닌은 이와 같은 엥겔스를 옹호해 엥겔스가 블랑키파를 정리한 것은 그들이 민중의 종교의 멍에를 벗기는 올바른 방법을 이해하지 못했기 때문이라고 선언한다. 즉, 민중의 투쟁, 노동자계급의 대중적 투쟁만이 억압받는 대중을 종교의 멍에에서 자유롭게 할 수 있다. 그러한 대중적 노동계급의 투쟁은 각계각층의 프롤레타리아를 모아서 그들을 의식이 있고 혁명적인 실천으로 끌어들이기 때문에 이 투쟁이 자연스럽게 그들에게서 종교를 내몰 수 있게 하라는 것이다.

레닌은 전면에 내놓고 적을 공격하는 방법의 어리석음을 오토 폰 비스마르크(Otto von Bismarck)를 예로 들어 설명한다. 비스마르크는 그의 이른바 '문화투쟁(Kulturkamf)'에서 독일 가톨릭당을 정면공격했다. 레닌은 비스마르크가 취한 그런 식의 싸움은 결과적으로 가톨릭교회의 '성직자 세속 권력 참여주의'를 강화시켰고 또한 참된 문화의 유산을 손상시켰다고 보고 있다.

---

72) 같은 책, p. 12.
73) 블랑키파는 오귀스트 블랑키(Auguste L. Blanqui, 1805~1881)를 따른 사람들인데, 블랑키는 혁명적인 공산주의 이론가이자 매우 호전적인 전략가였다.

그는 정치적인 분열보다 오히려 종교적인 분열을 전면에 부각시킴으로써 노동계급의 주목을, 계급적 혁명 투쟁의 긴급한 임무에서 가장 피상적·허위적인 '성직자 세속 권력 참여주의'에 대한 반대로 돌려버렸기 때문이다.[74)]

레닌은 자신의 종교에 대한 태도는 마르크스주의적 원리와 일치하고 또 거기에서 표출된 것이라고 주장한다. 종교에 대한 이른바 '온건성'은 "종교를 가진 노동자들을 두렵게 만들지나 않을까 하는 염려를 가지고 그들에게 비위를 맞추려는 비겁한 마음에서 나온"[75)] 실용주의적 전략이 아니다. 그것은 오히려 마르크스주의의 원리에서 나온 것이다. 즉, 그 원리란 종교는 있는 그대로이고 단순한 이성적 공격에 의해 파괴되지도 않으며 혹은 "종교를 집어치워라!", "무신론 만세!" 또는 "무신론을 퍼뜨리는 일이 우리의 최상의 과제이다"[76)]라는 식의 슬로건을 외쳐봤자 종교는 없어지지 않는다는 원리이다. 이것은 종교에 반대하는 교육적인 책이 해롭다거나 피상적이라는 것은 아니다. 레닌은 말한다.

사회민주당(Social Democracy)에 의한 무신론 선전은 좀 더 본질적인 임무, 즉 착취자에 대항하는 피착취자의 계급투쟁의 발전에 종속되어야 한다는 뜻이다.[77)]

종교를 몰아내는 최선의 길은 추상적인 논쟁이 아니라 종교가 만들어내는 해독의 구체적인 실례를 밝힘으로써 가능하다는 사실을 레닌은 한 예를 들어

---

74) Vladimir Lenin, *Religion, Little Lenin Library VII*, p. 12.

75) 같은 책, p. 13.

76) 같은 책, p. 14.

77) 같은 책, p. 15.

설명하고 있다. 1909년에 쓴 「종교에 대한 계급과 당의 태도(The Attitude of the Classes and Parties Toward Religion)」라는 논문에서 그해 제정러시아 국회(Duma)에서 있었던 종교에 관한 논쟁에서 나타난 서로 다른 여러 그룹 간의 태도에 관해 논평하면서 한 사건을 예로 들고 있다. 로즈코프(Rozhkov)라는 농부가 국회에서 꾸밈없이 떠들어댄 사건인데, 그 농부는 신부(神父)들의 강탈과 수탈에 대해 거침없이 폭로했다. 신부들이 결혼식 주례를 해주고 급료를 받고 거기다 다른 선물을 요구한다는 것이다. 예컨대, 보드카 한 병, 샌드위치 또는 한 파운드의 차 등을 요구한다는 것이다. 이러한 폭로 사건을 레닌은 "성직자들의 강탈, 신부들의 건강부회 등을 드러낸 적나라하고 꾸밈없는 진리"라고 불렀다. 이 농부는 그의 증언에서 "이 거룩한 국회 단에서 감히 말할 수 없는 것들을 신부들이 종종했다"라고 신부들을 비난했다. 이쯤 되자 '100인 흑색당(The Black Hundreds)'[78]은 흥분하기 시작했다. 모두들 자기 자리에서 일어나 고래고래 소리를 질렀다. "부끄럽다", "창피하다"라면서 야단법석을 떨었다. '100인 흑색당'이 이토록 반발한 이유는 "성직자들의 강탈에 관한 농부의 공개적 이야기가 어떤 이론적이거나 전략적인 반종교적·반교회적 선언보다 훨씬 대중을 혁명화시킨 것이라는 사실을 그들이 알았기 때문이다"[79]라고 레닌은 주석을 달았다.

레닌의 분석이 옳았던 것은 1909년 제3차 국회가 '100인 흑색당'을 정죄하기까지 이르렀을 정도로 그 농부의 증언 효과를 본 것이다.[80] 구체적인 사례를 통해 종교를 제거해야지, 추상적인 논리로는 효력이 없다는 레닌의 말

---

78) 100인 흑색당의 정식 명칭은 'Union of the Russian People'인데, 극우 국수주의적 반동운동이었다. John S. Curtiss, *Church and State in Russia*(NY: Columbia University Press, 1940), p. 198 참조.

79) Vladimir Lenin, *Religion, Little Lenin Library VII*, p. 27.

80) John S. Curtiss, *Church and State in Russia*, p. 198.

이 입증된 셈이다. 그의 1905년의 입장은 결코 종교를 당분간이나마 용납하자는 온건주의가 아니라 오히려 종교를 제거하는 좀 더 강력하고 효과 있는 방법을 제시하는 것이었다.

다음으로 그의 두 번째 논문을 검토할 차례이다. 앞에서 언급한 대로 그의 두 번째 논문 「전투적 유물론의 중요성에 관하여」는 1922년에 창간된 ≪마르크스주의의 깃발 아래≫라는 볼셰비키 과학 잡지 창간호 서문으로 쓴 것이다. 이 논문은 지적인 수준에서 모든 방법을 동원해 종교를 공격해야 할 중요성을 강조하고 있다. 창간되는 잡지가 마땅히 지녀야 할 목적과 목표에 관해 레닌은 다음과 같이 개요를 적고 있다.

> 그러한 잡지는 전투적 무신론의 기관이어야 한다. …… 그런 잡지는 지치지 않는 무신론적 선전과 투쟁을 수행해야 한다. 우리는 이 문제에 관한 모든 문서를 모든 나라 언어로 다 보고 매우 주의 깊게 연구하고 번역해야 한다. 그리고 이 분야에서 매우 적은 희소가치가 있는 것일지라도 모두 열람해야 한다.[81]

무신론 확산의 임무가 이 잡지의 주목적으로 등장했음을 알 수 있다. 즉, 레닌의 관심이 전투적 무신론의 확산에 있음을 공개하고 있다. 레닌은 계속해서 말한다.

> 이 대중에게 최대한의 여러 가지 무신론 선전 자료를 제공해 그들로 하여금 삶의 각 양각색의 장으로부터의 사실을 접하도록 하는 것이 본질적인 임무이다. 그들의 흥미를 이끌어내고, 그들을 종교적 잠에서 깨어나게 해서 그들을 뒤흔들어 놓기 위해 그들에게 접근하는 갖가지 방법이 강구되어야 한다.[82]

---

81) Vladimir Lenin, *Religion, Little Lenin Library VII*, p. 30.

종교의 늪에 빠진 자들을 어떻게 해서라도 건지려는 레닌의 전략을 읽을 수 있다. 레닌은 몇몇 당대 작가의 어리석음을 책하면서 다음과 같이 말한다.

18세기 옛 무신론자들의 생동력 있고 재치 있는 저서들은 당대에 판치던 '성직자 세속 권력 참여주의'에 대해 기교 있고 공개적으로 공격을 했지만, 그 글들은 사람들을 종교적 잠에서 깨어나게 하는 일에 있어 잘 선택된 사실을 거의 예로 들지 못하고 있었다. 실례를 드는 것이 단지 마르크스주의를 치졸하고 무미건조하게 서술하는 것보다는 1000배 이상 더 적절하다는 사실이 증명될 것이다. …… 가장 중요한 일은 ─ 이것은 공산주의자들이 매우 자주 잊어버리는 것인데, 이런 자들은 진짜 마르크스주의를 왜곡시키고 있다 ─ 아직도 깨지 못한 대중을 종교적인 문제에 대해 지적인 흥미를 가지게 하고 종교비판에 관심하도록 만들 수 있는 일이다.[83]

여기에 인용된 글로 봐서는 레닌의 생각에 변화가 있지 않나 하는 의심을 가질 만하다. 즉, 이전 논문에서는 종교적 문제를 전면에 내놓는 일을 반대했는데 이제는 그렇게 하는 것을 환영하는 것 같다. 그러나 한층 깊이 들어가 고찰할 때 고유한 모순을 발견할 수는 없을 것이다. 그가 종교를 반대한 것은 전기나 후기가 똑같다. 그의 초기 반론 방법에는 두 가지가 있었다. 반종교적 선전은 슬로건 외치기 이전의 것이어야 하는데 종교가 억압과 착취의 도구로 어떻게 이용되었고 또 왜 그렇게 되었는지를 사회적 사실에 기초해서 밝혀내야 한다는 것이다. 둘째는 비록 반종교적 운동이 제대로 된 방법을 이용해서 진행되더라도 민중을 혁명화시키는 일차적인 임무를 방해하면서까지 진행해서는 안 된다는 것이다. 자칫 잘못하면 반종교적 선전이 분열을 야기하는

---

82) 같은 책, p. 31.
83) 같은 책.

부차적인 문제를 만들 가능성이 있기 때문이다. 즉, 1905년 당시는 민중을 혁명 의식으로 몰아가는 일이 더 긴급했기 때문에 반종교 운동, 무신론 퍼뜨리기 운동은 뒤로 물러난 것이다. 1차적 임무 완성은 자연히 2차적인 문제까지도 해결할 것이라는 확신 위에 진행되었음이 분명하다. 더구나 레닌의 이러한 방법론은 전략적 편의주의를 택하기 위해 고안된 것도 아니다. 그것은 마르크스주의 철학의 핵심에서 나온 것이다. 즉, 종교란 이성적·지적인 수준으로는 결코 극복될 수 없다는 원리이다. 그것은 그 자체로서는 변화될 수밖에 없는 사회적·경제적 현실성의 반영이기 때문이다.

그러나 1922년 논문은 볼셰비키 혁명이 성공한 이후에 썼다. 이미 그때는 공산당이 러시아를 완전히 장악하고 있을 때이다. 이젠 더 이상 종교적인 문제로 인해 노동자를 분열시키는 큰 위험이 있을 리가 없게 되었다. 당이 국가 전체의 힘을 장악하고 있었기 때문이다. 당의 주된 목적은 사회주의를 건설하는 일이다. 그것을 통해 그 부산물로서 간접적으로 종교의 꼬리가 차츰 자취를 감추게 되는 것이다. 그러는 가운데 당은 이제 종교에 의해 마취된 대중을 정신 차리게 하는 모든 과학적인 방법을 동원해 종교를 공격하는 일을 열정적으로 수행할 수 있는 여유가 생겼다. 이제 레닌은 잡지까지 동원해 종교를 공개적으로 공격하고 거부하기에 이른 것이다.

3) 성직자 세속 권력 참여주의

1909년 6월 레닌은 앞에서 이미 언급한 바 있는 논문 「종교에 대한 계급과 당의 태도」를 썼는데 이 논문은 ≪사회민주주의자(Sozial-Demokrat)≫라는 잡지에 실렸다. 이 글에서 레닌은 제3러시아 국회에서 여러 정당에 의해 발표된 견해를 논평했다. 그가 발견한 사실은 여러 다른 성직자가 말한 내용의 대부분이 실제로 종교는 사람의 복지에 관심이 없고 자기들이 지니고 있는 특권을 계속 유지하는 데만 급급하다는 자신의 이론을 지지해준다는 것이었다. 국회 안에서 말한 성직자들의 말을 통해 레닌의 종교 거부가 정당화될 수 있는 근거가 주어진 것이다. 거기 참석해 연설한 감독들의 글을 논평하고서 레닌은 다음과 같이 결론을 내린다.

소련 안에는 전투적인 '성직자 세속 권력 참여주의'가 존재할 뿐만 아니라 그것이 점점 강하게 그리고 잘 조직화되고 있는 것이 명백하다.[84]

당대의 세속 정치에 참여할 뿐 아니라 정치권력을 자신의 명예와 이익을 위해 이용하던 성직자들에 대한 공격이 결국엔 종교 거부의 핵심에 있음을 놓치지 않아야 레닌의 종교비판을 올바로 해석할 수 있다.

제3러시아 국회 안에서만도 수십 명의 성직자가 국회의원으로 활동했다. 그런데 그들 거의 모두가 보수파 정당에 가입해 있었다. 그때 국회에 모두 45명의 러시아정교회 성직자가 있었는데, 그중 14명이 중도 우파 정당(국회의원 총수는 69명)에 속해 있었고, 16명은 당대의 제일 보수적인 우파 정당(국회의원 총수는 48명)에 속해 있었다.[85] 극우 보수파 자리에 앉아 있던 성직자 국회의원 가운데 저명한 한 사람은 모길레프(Mariлёу) 출신의 미트로판(Mitrophan) 주교였다. 그는 한 연설을 통해 모든 성직자가 따로 모이는 정당을 구성했으면 좋겠다는 의사를 비쳤다. 그 이유는 명백했다. 당시 극우 보수파와 대립되는 진보당에 가입한 성직자들이 보수당 성직자들에게 눈엣가시였기 때문이다. 진보당 국회의원 148명 가운데 성직자는 겨우 4명이었으나 이들

---

84) 같은 책, p. 21.

85) John S. Curtiss, *Church and State in Russia*, p. 341.

이 보수당 성직자들을 공격하는 바람에 이른바 '성직자 세속 권력 참여주의'가 괴멸되었기 때문이다. 그렇기 때문에 미트로판은 모든 성직자를 아예 한데 묶어 성직자 중심의 세속 정치권력을 장악하고자 했던 것이다. 레닌은 바로 이 점을 간파하고 미트로판 주교를 공격했다. 레닌은 두 번째 논문에 그 주교의 연설을 길게 인용하고 있다.

이 국회 안에서 우리 활동의 첫 번째 단계는 국민을 대표하는, 높이 존경받는 대의원을 더 많이 늘리는 데 목적을 두는 일이다. 이 국회 안에 정파를 뛰어넘어 한 정당으로 뭉친 성직자 모임이 형성되기만 하면 그 자체의 윤리적 견해로부터 모든 문제를 토론할 수 있게 될 것이다. 왜 우리는 이것을 성취하지 못했는가? …… 그 잘못은 당신들과 같은 의자에 앉아 있는 사람들 때문이다. 즉, 반대당에 속해 있는 성직자 대의원들 때문이다. 저들은 목청을 높여가며 우리가 제안하는 것이 성직자당의 창설 외다른 것이 아니라면서 그런 당은 바람직하지 못하다고 떠들어댄다. 물론 러시아정교회 성직자의 세속 권력 참여주의에 대해서는 말할 필요가 없다 — 그런 의도는 결코우리 가운데 없으니까 — 우리가 독립된 별도의 정당을 만들려는 의도는 순수하게도덕적·윤리적 목적을 추구하고자 함에 있었다. 신사 여러분, 지금까지도 좌경 대의원들이 우리 가운데 뿌린 불일치로 인해 분열과 파벌이 자리하고 있다. 그것 때문에여러 사람이 우리를 비난하고 있다.[86]

미트로판 주교의 연설을 길게 인용한 레닌은 다음과 같이 논평한다.

미트로판 주교는 그의 무식한 연설에서 부지중에 비밀을 발설하고 있다. 즉, 좌익적성직자들이 국회 안에 일군의 성직자들을 설득해 따로 모이는 도덕적[이 '도덕적

---

86) Vladimir Lenin, *Religion, Little Lenin Library VII*, p.21.

(moral)'이란 말은 사람들을 속이는 데 있어서 '성직자의(clerical)'란 말보다 더 효과 적이대인 그룹을 만들지 못하게 하는 데 책임이 있다는 말이다.[87]

성직자가 세속 정권을 잡고 마음대로 휘두르겠다는 야심이 그 주교의 입 에서 발설되었다는 말이다.

레닌은 당시 러시아정교회 교권이 너무 타락한 나머지 세속 권력에까지 손을 대 성직자가 나라까지 다스리려고 했음을 여과 없이 폭로하고 있다. 그 는 이러한 그의 확신을 여러 문서와 기록으로 논증하고 있다. 레닌은 이 사건 이후 한 달쯤 후 일어난 또 하나의 사건으로 당시 국회 안의 성직자들의 의도 가 본질상 '성직자 세속 권력 참여주의'를 확립하려는 데 있었다는 자신의 논지를 물적으로 증거하고 있다. 그가 인용하는 것은 율리우스(Eulgius) 주교 가 읽은 결의문이다. 그 결의문은 분리주의자들에 대항해 교회의 특권적 위 치를 유지하는 것을 주장했다. 소련 국회의 성직자들에 의해 가결된 그 결의 안은 다음과 같이 선언한다.

국회 안에 있는 러시아정교회 성직자의 절대다수는 다음과 같은 견해를 가지고 있 다. 즉, 정교회의 장자권(長子權)과 빼어남을 그대로 보존하기 위해 '옛 신도들(Old Believers)'[88]에게는 설교할 권한이나 교회를 마음대로 세우는 권한을 허락해서는 안 되고 또한 '옛 신도들'의 신부들에게는 종교의 성직자 칭호를 사용하는 것을 허락해

---

87) 같은 책.
88) 옛 신도들은 1654년 러시아정교회에서 갈라져 나온 분파를 칭한다. 소련어로는 'Rasko-lniks'라고 하는데 '떨어져'+'갈라짐'의 두 단자(單子)의 합성어이다. 이 분리가 일어난 이 유는 니콘(Nikon) 대주교의 개혁적인 노력에서 연유한다. 그는 수세기 동안 야금야금 교 회 안에 침투한 잘못된 예배 형식이나 기타 종교적 행사를 깨끗이 정리해 그리스정교회 원 래의 모습대로 회복하려고 했다. 결국 그는 그의 지지파와 함께 러시아정교회를 탈퇴했다.

서는 안 된다는 견해이다.[89]

여기서 우리는 좌익에 속한 신부들이 어떤 파에 속해 있는가를 알 수 있다. 즉, 국회 안의 진보당 성직자 네 명은 '옛 신도들'파였다. 같은 러시아정교회 신부들이었다면 벌써 쫓겨나고 말았을 것이다. 자기들 권한 밖에 있었던 성직자들이기 때문에 이 문제를 국회 안에 끌어들여 국회의 결정으로 저들을 몰아내려 한 것이다. 이것을 레닌은 "가장 순수한 성직자 세속 권력 참여주의"[90]라고 일컬었다.

레닌은 이 결의문에 대해 "국회의 성직자들 절대다수의 순수한 도덕적·윤리적 견해란 도대체 무엇인가?"라고 질문한다. 그리고 이것이 '성직자 세속 권력 참여주의' 주장 이외의 아무것도 아니라는 자기의 주장을 뒷받침하기 위해 국회의원인 한 성직자의 다른 연설문을 인용한다. 이 인용문은 교회가 자신의 본질과 기능을 고상한 개념으로 올리고 또 거기에 따른 기대가 재정적 또는 달리 특별한 방식으로 다뤄져야 함을 보이기 위해 의도적으로 쓴 것이다. 그 연설의 일부를 아래와 같이 인용하겠다.

교회는 신적이고 영원한 기구이다. 교회의 법은 변치 않는다. 우리가 아는 대로는 정치적인 삶의 이상은 계속해서 변하지만 …… 금년도에 교회 재정을 정부의 관리 아래 두려는 의사를 표명한 재정위원회가 내년도에는 교회 재정을 국고에 넣을 욕심을 갖지 않을 것이라고 누가 보장할 수 있는가? 재정위원회는 결국 교회의 관리로부터 교회 재정의 관리를 완전히 떼어내어 결국 정부의 감독 밑에 두려는 것이 아닌가? 기독교인의 영혼은 주교의 보살핌에 맡겨졌기 때문에 더욱이나 교회의 재산도 그에게

---

89) 같은 책, p. 22.
90) 같은 책.

맡겨져야 한다고 교회법은 기록하고 있다 …… 오늘날 당신들의 영적인 어머니인 거룩한 정교회는 당신들(국회의원들) 앞에 서 있다. 국민의 대표자로서 여러분 앞에, 동시에 교회의 영적인 자녀인 당신들 앞에 서 있다.[91)]

누구나 이상의 인용문에서 당대의 거룩한 정교회 주교들, 신부들이 의도하는 것이 무엇인지 쉽게 파악할 수 있을 것이다. 권력과 돈을 성직자들이 마음대로 주무르면서 소련의 정치, 경제, 사회를 다스리려는 이른바 '성직자 세속 권력 참여주의'가 여실히 드러난다. 레닌은 이것을 순전한 "성직자 세속 권력 참여주의"라고 불렀다. 당대 교회는 으뜸의 위치와 지배자의 자리를 스스로 탐닉하고 요청했다고 레닌은 비난한다. 교회가 국민의 대표자까지도 "영적인 자녀들"이라 부르고 있기 때문이다. 레닌은 이런 교회의 지도자들을 매섭게 공격했다.

이들 성직자는 거룩한 흰 법의를 입고 있는 공무원일 뿐 아니라 법의를 입은 채로 노예제도를 옹호한 자들이다.[92)]

당대 러시아정교회 성직자들의 이 같은 모습은 레닌으로 하여금 교회를 정면으로 공격하게 만들었다고 말할 수 있다. 이상 레닌의 인용구를 읽고 당시의 현실을 안 이상, 당대 교회와 종교를 거부한 레닌에 대해 유구무언일 수밖에 없을 것이다.

---

91) 같은 책, p. 22.
92) 같은 책, p. 35.

4) 민중의 아편으로서의 종교

"종교는 민중의 아편이다"는 마르크스의 유명한 말이다. 실로 그 이후 모든 공산주의자가 종교에 관해 언급할 때마다 이 어구가 반복되지 않은 경우는 드물 것이다. 레닌 역시 종교를 이러한 범주에서 이해했고 따라서 마르크스에 동의했다. 레닌에 의해서도 종교는 민중의 아편이다. 종교가 가난에 허덕이는 민중을 쉽게 그들의 운명에 좌절하게 해 스스로 노력해 자기들의 아픔을 극복하겠다는 희망을 포기하게 만들기 때문이고, 민중이 처참한 삶의 상태를 그대로 받아들이도록 가르치기 때문이다. 종교는 이 세상을 넘어선 저편의 세상에서 더 좋은 복락을 얻을 소망만을 설교하며 민중을 달래 이 세상에서의 투쟁을 단념케 한다는 것이다.

레닌 당대 교회가 현실의 불의와 부정의에 대해 양심의 눈을 뜨도록 가르치는 것이 아니라 반대로 세계의 현실을 바로 보는 양심의 눈을 가리게 하고 다만 저 세계만을 바라보게 했다고 레닌은 질타한다. 「종교는 무엇에 유익한가?(What Is Religion Good For?)」라는 글에서 레닌은 한 자유주의적 귀족과 보수주의적 성직자를 비교하고 있다. 스타코비치(M. A. Stakhovich)라는 한 자유주의적 귀족이 오리엘(Oryel) 주의 귀족회의 의원으로 재당선되었는데, 그가 출마했을 때 그의 재선을 공격한 보수파 신문들이 있었다. 그 신문의 내용은 스타코비치가 어떤 선교사 모임에서 연설한 것을 트집 잡아 그를 귀족회의에서 몰아내야 한다는 논조로 일관했다. 스타코비치는 그 선교사 모임에서 '양심의 자유'를 인정해야 함을 강력히 역설했던 것이다. 레닌은 당대 귀족 중 일부가 경찰의 독재와 폭력에 대항해 '양심의 자유'를 부르짖은 것을 매우 중요한 사건으로 간주하면서 다음과 같이 조소했다.

여러분의 유쾌한 지주들도 양심의 자유에 대해 말하기 시작했다면, 신부와 경찰의

저 경멸할 정도의 행동도 실로 모든 한계를 넘었음이 분명하다.[93)]

신부와 경찰의 이름이 나란히 놓인 글을 보면서 당대 신부의 위치가 어디까지 내려왔는가를 쉽게 짐작할 수 있을 것이다. 양심의 자유에 대해 누구보다 앞장서서 외쳐야 할 신부가 지주 한 사람의 양심의 자유에 관한 주장을 오히려 잘못되었다고 비난하고 나섰으니 말이다.

레닌은 스타코비치에게 반박한 보수주의자들의 글에 나타난 그대로가 종교가 무엇에 유익한가를 나타낸다고 말하면서 ≪모스크바 신문(Moskow Gazette)≫에 실린 다음 글을 인용했다.

그들은 우리의 신앙을 환상이라고 부른다. 이 '환상' 때문에 우리가 죄를 두려워하고

또 피하며 그리고 아무리 괴로운 일일지라도 슬픔과 실패를 참을 수 있는 힘과 용기

를 거기서 발견하기 때문에 불평 없이 임무를 수행하고 또 성공과 행운의 시기에서

도 자만심을 자제하기 때문이라고 그들은 우리를 조롱한다.[94)]

레닌은 "자 이것이 종교의 본색이다. 안 그런가? 정교회의 신앙이 저들에게 매우 귀중하다. 그것은 불행을 불평 없이 참으라고 가르쳐주기 때문이다. 실로 이런 신앙은 지배하는 계급에게 얼마나 크게 도움이 되는 신앙인가? 아주 소수만이 부와 권력을 누리고 절대다수의 대중은 계속 수탈을 당하고 혹독한 임무를 수행하며 살도록 조직된 그런 사회에서, 하늘 위 파라다이스의 희망 속에서 땅 위의 지옥의 고통을 불평 없이 참아내라고 가르치는 종교에

---

93) 같은 책.
94) 같은 책, p. 36.

대해 착취자가 좋아하고 합세하는 것은 너무도 당연하다".[95] 이렇게 비판한 다음 레닌은 한 결정적 증거를 단서로 그들의 입에서 나온 말로 그들을 정죄한다. 즉, ≪모스크바 신문≫은 떠버리에게는 둘째가라면 서운해할 정도의 열정을 가진 있는 신문인데 그만 자기도 모르는 사이에 진리를 발설했다고 레닌은 말한다. 레닌은 그 글을 계속 인용하면서 다음과 같이 말한다.

> 좀 더 들어보라! "이 환상 덕택으로 스타코비치가의 사람들이 자기들도 잘 먹고 평화롭게 잠자며 또 즐겁게 살고 있는 것을 그들은 깨닫지 못 한다"라고 말한 것을 들어보라.[96]

이 글을 토대로 레닌은 "이것이 거룩한 진리라는 것이다! 정확하게 이것이 그런 경우이다"[97]라고 결론내린다.

이상이 당대 소련에서 종교의 기능 중 한 면이다. 종합해서 말하면 종교가 하는 일은 국민 대중으로 하여금 불의를 잘 참아 견디도록 만들어 자기들의 비참한 삶의 조건을 바꿔보려는 의지를 갖지 못하게 하는 것이다. 종교는 민중에게 참는 것이 그들의 의무임을 가르치고, 또한 끝까지 잘 참고 견디면 미래에 좀 더 나은 저세상의 축복의 소망을 얻는다고 가르치기 때문이다. 레닌은 종교의 이런 기능을 다른 예를 들어 설명하고 있다.

> 종교는 영적인 술의 한 종류이다. 그 술에 취해 자본주의 노예가 그들 인간성의 이미지를 망각했고 또한 어떤 가치 있는 인간의 삶을 위한 요구를 잊어버렸다.[98]

---

95) 같은 책.
96) 같은 책.
97) 같은 책.

종교는 결국 인간의 마음을 마비시켜 현세의 고통의 원인을 이 땅에서 해결하지 못하게 했다는 결론이다.

이상 레닌의 말은 마오쩌둥이 중국을 점령할 때 중국 상하이교회 목사인 선이판(沈以藩)의 다음 이야기를 연상시킨다. 어떤 시골의 가난한 농부가 부모님의 묘로 쓰려고 장만한 자그마한 자투리땅을 부자에게 빼앗겼다. 그 부자는 그 땅을 빼앗아 가족 묘지로 삼았다. 참다 못 한 농부는 그 부자의 무덤을 파헤쳤다. 그는 경찰에 잡혔고 결국 감옥에 갇혔다. 하지만 농부는 탈옥에 성공했다. 그 후 그의 삶은 유랑의 삶이었다. 어느 날 우연히 사람이 많이 모인 곳이 있기에 들어가니 기독교 예배당이었다. 그렇게 농부는 예배에 참석하게 되었다. 강단의 설교자는 "이 세상의 보화 이상의 더 고귀한 보화가 하늘에 쌓여 있소. 저 천국은 이 땅과 비교할 수 없는 아름다운 곳이오. 이제 예수를 믿으면 영원한 저 나라에 가서 넓은 땅을 소유하게 됩니다"라고 외치는 것이 아닌가! 이 농부는 그 말에 감격하기 시작했다. 그리고 예수를 믿기로 작정했다. 그는 뛸 듯이 기뻤고, 마음은 기쁨으로 가득 찼다. 어느덧 부자에게 빼앗긴 땅마저 잊었다. 그의 친구들이 이 모습을 보고 "당신은 빼앗긴 땅을 다시 찾았는가?"라고 물었다. 그러자 그는 고개를 저으면서 "아니요, 내가 빼앗긴 땅에 대해 잊기로 했소. 나에게는 그보다 몇천 배 더 큰 땅이 주어졌소. 이 세상의 땅은 아무것도 아니오."[99]라고 대답했다. 이 이야기는 종교가 아편이라는 레닌의 이론을 구체적으로 설명하고 있다.

이처럼 종교는 대중의 감각을 얼떨떨하게 만들어 마땅히 얻어야 할 정의

---

98) Nicholas Berdyaev, *The Origin of Russian Communism*, trans. by R. M. French(London: Centenary Press, 1937), p. 195.

99) Shen YiFan, "Chinese Christianity in Theological Reflections," *Missiology*, Vol. XIII, No. 3 (July, 1985), pp. 275~276.

를 위해 분투노력하는 것을 못하게 할 뿐 아니라, 상류층의 의식도 둔감하게 만들어 자기들이 민중의 억압자이자 약탈자로서 악한 일을 저지르고 있으면서 양심의 가책도 느끼지 않게 한다는 것이다. 레닌은 말한다.

> 다른 사람의 노동으로 먹고사는 사람에 대해 종교는 이 땅에서 선행을 하라고 가르친다. 이것은 결국 이 세상에서 그들의 착취의 죄 값을 값싸게 치르게 하는 것이고 또한 죽은 후 하늘나라로 가는 표를 값싸게 팔기 위함이다.[100]

종교는 억압자의 마음에 선을 행한다는 느낌을 줘 그들의 양심을 가볍게 해준다는 것이다. 레닌은 종교의 또 다른 기능을 언급한다. 종교는 대중과 그들의 억압자, 착취자의 의식을 마비시킬 뿐 아니라, 종교 자체가 알게 모르게 억압의 도구로서 착취자에 의해 이용되고 있다고 한다. 이상 두 가지 면은 서로 밀접히 연결되어 있어 한쪽을 말하면 다른 쪽도 같이 말해야 한다. 레닌의 말을 들어보자.

> 착취자에게 대항하는 피착취자의 투쟁에서의 무력함은 필연적으로 죽음 이후 좀 더 나은 삶에 대한 신앙을 만들어낸다. 이것은 마치 원시인이 자연과의 투쟁에서 스스로 무력함을 느끼면서 신, 악마, 기적 등의 신앙을 만든 것과 같다.[101]

이와 같이 경제적·정치적인 면에서의 투쟁의 무력함이 종교를 만들어내는데, 이것은 다음으로 착취 계급의 이익에 보탬 역할도 하게 된다. 착취자에게 대항하는 힘이 부치니 초월의 힘에로 도피하게 되는데, 그 도피는 결국 착취

---

100) Vladimir Lenin, *Religion, Little Lenin Library VII*, p. 7.
101) 같은 책.

자 마음대로 더 착취하게 내버려두는 결과를 초래한다는 말이다. 이러한 사실은 앞에서 인용한 중국의 가난한 농부 이야기에 적용할 때 더욱 분명해진다. 즉, 그 농부가 자기 땅을 빼앗은 부자와 몇 번 대항해 싸웠으나 감옥 신세만 지게 되었다. 탈옥 후 또 싸우게 되면 그땐 사형을 당할 위험에 있었다. 그래서 그는 투쟁을 멈추고 초월의 힘에 의지해 천국의 은총을 누리려 했다. 그는 더 이상 빼앗긴 땅에 미련을 두지 않기로 했다. 천국의 땅만을 바라보기로 했다. 이 결과에 만족할 자는 누군가? 누구보다 그 땅을 빼앗은 부자이다. 그는 더욱 신나서 똑같은 짓을 반복할 것이다. 결국 그 농부에게 종교가 준 것은 무기력이었고 결국 착취자를 이롭게 하는 결과를 낳았다. 레닌의 분석은 이 점에서 정확했다. 니콜라스 베르댜예프(Nicholas Berdyaev)는 레닌의 말을 다음과 같이 인용하고 있다.

> 종교는 정신적 억압의 한 양태이다. 그 정신적 억압은 민중을 부리는 사람의 필요와 고독으로 인해 민중에게 전가되어 민중은 영원한 노동이라는 저주를 받은 운명에 처해진다.[102]

종교와 국가 정부가 밀접히 상호 연결된 러시아에서 그 폐해가 극심하다는 것을 레닌이 설명했다. 그런데 종교와 정부가 밀접하게 연결되지 않은 나라들이 많고 비록 러시아 같지는 않더라도 그 둘 사이에 연결이 있다는 것이다. 둘 사이의 줄이 분명히 드러나지 않는다는 사실이 종교가 더 교묘히 또 효과적인 방법으로 이용되게 한다는 것이다. 자본주의자는 억압받는 계급을 눌러 조용히 만들기 위해 교묘하게 종교를 도구로 사용한다. 이런 레닌의 주

---

102) Nicholas Berdyaev, *The Origin of Russian Communism*, p. 195.

장은 미국을 겨냥하고 있다. 비록 미국은 러시아처럼 교회와 국가가 직결되지는 않았으나 미국의 자본주의자들이 미국 교회를 교묘하게 이용해 민중의 의식을 마비시킨다는 주장이다. 그의 말을 들어보자.

미국에 관계된 모든 자료는 대단히 중요하다. 그 자료가 종교와 자본의 공식적이고 정부 차원의 연결점을 거의 보여주고 있지 않지만, 그것은 우리에게 이른바 현대적 민주주의라는 것이 부르주아에게만 유리한 자유를 설교하는 것 외 다른 것이 아님을 분명히 보게 한다. 실로 부르주아에게는 가장 반동적인 관념들 — 종교 등 — 이 선포되는 것이 이로운 것이다.[103]

이와 같은 이유 때문에 "현대의 프롤레타리아는 사회주의 편에 도열해야만 한다. 사회주의는 과학의 힘을 입고 종교의 안개를 걷히게 하며 노동자로 하여금 죽음 후 삶에 대한 믿음에서 벗어나게 해 그들로 하여금 이 땅 위에 여기에서 좀 더 나은 삶을 위해 오늘의 투쟁을 하도록 결집시킨다"[104]라고 레닌은 주장했다.

이상의 네 가지 소제목으로 다룬 레닌의 종교비판을 종합하려 한다. 그의 종교에 대한 생각에 깊이 도사리고 있는 두 가지 요소를 분명히 이해해야 한다. 하나는 역사적인 요소로서 러시아정교회이다. 이 종교는 레닌이 직접 대면했던 종교이다. 다른 하나의 요소는 철학적인 요소로서 마르크스의 변증법적 유물론이다. 이상 두 가지 요소가 레닌으로 하여금 모든 종교와 교회가 부르주아 반동 대행자로서 자본주의적 억압자에게 봉사하고 있는 기관으로 여겨지도록 했다. 그러므로 마르크스의 종교비판에서 고찰한 바와 같이 레닌의

---

103) Vladimir Lenin, *Religion, Little Lenin Library VII*, p. 32.
104) 같은 책, p. 8.

무신론 역시 휴머니즘에 기초하고 있는데, 그 휴머니즘은 종교를 제거함으로만 가능하다고 그는 생각했다. 이 점에 대해서 기독교는 깊이 생각해야 한다. 하나님이 예배되는 교회가 존재하는 한, 참된 휴머니즘이 불가능하다는 레닌의 분석은 교회가 인간을 위하는 쪽에 서지 않고 억압하는 편에 섰음을 전제하고 있다. 그래서 교회가 제거되고 또한 하나님이 추방되어야 사람의 참 자유와 해방이 이 땅에서 성취된다고 그는 확신했다.

여기서 많은 문제점을 안고 다음 제목으로 넘어간다. 하지만 이 문제점은 이 책의 끝부분에서 진지하게 토의될 것이다. 이북 동포를 상대할 한국 기독교가 철저하게 검증할 문제가 여기에 제기되었기 때문이다.

3. 이북의 무신론

이상에서 마르크스와 레닌의 종교에 대한 사상과 태도를 분석했다. 이 두 사람은 한반도의 삼팔선 이북에 공산 정권을 세운 김일성의 종교 사상에 깊은 영향을 주었다. 한반도 절반을 통치하는 김일성의 종교에 대한 사상과 태도 및 조치를 여기에서 자료가 허락하는 한도 내에서 다뤄보려 한다.

무신론을 철학적으로 고려한다면 하나님의 존재를 부정하는 것 혹은 하나님 인식의 가능성을 부인하는 것을 의미한다. 이와 같은 이론적 무신론은 그것이 무신론 전파를 위한 선교적인 정열만 포함하지 않는다면 참아낼 수 있다. 실제로 주위에서 무신론자를 얼마든지 만날 수 있다. 1921년 공산당이 한반도에 상륙하기 이전 사람들은 오직 이론적인 무신론만을 알고 있었다고 말해도 과언이 아니다. 그런데 공산주의적 무신론이 한반도에 들어옴으로써 전혀 새로운 차원의 무신론을 만나게 되었다. 즉, 공산주의적 무신론은 신이 있다 혹은 없다와 같은 논쟁에 관심이 없다. 신의 인식론에는 전혀 관심을 두지 않는다. 공산주의 무신론이 한반도에 들어옴으로써 전혀 차원이 다른 공산주의를 만나게 된 것이다. 즉, 실천적인 무신론이 등장한 것이다. 신앙이 민중의 삶의 질을 바꿀 수 있느냐 없느냐에 초점이 맞춰졌다.

공산주의적 무신론의 핵심에는 기독교가 교리적으로 옹호하는 하느님 혹은 하나님이 민중의 삶의 질을 높이는 데 존재 가치가 전혀 없다는 주장이 깔려 있다. 아니 오히려 공산주의 무신론은 기독교의 신이 존재하더라도 민중을 위한 신이 아니기에 거부한다는 것이다. 교회가 민중의 삶의 질을 높이고 민중의 아픔을 위해서 존재하는 신을 가지고 있지 않기 때문에 교회를 거부한다는 것이다. 공산주의가 기독교를 거부하는 이유는 바로 여기에 있다.

한반도에 들어온 공산주의적 무신론을 좀 더 깊이 이해하기 위해서는 먼저 간략하게나마 한반도에서의 마르크스주의 발전사를 살펴볼 필요가 있다.

1) 한국 공산주의 발전사

1917년 소련에서 볼셰비키 혁명이 성공한 뒤 마르크스주의는 소수의 한국 지성인들 가운데 번지기 시작했다. 이 시기는 한국이 완전히 일제 통치 아래 있었던 시기였기에 볼셰비키 혁명은 한반도에 별 영향을 미치지 못했다. 그러나 많은 한국인이 시베리아와 만주(滿洲) 지방에 퍼져 있었고 그들 중 지성인이나 사상가가 민족 독립운동을 하면서 항일운동에 정열을 쏟고 있었는데, 바로 이들이 볼셰비키 혁명의 영향을 받게 되었다. 초기 한국의 마르크스주의자들을 이해함에 있어 이와 같은 역사적 상황을 빼놓아서는 안 된다.

한국인 마르크스주의자들의 최상의 목표는 일제에게 빼앗긴 나라를 되찾는 일이었다. 그렇기 때문에 볼셰비키 혁명과 함께 불어닥친 마르크스주의를

'프롤레타리아독재' 혹은 '종교 거부' 등의 이데올로기로 받아들인 것이 아니었다. 초기 한국인 마르크스주의자들은 마르크스나 레닌의 이데올로기에 관해서는 별로 관심이 없었다. 이 사실은 국제공산당 실행위원회 보고서에 명백히 드러나 있다. 1942년도에 나온 다음의 보고서 내용에서 초기 한국인 공산주의자들이 어떤 사상을 가지고 있었는지 엿볼 수 있다.

국제공산당 실행위원회는 한국 공산당의 상황을 면밀히 검토해 몇 가지 지시사항을 작성했다. 공산당을 강화하는 것 외 한반도 내 우리 동지들의 주 임무는 순수한 노동 조직체를 형성하고 또 하나로 묶는 일이며 그 조직체 안에 있는 우익적 성분의 사람들을 혁명적인 마음이 있는 동지로 대체하는 일이다. 순수한 민족주의 운동에 있어서 공산주의자는 민족적이요 혁명적인 투쟁의 연합전선을 이룩하도록 노력해야 할 것이다.[105]

초기 한국인 공산주의자들이 분명하게 선언한 것은 민족주의 운동을 통해 민족의 독립을 이룩하는 일이었다. 반종교 운동 같은 것은 염두에 두지 않았다. 그리고 운동 초창기 참여한 핵심 동지들 안에는 기독교인이 다수였다.

당시 마르크스주의자들은 두 파로 나뉘어 있었다. 하나는 '이르쿠츠크(Irkutsk)파'였고 다른 하나가 '상해파'였다. 전자를 '소련파', 후자를 '중국파'라고도 불렀다. 전자는 소련에 근거지를 두고 있었고 또 소련 정부의 지지를 받고 있었다. 후자는 중국에 근거지를 두고 있었고 역시 중국공산당의 도움을 받았다. 1922년 말부터 국제공산당은 해외에서 활동하고 있는 한국 공산주의자들을 한반도로 옮기는 일에 전력했다. 한국인 공산주의자들이 공산당

---

105) *The Communist International Between the Fifth and the Sixth World Congress, 1924~28*(London: Communist Party of Great Britain, 1928), pp. 458~463.

을 해외가 아니라 국내에 갖고 싶어 한 것은 너무 당연했다. 당대 소련의 실권자 레닌도 그렇게 하도록 요청했다.[106)

결국 한국 공산주의 운동에 있어 중요 인사들이 대거 국내로 들어오기 시작했다. 그러나 이것을 눈치챈 일본 경찰과 군대가 엄격하게 감시하고 조사하는 바람에 많은 사람이 붙잡혀 투옥되었다. 실제로 잠입한 거의 모든 공산주의자들이 경찰의 눈을 피하지 못해 잡히거나 아니면 다시 국외로 탈출했다. 어떤 사람들은 한국으로 넘어오는 국경선에서, 혹은 소련에서 넘어오는 국경선에서 잡히기도 했다.

국내에 공산당을 세우기 위해 처음으로 애를 많이 쓴 사람들은 블라디보스토크(Владивосто́к)에 있는 한국인 공산주의자들이었다. 그들 중 정재달과 김찬 두 사람이 블라디보스토크를 떠나 서울로 잠입해 몇몇의 노동 지도자와 청년 지도자의 협조를 얻어 서울에 공산당을 세우려고 노력했다. 그러나 1925년 봄이 될 때까지 공식적인 한인 공산당이 조직되지 못했다. 1922~1924년에 여러 단체가 만들어져 전위적 기구 역할을 담당했다. 예컨대 '신사임당연구회'(후에 '화요회'로 개명)가 1923년 7월 4일 조직되었는데, 이 단체가 국내 공산주의 운동의 주동적인 수레바퀴 역할을 담당했다. 그보다 얼마 전인 1923년 1월에는 일본 도쿄에서 공부하는 한국인 학생들이 주동이 되어 '북성회'가 조직되었는데 그 모임 역시 한반도의 사회주의 건설에 목표를 두었다. 이 그룹은 훗날 '건설사동맹'과 함께 '북풍회'를 만들었는데 이 단체는 한반도 공산당 운동에 중요한 일익을 담당했다. 그러나 이상 열거한 전위적 조직체들이 한국 공산당을 공식적으로 조직할 수는 없었다. 그 이유는 첫째, 일본 정권이 큰 장애물이었고, 둘째, 한국인들 사이에 내적인 갈등이 심했다.

106) "Ro Un-Kyo Jimmun Chosasho(고검사상조사과 여운형 심문조사서)," *Chōsen shinsō undō chōsa shiryō*(한국 사상운동 조사 자료), No. 2(Seoul, 1933), p. 55.

중국 상해파와 소련 이르쿠츠크파 간의 다툼은 국외뿐 아니라 국내에서도 계속되었다. 거기다 새로운 '장안파(서울청년연합회)'까지 등장해 상황을 더욱 어렵게 했다.

이러다 결국 1925년 4월 17일에 조선공산당이 공식으로 조직되었다. 처음에는 15명가량 모여 조직했는데 130명의 정회원을 확보하기에 이르렀다.[107] 그런데 이 조선공산당은 그 영역을 농부와 노동자까지 확장하지 못했다. 그리고 공산당이 공식으로 세워진 이후에도 일본 경찰의 감시가 심했고 조직자 몇 명은 검거되기까지 했다. 거기다 분파 싸움은 계속 남아 당의 핵심 문제 중 하나가 되었다. 국제공산당의 압력 때문에 분파 간 표면적인 일치를 이루어 한국 최초의 공산당을 만들어내긴 했으나 분파 간 싸움을 근본적으로 해소하지 못했다. 결국 그런 모임은 오래가지 못하는 법이다. 그리고 그런 기관은 정치적 위치에 있어 존재하지 않는 것이나 다름없다. 결국 조선에서의 첫 공산당 조직인 조선공산당은 1925년 11월 그 핵심 멤버들이 체포되면서 해체되는 비운을 맞았다.

1926년 3월 조선공산당이 130명 정회원 정당으로 재구성되었다. 추가로 104명을 국내 준회원으로 받았다. 두 번째 공산당은 화요회가 주도했다. 이로 인해 두 번째 공산당 조직도 심각한 내적인 혼란으로 중병을 앓았다. 예컨대 북성회는 화요회의 지도에 복종하지 않았다. 그리고 장안파도 합류하기를 거부했다. 그 결과 여러 당원이 축출되기까지 했다.[108]

하여간 조선공산당은 민족의 독립운동에 있어 핵심적 역할을 하기 위해 아주 적절하고 좋은 기회를 포착하려고 했다. 때마침 조선의 마지막 왕인 순

---

107) R. A. Scalapino & C. S. Lee, *Communism in Korea*(Berkeley: University of California, 1972), Part I, p. 57.
108) 같은 책, p. 67.

종이 승하해 그의 장례식이 1926년 6월 10일로 예정되었는데, 이때야말로 조선공산당이 국민의 궐기를 일으켜 독립운동을 할 수 있는 절호의 기회였다. 그리하여 비밀리에 준비에 착수했다. 장례식 날 거리에 모일 사람들, 애도하러 나올 많은 사람들에게 장례 행렬을 따라가며 나눠줄 전단, 유인물 등을 다량 준비했다. 그러나 불행하게도 이 계획이 사전에 누설되어 일본 경찰에 의해 수색이 진행되었다. 경찰이 공산당원들을 샅샅이 수사해 자그마치 176명을 구속했다. 결국 두 번째 조선공산당도 고작 3개월 만에 깨끗이 소멸되고 말았다.[109]

6·10사건 이후 화요회는 한국 공산주의 운동의 주도권을 빼앗겼다. 조선 공산당 초기 설립과 재건에 주도적인 역할을 했던 그들은 이 사건 이후 사라진 것이나 다름없게 되었다. 그래서 1926년 여름 이후부터는 장안파와 '1월 그룹' 두 파가 한반도 공산주의 운동의 주도권 싸움을 벌이게 되었다. 1월 그룹은 도쿄에 근거지를 둔 단체로 역사적으로 보면 북풍회와 연결된 조직이었다. 이 두 파 사이에 공산주의 운동 주도권을 놓고 치열한 싸움이 벌어졌다. 하여간 이렇게 해서 세 번째 공산당도 태동부터 일본 경찰이 정보를 입수하고 있었다. 드디어 1928년 2월 2일, 일본 경찰은 세 번째 공산당 조직에 손을 대 당원 32명이 검거되었다.

이런 엄청난 사건이 있은 지 한 달도 못 되어 한반도 8개도와 일본과 만주를 대표하는 총대 12명이 서울 외곽에 은밀히 모여 네 번째 공산당을 조직했다. 이때 지도자 역할을 한 그룹은 이른바 'M-L그룹(Marx-Lenin Group)'이었다.[110] 그러나 이 네 번째 공산당이 세워진 후 얼마 못 가 집행위원회가 총사

---

109) 같은 책, p. 83.
110) M-L그룹은 세 번째 조선공산당 실행위원회가 이름을 붙여준 것인데, 1월 그룹과 이들이 설득해 자기파로 삼은 일부 장안파를 합해 'M-C그룹'이라 불렀다.

퇴하고 말았다. 일본 경찰의 계속적인 사찰로 국내에서 공산당 운동을 추진하기가 거의 불가능했다. 이렇게 해서 한국 공산주의 운동은 또다시 해외로 옮기게 되었다. 다른 출구가 없었기 때문이다. 결국 1928년 말 국내 공산주의 운동은 공식적으로는 막을 내렸다.

네 번째 공산당 창건이 실패하자 지도자 대부분이 한반도를 떠나 안전한 국외로 탈출했다. 이렇게 망명한 한국인 공산주의자들은 외국 공산당에 가입했는데, 어떤 사람들은 일본공산당에, 다른 사람들은 중국공산당에, 소련으로 간 사람들은 소련공산당에 가입했다. 이런 사유로 한반도의 공산주의 운동은 자기 나름의 이데올로기나 실천을 한반도 안에서 발전시킬 수 있는 기회를 갖지 못했다. 이런 상태가 1945년 광복 때까지 계속되었다.

1945년 8월의 광복은 이들 공산주의 운동을 재조직하는 데 활기를 주기 시작했다. 특히 한반도의 반쪽인 이북을 점령한 소련 군대가 이북에 진주하면서 3만여 명의 한국인 교포를 데리고 왔는데, 그중 3000여 명이 소련군에 소속된 병사였고 그중 한 명이 김일성이었다. 소련의 보호와 축복 속에 김일성은 서서히 이북 공산주의 운동을 자기 손에 장악하기 시작했다. 김일성이 이북에서 성공적으로 공산당 세력을 조정하게 되자 외국에 망명했던 공산주의자들이 한반도에 모여들기 시작했다. 이렇게 해서 평양과 서울에 하나씩 총 두 개의 공산주의 조직이 만들어졌다.

이북 공산당 이데올로기에 관해서는 뒤에 논의하겠지만 여기서 서울에 세워진 공산당의 내용을 잠시 고찰할 필요가 있다. 1945년 9월 11일 오랫동안 공산주의 운동에 참여했던 그룹들이 연합해 서울에 공산당을 창건했는데 다음이 그 창당 선언문의 일부이다.

① 한국 공산당은 노동자, 농민, 도시 빈민, 군인, 인텔리겐치아를 포함한 모든 근로

대중의 정치적·경제적·사회적 이익을 보호할 것이다. 본 공산당은 그들의 생계를 근본적으로 개선시키기 위해 투쟁한다.

② 공산당은 한민족의 완전한 자주독립을 성취하고 봉건주의 잔재를 제거하며 또한 자유에의 증진을 위한 길을 열어놓기 위하여 투쟁한다.

③ 우리 공산당은 노동대중의 이익을 도모하는 혁명적인 민주주의적 인민의 정부를 세우기 위해 싸울 것이다.

④ 우리 공산당은 프롤레타리아독재를 통한 한국 노동계급의 완전한 자유와 착취, 억압 및 계급이 존재하지 않는 공산주의 사회의 건설을 우리의 궁극적 목표로 삼고 있다.[111]

이미 언급한 바와 같이 초기 한반도에서 태어난 공산당의 목표는 한국을 일본에서 독립시키는 일이었다. 그런데 광복이 되자 그들의 목표는 원래의 마르크스주의 입장으로 돌아간 것을 볼 수 있다. 앞의 선언문에서 분명히 드러난 대로 저들은 한반도에 사는 민중을 정치적·사회적 억압에서 해방시키기 위한 이른바 '프롤레타리아독재'를 세우는 일을 목표로 삼았다.

그러나 서울에 진주한 미군은 공산당 활동을 허락하지 않았다. 그 때문에 한국인 마르크스주의자들은 이북으로 도망칠 수밖에 없었다. 그러나 그들은 이북에 가서도 김일성이 장악하고 있었던 이른바 새로운 이북 마르크스주의자들에게 환영받지 못했다. 그러다 소련 공산주의자들의 협력을 얻은 새로운 이북 공산주의자들에게 숙청되고 말았다.

---

111) ≪해방일보≫, 1945년 9월 19일 자, 1면.

2) 김일성의 등장

이북 공산주의 운동을 깊게 연구한 한 학자는 다음과 같이 썼다.

이북의 정치적 역사는 근본적으로 김일성이라는 한 사람이 등장하는 역사이다.[112]

이 표현은 매우 적절하다. 이제까지 이북의 공적인 선전을 보면 이북의 정치적·경제적 성취는 모두 김일성의 사업과 인격으로 동일시되었다. 민중의 힘도 아니고 과학자의 힘도 아니다. 오로지 김일성 덕택이다. 이북 공산당의 공식 보고서에 의하면 만주에서 한민족 독립을 위해 일제에 대항해 싸운 유격대의 투쟁을 지도한 사람이 김일성이라고 한다. 또한 국내에서 첫 번째로 마르크스-레닌주의 정당을 건립하기 위한 기반을 닦은 사람이 다름 아닌 김일성이라고 한다. 더구나 한국 공산주의자들 사이에 분파가 많아 서로 무섭게 싸우는 분위기에서도 성공적으로 조선노동당을 성공시킨 것은 다름 아닌 김일성이라고 한다. 김일성은 어렸을 때부터 마르크스주의 운동의 핵심에서 활동한 것으로 공식 문서들은 전하고 있다.

그러나 중국의 마오쩌둥이나 베트남의 호찌민(胡志明)과 대조되는 것은 김일성은 해방 이전에는 한반도의 마르크스주의 운동에 일절 공헌을 하지 못했다는 점이다.[113] 이제 일제로부터 해방 이후에 김일성의 집권 과정을 살피면서 그의 마르크스주의 무신론의 내용을 살피기로 하자.

---

112) Chong Sik Lee, "Korean Communists and Yenan," *China Quarterly*(Jan~March, 1962), p. 182.

113) 김학준, "역사는 흐른다(56)", ≪조선일보≫, 1986년 6월 27일 자, 5면.

3) 김일성의 무신론

김일성이 평양에 소련군과 함께 들어왔을 때는 조만식(기독교 장로)이 가장 영향력 있는 지도자로 부각되어 있었다. 그것을 잘 파악하고 있었던 소련은 이북을 임시로 통치할 기구로서 '5도 위원회'를 조직하면서 조만식을 위원장으로 세웠다. 사실 이 위원회는 머지않아 정식으로 탄생될 새 정부의 실질적인 전신(前身)이었다. 그런데 조만식은 소련 공산주의자들의 지시를 따르지 않았다. 그럴 수밖에 없었던 것은 조만식은 공산주의자가 아니었기 때문이다.

김창순의 증언에 의하면 이북에 주둔한 소련 군대 사령관 안드레이 로마넨코(Андрей Романенко)가 1946년 1월 자신의 사무실로 조만식을 초청해 말하기를 "만약 당신이 신탁통치안(信託統治案)을 지지하면 당신은 이 나라의 스탈린이 될 것이오. 그러나 만약 그것을 반대하면 당신 생명의 안전을 보장하기 어렵소"[114]라고 최후통첩 비슷한 협박을 했다고 한다. 물론 조만식은 그 정도의 협박에 자기 의사를 굴복시킬 사람이 아니었다. 그는 그 자리에서 보기 좋게 거절했다. 며칠 후 그는 실종되었다. 당대 가장 큰 영향력을 가졌던 조만식은 가장 비열한 방법으로 소련공산당에 의해 제거되었다. 김일성은 후일 조만식을 '반동분자'라고 공식 석상에서 비난했다.[115] 한때 막강한 소련 군대 사령관도 공개적으로 비난하거나 처형할 수 없을 정도로 힘이 있었던 조만식의 배후에 평양을 중심으로 꽃피었던 교회와 교인들이 있었기 때문이다.

이북에 공산당이 세워지기 시작하면서부터 마르크스주의자와 기독교인의

---

114) 김창순, 『북한 15년사』(서울: 북한연구소, 1961), 70쪽.
115) 김일성, 『김일성전집』(평양: 평양출판사, 1963), 37~39쪽.

큰 충돌이 있었다. 1946년 11월 3일 이북에서 실시된 이른바 '흑백선거'의 날에 행한 김일성의 특별 성명은 이 사실을 증언한다. 성수주일(聖守主日)을 하던 이북 기독교인은 주일에 실시하는 선거에 동참하지 않았다. 필자는 당시 열 살이었는데 그때 초등학교에서 하던 노래를 지금도 생생하게 기억하고 있다. "11월 3일 선거의 날, 민주 조선에 튼튼한 일꾼 뽑는 날." 그날이 주일이었기에 목사와 장로는 물론이고 거의 모든 기독교인이 선거에 불참했다. 필자의 모친도 감리 교회 회계집사였는데 그날 교회로 갔고 선거에 참여하지 않았다. 그 후 기독교인을 향한 핍박이 극심하게 되었다. 선거에 참여하지 않은 기독교인을 심지어 스파이라고 혹독하게 비난했다. 김일성은 이북 기독교인이 주일에는 사고파는 일조차 하지 않고 안식일을 지키는 것을 다 알면서 그날을 선거일로 택한 것이다. 그 결과를 뻔히 내다보면서 선거일을 주일로 잡은 김일성은 선거에 불참한 기독교인을 "종교를 이용해서 인민정부를 파괴하려는 스파이로 고용되었다"라고 비난했다. 그는 이렇게 말했다.

> 어떤 신교의 목사들은 선량한 시민들을 선거에 참여하지 못하게 속이고 있다. 그들은 우리나라를 식민지화하려는 적들의 도구들이기 때문이다.[116]

그는 이런 목사들을 반역자라고까지 칭했다. 김일성은 "목사들은 평신도들의 좋은 친구처럼 가장하지만 실제로 그들은 평신도들의 적이요, 조선 인민의 적이다"[117]라고 하면서 목사를 일반 교인으로부터 격리시키려 했다. 김일성은 종교가 조국과 인민을 위해 위대한 일을 하는 것을 막아서는 안 된다고 말하면서 목사가 애국자가 되어야 한다고 역설했다. 애국자라면 조국과

---

116) 같은 책, 118쪽.
117) 같은 책.

인민을 위해야 하는데 그 반대의 일을 하고 있으니 애국자가 아니라는 논리를 폈다.

김일성의 성명에서 그의 무신론의 출발을 본다. 이미 주일을 택한 것 자체가 하나님께 대한 예배를 의도적으로 제거하려는 그의 무신론적 발상에서 나왔다고 말할 수 있다. 물론 다른 면에서 김일성이 선거일을 주일로 잡은 것은 기독교가 김일성을 반대했기 때문에 그것에 대한 보복이라고도 말할 수 있을 것이다. 이렇게 이북 기독교와 김일성의 충돌은 필연적이었다고 볼 수 있다.

1948년 1월 24일 김일성이 나열한 반동적 그룹 가운데 제일 첫줄에 들어 있는 것이 다름 아닌 기독교였다.[118] 그가 기독교를 반동으로 규정한 몇 가지 이유가 있다. 첫째는 기독교인이 미국의 앞잡이라는 것이다. 김일성은 미국이 선교라는 이름으로 많은 선교사를 한국에 보내 교회, 병원 및 학교를 짓고 그 기관을 통해 한반도를 식민지화하려고 준비했다고 비난했다. 겉으로는 교회로 위장해 자비니 사랑이니 하는 교리를 가르치면서 속으로는 혁명의식을 말살함으로써 미국의 식민지가 되도록 속임수로 사람을 꾀었다는 것이다. 김일성의 말을 직접 들어보자.

> 미국 선교사들이 조선 인민에게 설교하기를 '누구든지 오른쪽 뺨을 치거든 왼편도 돌려대라'라고 말했는데 이것은 비록 미국이 조선 인민의 자유를 범할지라도 거기에 항거하지 말고 순종하라고 가르치는 것이다.[119]

이 글에서 분명히 드러나는 것처럼 예수 그리스도의 산상수훈이 민중의 아편으로 해석되고 있다. 그는 목사와 장로 역시 반동분자로 낙인찍었다. 그

---

118) 같은 책, 173쪽.
119) 같은 책.

이유는 그들이 미국 제국주의자에게 놀아나기 때문이다. 김일성은 자신이 종교의 자유를 분명하게 선언했음에도 "어떤 악한 교회 지도자들과 성직자들이" 자기에게 등을 돌렸다고 공격했다.[120] 김일성은 그 이유를 자기 당이 "민주적인 개혁을 단행하고 인민의 정치적·이념적인 의식과 문화적인 단계를 갑자기 고양했기 때문이며 그 결과로 이 악한 장로들과 목사들이 종교라는 가명 뒤에서 대중을 속이기가 점점 더 어렵게 되었기 때문이다"[121]라고 했다. 김일성에 의하면 반동적인 장로와 성직자가 부르주아로서 땅과 재산이 많아 노동도 하지 않고 호화스러운 삶을 살았다고 한다. 바로 이런 이유로 그들이 민주적 개혁을 원치 않고 거부했다고 김일성은 주장한다.

교회가 반동분자로 낙인찍힌 배경은 그 배후에 미국 선교사가 있었기 때문이다. 남과 북을 반씩 차지한 미·소가 삼팔선을 경계선으로 대결하고 있는 현실에서 이북 교회와 밀접히 관계하는 선교사는 위협의 대상이 아닐 수 없었다. 미국 선교사에게 복음을 받은 이북 교회가 미국에 대해 악감정을 가질 필요는 없었고 오히려 좋은 감정이 있었다. 그렇기 때문에 미국 교회와 연결된 이북 교회는 김일성에게 하나도 이로울 것이 없었다. 오히려 반동의 위협이 있다고 본 것이다. 또 실제로 미국 선교사 배후에는 자본주의국가인 미국이 있다. 따라서 사회주의국가인 소련과 대립되어 있고 소련이 지원하는 이북과도 대립할 수밖에 없었다. 따라서 미국의 도움을 받고 있었던 교회와 지도자 들을 자본주의 옹호자로 낙인찍었던 것이다. 미국을 제국주의 국가라고 못을 박고서 미국을 그토록 미워하던 공산주의자들은 미국과 깊이 연결되고 있는 교회를 미워했던 것이다.

1945년 이후 이북에서 발행된 모든 글은 그것이 여가서이건 논문이건 상

---

120) 같은 책, 240쪽.
121) 같은 책, 241쪽.

관없이 모두 한반도에서의 미국 선교 역사와 미국 선교사의 활동을 마르크스-레닌주의의 빛에 비춰 재해석한 것들이다. 즉, 기독교의 모든 전도 활동은 자본주의국가인 미국의 조선 식민지화 정책의 일환으로 해석되었다. 중요한 것은 그들의 재해석이 잘못되었다거나 억지라고 반박하는 것이 아니고, 비록 한국 기독교가 볼 때 일고의 가치도 없는 이북의 궤변이라 할지라도 그것이 이북 사람들의 생각을 지배하고 있다면 그 내용을 깊이 이해할 필요가 있다.

이북 마르크스주의자에 의하면 교회는 미국의 자본주의가 한국에 침투해 들어온 통로였다. 1958년 이북에서 발행된 『조선통사』에는 다음과 같이 미국 선교사들의 선교 노력을 침략으로 규정하고 있다.

> 조선에로의 미국 자본주의의 침략은 십자가 깃발을 달고 온 선교사들에 의해 시작되었다. 이 방법은 다른 나라를 식민지화하는 데 그들이 보통으로 사용했던 바로 그 방법이다.[122]

이북은 제너럴셔먼(Gemeral Sherman)호에 승선해 평양에 전도하러왔던 로버트 토머스(Robert J. Thomas) 선교사와 그 일행을 최초의 미국의 한국 침략이라고 규정하고 있다. 제너럴셔먼호가 한국을 침략해 식민지로 삼기 위해 대동강 줄기를 따라 평양성까지 왔었다는 것이다. 나아가 토머스 선교사가 복음을 전한다는 구실로 십자가를 앞세워 위장 침투를 했다고 해석한다.

영국 스코틀랜드 출신 선교사인 토머스는 1865년에 한국을 돌아보고 간 적이 있었다. 그때 그는 한반도를 복음화하려는 결심을 했고, 다음 해 이 땅을 복음화하려는 열정으로 재입국했던 것이다. 백낙준 박사는 그의 저서인

---

122) 홍기만 외, 『조선통사』(평양: 평양출판사, 1958), 4쪽.

『한국 개신교 선교 역사(The History of Protestant Mission in Korea 1832-1910)』에서 토머스 선교사를 높이 평가하고 있다. 백낙준의 글을 그대로 옮겨본다.

(조선의) 조용한 침묵을 깬 용감한 사람은 스코틀랜드 사람 토머스 목사였다. 그의 두 번째 조선 방문은 이른바 '제너럴셔먼호' 사건과 연결되어 이뤄진 것은 잘 알려진 사실이다. 그 선교사가 자기의 생명을 버렸던 평양의 기독교인들은 그 사건을 토머스의 행위를 영구적으로 기억하게 할 정도로 중요한 사건으로 생각하고 있다.[123]

이북 역사는 이토록 위대한 선교사요, 순교자를 제국주의의 선봉장으로 해석하고 있다. "토머스 선교사는 평양성 주변에 있는 왕궁의 묘소들 속에 매장된 보석들을 탈취하려고 목적한 해상 도적들 24명을 데리고 왔다"[124]라고 기록하고 있다. 또한 김일성 자신이 이미 오래전 토머스 선교사의 선교 활동을 미국의 조선 침략 제1호로 낙인찍었다. 그는 1968년 이북 정권 수립 20주년을 기념하는 공식 기념식에서 토머스의 이름을 구체적으로 거론하면서 그의 한반도 선교 시작을 한반도 침략 개시로 언급했다.[125]

이북 공산주의자들의 해석에 의하면 미국의 조선침략 제2호는 1868년 한 프랑스 신부에 의해 이뤄졌다. 그가 타고 온 차이나(China)호는 무장한 배로 그 안에 120명의 해적이 타고 있었다는 것이다. 그 배는 조선의 보물을 탐내어 침략한 배라는 것이다. 120명의 해적이 탄 무장한 배를 기독교 지도자가 안내해 조선 땅으로 데리고 왔으니 기독교는 침략에 앞장선 셈이라는 것이

123) Nak-chun Paek, *The History of Protestant Mission in Korea 1832-1910*(Seoul: Yonsei University Press, 1929), pp. 47~48.

124) 홍기만 외, 『조선통사』, 15쪽.

125) 김일성, 『사회과학의 임무에 대하여』(평양: 조선노동당 출판부, 1969), 629쪽.

다. 『조선통사』에 다음과 같이 기록되어 있다. 미국 제국주의자들이 조선에 선교사를 많이 보내면서 그들이 가난한 조선 사람의 친구로서 또는 자비를 베푸는 사람으로서 일할 것이라는 꿀 같은 달콤한 말로 조정의 지배자들에게 말해서 그들의 입국 허락을 받았는데, "그들은 비밀 정보활동을 하고 또 미국의 앞잡이들을 많이 만들어 결국 조선을 완전히 식민지화하려고 했다"[126]라는 것이다. 기독교인이 바로 미국의 앞잡이라는 것이다.

앞에서 잠깐 살펴본 것으로도 분명하듯이 이북 마르크스주의자들의 종교비판은 주로 실제적인 문제에 기초하고 있다. 이론적·철학적인 논구는 거의 발견할 수 없다. 1973년 이북에서 발행된 국어사전을 보면 종교를 이론적인 근거라기보다 실제적인 측면에서 정의하고 있다.

> 종교란 어떤 초월적이고 초자연적인 힘, 즉 하나님에 대한 맹목적 신앙이다. 이 맹목적인 신앙은 인간을 지배하는 자연적이고 사회적인 힘에 대한 환상적인 거짓 망상에 기초하고 있다. 역사적으로 말해 종교는 지배계급이 인민을 속이고 착취하는 수단으로 사용해왔다. 최근에 와서 제국주의자들이 개발 국가들의 침략을 위한 이데올로기의 도구로 사용했다.[127]

이것은 한반도 기독교인이 미국 선교사에 의해 세뇌되어 미국 편에 서고, 따라서 미국의 한반도 침략에 이용되었다는 말이다. 이북 공산주의자들은 기독교를 모두 이런 식으로 분석하고 비판한다. 『조선문화사전』에서 '예배' 항목을 보면 "예배는 무저항의 원리나 미국을 우상화하는 따위의 비과학적이고 반동적인 교리를 듣는 것"[128]으로 풀이되어 있다. 그렇기 때문에 그들은

---

126) 홍기만 외, 『조선통사』, 17~18쪽.
127) 『조선문화사전』(평양: 조선사회과학연구소, 1973), 653쪽.

"예배당은 종교적인 무저항과 아첨을 가르치는 장소" 외에 다른 의미가 없는 곳이라고 여긴다. 이런 교회 활동을 통해 미국 제국주의자들의 식민정책과 그들의 계급 착취가 정당화된다는 것이다. 그들은 교회를 반동분자들의 스파이 소굴이라고 한다. 여기서 그들이 '인민의 혁명적 의식'을 마비시키고 또 억압자에 대항하는 인민의 노력을 막으려고 노력한다는 것이다.

이북 마르크스주의자들은 기독교가 땅 위에서 인내의 덕을 가르치고 그 인내의 대가로 이 세상 이후의 행복을 가르쳤다고 한다. 바로 이러한 가르침이 "인민 사이에 굴종적 복종을 격려시키고 무저항의 마음을 심어주며, 착취를 정당화하고, 억압과 침략을 눈감아주는 데 사용된다"[129]라고 그들은 비판한다. 평양에서 발행된 『조선문화사전』은 기독교 목사와 장로를 미국 제국주의자의 침략과 착취를 방조하는 제국주의자의 앞잡이라고 기술하고 있다. 그들은 "착취계급의 이익을 위해서 봉사하며 종교라는 허울 좋은 간판 아래서 인민을 속이는 자들"[130]이라고 혹평한다. 1985년에 발행된 이북 『철학사전』에도 다음과 같이 기술하고 있다.

신교는 구미침략자들, 특히 미국 제국주의자들의 아시아 침략의 길잡이로 복무했다. 19세기 초에는 중국에 침입했고, 우리나라에는 1884년부터 본격적으로 침입했다. 미제의 종교침략정책의 결과로 오늘 남한에는 수백만의 기독교인들이 있는데 그 중 대부분이 신교도이다.[131]

---

128) 같은 책, 305쪽.

129) 같은 책, 523쪽.

130) 같은 책, 615쪽.

131) 철학연구소, 『철학사전』(평양: 평양출판사, 1985), 178쪽.

이북 공산주의자들은 한국 교회를 맹렬하게 공격한다. 한국 기독교야말로 민중을 종으로 만드는 도구로 이용한다는 것이다. 이북 월간잡지 ≪근로자≫에서 "미국의 반동분자들인 선교사들이 선전하는 종교는 신앙을 위한 것이 아니라 미국사람에게 인민을 복종시키고 그들을 믿게 만들기 위한 것이다"[132]라고 비판한다. 신영하는 미국 제국주의자들이 한 손에는 칼을 들고 다른 한 손에는 성서를 들고 한반도를 침략했다고 말한다. 1945년 이후 많은 기독교 선교사가 한국으로 들어왔는데, 신영하는 그 이유를 한반도를 좀 더 효과적으로 식민지화하기 위해 미국이 그들을 보냈기 때문이라고 주장한다. 한국 교회 대부분이 미국의 자금으로 지어졌고 학교와 병원도 미국의 자금으로 세워졌다. 이러한 선교사들의 노력은 결국 미국의 한반도 식민화를 촉진시키기 위한 정략이라는 것이다. 정하철은 심지어 선교사를 비밀 정보원이라고까지 쓰고 있다.『왜 우리는 종교를 배척해야 하는가?』에서 그는 "한국에서 비밀로 정보 수집을 안 하는 미국 선교사는 하나도 없다"[133]라고 주장한다. 정하철은 이 책에서 선교사들의 이름까지 몇 사람 나열하면서 그들이 미국의 첩자라고 주장했다.

신영하는 한국에서의 미국의 종교 정책의 근본적 성격이 반동적이라고 썼다. 그 이유는 그런 종교 정책이 계급의 성격을 마비시켜 억압받는 민중의 계급투쟁을 파괴시킨다는 데 있다.[134] 한국 기독교는 미국의 경제적·정치적 정책이 옹호되고 선정되는 정신적인 기초이다. 정신적인 기초가 가장 잘 드러나는 것이 바로 반공사상이다. 한국 기독교는 강력하게 미국을 지지하는 그룹이고 동시에 강력한 반공운동체(反共運動體)이다. 따라서 교회는 "노동

---

132) 신영하, 「미국의 남한 침략의 도구로서의 종교」, ≪근로자≫, 제6권(1965년), 28쪽.
133) 정하철, 『왜 우리는 종교를 배척해야 하는가?』(평양: 평양출판사, 1957), 20쪽.
134) 신영하, 「미국의 남한 침략의 도구로서의 종교」, 29쪽.

자들의 창조적이고 의식적인 투쟁을 방해한다"[135]라고 정하철은 주장한다. 정하철의 말을 더 들어보자.

> 종교는 물질적인 문제에 무관심할 것을 설교하며 인간의 허약함을 설파한다. 그리고
> 는 알지 못하는 거짓 신들이나 귀신들의 초월적 힘에로 그들을 인도한다. 그 때문에
> 종교는 자연을 정복하고 사회를 개혁하려는 우리의 의욕을 감퇴시킨다. 그리고 종교
> 는 우리로 하여금 신으로부터 오는 힘에 의존케 하며, 밖으로부터 오는 구원을 기다
> 리게 한다. 그리하여 투쟁으로부터 오는 어려움에 자신들을 항복시키고 만다. 종교
> 는 사회주의 건설에 해를 준다. 우리의 사회주의는 신이나 귀신의 힘에 의해서가 아
> 니라 노동자의 자의식적 노력에 의해 이룩되기 때문이다.[136]

한국 교회가 이와 똑같은 일을 하고 있다고 이북 공산주의자들은 비판한다. 굴종과 복종을 가르쳐 스스로 자의식을 마비시키고, 인간의 약함만을 강조해 창조적인 노력을 포기하게 한다. 특히 이러한 거짓을 만든 것이 미국 선교사들이라는 것이다. 신영하는 구체적으로 선교사들의 설교 내용을 인용하면서 자신의 종교비판을 뒷받침하고 있다. "각자는 타고난 대로의 신분 안에서 있어야 한다", "하나님은 당신들의 주인 (예컨대 지주)을 보냈다. 그러므로 만약 너의 주인이 오른뺨을 치거든 왼편도 돌려 대라"[137] 등이다. 이런 식의 설교는 미국의 제국주의적 자본주의에 안성맞춤인데 미국은 약한 인민의 식민화를 하나님의 칙령으로 여기고 그런 이데올로기를 기특하고 영원한 것으로 간주한다. 이러한 기독교 설교는 계급투쟁을 말살하고 마르크스-레닌주

---

135) 정하철, 『왜 우리는 종교를 배척해야 하는가?』, 27쪽.
136) 같은 책.
137) 신영하, 「미국의 남한 침략의 도구로서의 종교」, 30쪽.

의의 이데올로기를 파괴시킨다는 것이다. 실로 신영하나 정하철이 누구의 설교를 듣거나 아니면 설교집을 읽고 그 설교 내용을 인용했는지 분명치 않기에 이들의 종교비판이 학문적으로는 가치가 없지만 문제는 이러한 비논리적인 비판이 실제의 실천적인 면에서 적용될 수 있다는 데 그 심각성이 있다고 본다. 과연 인민의 의식을 기독교의 설교 메시지가 마비시켜 착취자에게 도움이 되는 결과를 낳았는가에 초점을 맞춰서 깊이 생각할 필요가 있다. 이북 공산주의자들이 계속 강조하는 것이 바로 이 점이다. 문제는 이런 공산주의자들에게 당당하게 다가갈 수 있는 길이 있는가라는 것이다. 즉, 목사나 장로의 설교가 착취자를 위한 것이 아니고 착취당하는 자에게 용기를 줘 착취하는 자가 더 이상 착취하지 못하도록 만드는 민중의 저항의 힘과 용기를 줄 수 있는가이다.

4. 결어

김일성의 주장에 따르면 이북의 이데올로기는 마르크스-레닌주의이다. 따라서 이북의 종교비판 역시 근본적으로 마르크스와 레닌의 종교비판에 근거하고 있다. 마르크스와 레닌이 이론적으로 종교를 비판한 본래 것과 비교하면 김일성의 종교비판이 덧붙인 새로운 것은 없다. 그런데 만약 종교에 대해 레닌이 마르크스보다 더 적극적으로 그리고 더 잔인하게 미운 감정을 가지고 종교를 비판했다고 생각한다면, 소련 군대를 앞세워 김일성을 이북으로 보낸 레닌의 방식을 김일성이 그대로 시행해 처음부터 이북 기독교를 미워하고 저주했다고 함이 옳은 분석일 것이다.[138] 김일성이 이북에 들어와 목사와 장로를 박해하고 기독교의 문을 닫게 만든 것을 보면 마르크스보다 레닌의 종교비판과 박해에서 크게 영향을 받았다고 말할 수 있다.

　이북 공산주의 이데올로기는 적어도 종교비판의 실천이라는 면에서 볼 때 구체적이었다. 소련 군대를 앞세워 이북에 진주하고서는 중요한 교계 지도자들을 제거한 사실에서도 그것이 증명된다. 교회가 성일로 지키는 일요일에 선거를 치른 사건 하나만 보더라도 이북 기독교를 박멸하려는 의도가 처음부터 있었다고 말할 수 있다. 김일성이나 그의 추종자들은 처음부터 이북에서 기독교를 없애버리려 했다. 이북 당대의 목회자와 교인 들은 김일성 정권이 이북 교회를 말살하려는 뜻이 있음을 알아차리고 그때부터 자유의 땅인 한국으로 월남하기 시작했다. 그중 한 분이 필자의 모친이다. 당시 30대 초반의 모친은 1946년 11월 3일 선거 이후 마음을 굳히고 월남 준비를 하기 시작해 1947년 초 두 아들을 데리고 월남했는데, 처음에는 일시적인 피난 정도로 생각하고 떠났다. 집도, 가구도, 밭도 그대로 놔 둔 채로 잠시 피신한다는 생각으로 월남하신 것이다. 집이나 땅의 문서들은 모친의 오빠에게 그대로 맡기고 야밤에 도주하는 식으로 월남의 길을 택했다. 몇 달 후 귀가할 것으로 예상했으나 결국엔 고향 땅을 더 이상 밟지 못한 채 눈을 감으셨다. 월남 후 얼마 안 되어 6·25전쟁의 참화를 겪었고, 그 와중에 필자의 형님도 한국 땅에 묻어야 했다. 이북에 남았던 외삼촌도 종래 공산당의 총에 죽음을 당했다는 소식도 접했다. 모친은 일생동안 외할머니와 오빠들을 그리워하면서 하늘나라로 가셨다. 민족의 분단의 아픔을 고스란히 당하시면서 한 많은 일생을 마치셨다. 이와 같은 아픔과 슬픔을 가진 이산가족이 1000만 명이라고 말하고 있을 정도이다. 이들의 엄청난 고통과 아픔을 누가 보상할 것인가! 김일성의 기독교 박해는 엄청난 수의 교인과 그 가족에게 아픔을 안겨주었다.

---

138) Delos B. McKwon, *The Classical Marxist Critiques of Religion: Marx, Lenin, Kautsky*(Hague: Matinus Nijhoff, 1973), p. 111.

필자는 이러한 이산가족의 아픔을 체험하면서 민족의 통일을 염두에 두었고, 신학을 하면서도 '교회와 사회'라는 분야를 택해 특히 남북통일을 염원하면서 통일 이후 교회의 신학과 신앙을 염두에 두면서 신학을 했다.

이북 공산주의가 교회를 박멸한 또 다른 이유는 한반도에 들어온 기독교가 미국의 선교에 의해 세워졌는데, 미국이 기독교를 이용해 한반도를 속국으로 만들었다는 데 있다. 미국 자본주의와 제국주의에 대한 미움이 미국 교회에 의해 세워진 한국 교회에까지 직결되었다. 서경석 목사의 할아버지들인 서경조와 서상윤 두 분은 중국에서 기독교를 접해 세례받고 기독교인이 되어 고향에 돌아와 개신교로서는 최초의 교회를 한반도에 세운 어른들이다. 이 두 분은 미국 선교사 호러스 언더우드(Horace G. Underwood)가 선교하러 인천항에 발을 들여놓기 전 예수를 영접한 분들이다. 그런데 이 두 분과 조선에 제일 먼저 들어온 미국 선교사 언더우드의 아들인 원한경과 함께 찍은 사진을 이북 신천박물관 벽에 걸어놓고는 민족을 팔아먹은 반역자로 소개한 것을 보고 서 목사는 기가 차고 억울해 분노했다. 그 이후, 진보적인 자세를 지니고 행동하던 서 목사가 보수로 바뀔 정도로 180도 달라진 이유를 이해할 만하다. 미국 로스앤젤레스에 거주하며 자주 이북을 왕래하는 최재영 목사가 그 사진을 보고 해당치 않은 사진이니 치우라고 박물관 직원에게 말을 했는데도 아직까지 치우지 않고 있다며 안타까워했다.[139]

마르크스나 레닌이 직면했던 현실적 문제는 논리적인 진리가 아니다. 경험적 지식이었다. 이와 마찬가지로 김일성의 무신론도 한국 교회의 경험적·역사적 사실과 관련해 이해되어야 한다. 그중에서도 이북 공산당이 가장 맹공을 퍼붓는 분야가 한국 기독교와 미국의 관계이다. 이북 공산주의 최대의

---

[139] 최재영, "제1전시관 기독교 관련 전시물의 허와 실", ≪통일뉴스≫, 2015년 2월 26일 자.

적은 미국인데, 한국 기독교가 미국 교회에게 전도를 받았고 그 이후 계속 연관을 가지고 있다는 데서 미움의 대상이 되었다. 미국의 자본주의와 한국의 자본주의가 연결되어 있고 내부적으로 교인들이 한국 자본주의의 지도자로 일하고 있는 것이 미움의 내용으로 실천적·정치적인 종교비판이다. 앞에서 다룬 마르크스의 종교비판의 경제적·정치적인 종교 거부 내용들이 바로 김일성이 이북 교회를 비판한 내용이다. 특히 레닌의 '반성직자 권력 참여주의'에서의 내용으로 이북 교회의 목사와 장로의 교권주의를 무섭게 비판했다.

레닌이 그의 무신론적 태도를 이론적으로 설명하는 데는 거의 관심하지 않은 것처럼 김일성도 레닌과 비슷한 입장을 취했다. 레닌이 그 당시 사회 현실에서 교회의 행태, 특히 성직자의 행태를 보면서 교회를 비판했던 것처럼, 김일성도 이북 인민의 삶의 문제를 앞에 놓고 당대 교회의 모습을 거부하고 있다. 당대 이북 기독교의 영혼 구원이나 초현세적 보상 설교는 민중이 고난과 억압을 받는 사회체제를 결과적으로 정당화하고 있다는 것이다. 이것은 결국 교회가 가진 자나 지배자 혹은 착취자 편에 서는 것과 같다는 것이다. 교회가 의롭고 정의롭고 올바른 단체라면 모름지기 억울한 자와 눌린 자의 아픔에 동참해야 하는데 영적·개인적인 구원, 개인적인 인내와 참음의 설교를 통해 오히려 저들의 마음을 무디게 하고 약하게 해 착취자나 억압자가 저들을 마음대로 주무르게 한다는 것이다. 이런 실제적·경험적인 면에서 초월적 하나님, 영적 교회는 거부되어야 한다고 이북 공산주의자들은 비판했다. 더구나 이런 교회가 미국 자본주의와 직결되고 있기 때문에 그런 교회는 거부되어야 한다는 것이다. 이런 이유로 이북 교회는 1960년대 후반에서 1970년대 초까지는 그 흔적이 거의 없어졌을 정도로 김일성 정권의 혹독한 박해를 받았다. 북조선 창건 20주년 기념사에서 김일성 자신이 친히 "조선반도 북반부에서는 종교적인 문제들이 해결되었다"[140]라고 선언한 것을 보아도,

이북에서 그때까지 기존 교회의 뿌리까지 다 뽑아내 완전하게 죽였다는 것을 스스로 선언한 것이다. 그 이후에도 죽음을 각오하고 지하에서 예배를 드리다 발각된 기독교인들이 처형당한 기록이 전해진다.[141]

1970년대 이후 이북 기독교의 예배 장소가 준비되어 있다는 소식이 전해지기 시작하더니 1980년대에 와서는 공식 예배가 몇 곳에서 허락되었다는 소식이 들렸다. 일본 ≪요미우리신문(讀賣新聞)≫은 1986년 6월 24일에 이북 가정 교회를 방문해 취재한 기사와 사진을 실었다.[142] 피아노도 없는 33m² 의 온돌방에서 예배드리는 모습을 보여주었다. 유병철 전도사(51세)의 인도로 8명의 교인이 모여 찬송가와 설교 등으로 약 1시간 동안 예배가 진행되었다고 한다. 유 전도사가 전하는 내용을 보면 평양에 가정 교회가 40여 개 있고, 이북 전역을 모두 합치면 약 500곳에 1만여 명의 교인이 있다고 했다. 이 가정 교회가 17년이 되었다니 그렇다면 1969년부터 이북에서 기독교 모임이 다시 허락된 것이다. 김일성이 이북에서 종교 문제가 해결되었다고 선언한 그다음 해이다. 여기서 김일성의 이른바 '종교 문제 해결'을 두 가지 차원에서 풀이할 수 있을 것이다. 하나는 공산주의 체제에 도전할 만한 어떤 종교인도 완전하게 숙청하고 처형해 더 이상 본래의 교회 예배는 끝났다는 것이고, 두 번째는 공산주의를 반대하던 교인들은 다 처리했으니 공산주의 정권을 인정하고 거기에 충성하는 교인들에게는 소규모로 예배 모임을 허락했다는 것이다. 유 전도사의 말을 그대로 믿는다면 후자의 해석이 되겠으나 극동문제연구소의 『북한전서』에 나오는 여덟가지 기독교인 처형의 경우를 보면 첫 번째 해석만 통한다. 유 전도사가 인도한 예배 광경을 사진으로 볼 때 방

---

140) 김일성, 『사회과학의 임무에 대하여』, 511쪽.
141) 극동문제연구소 편, 『북한전서』(서울: 극동문제연구소, 1974), 235쪽 이하.
142) ≪세계신보≫, 1986년 7월 1일 자, 8면.

한가운데 김일성 사진이 걸려 있는 것을 보면 이북 교회의 내용을 이해할 수 있을 것 같다.

그러다가 1988년 평양 만경대 지역 봉수동에서 건축이 시작된 봉수교회가 완공되어 세계 각지에서 평양을 찾는 교인들의 예배 처소가 되었다. 한국의 여러 교회와 세계교회협의회, 한국교회협의회 등 많은 기관에서 경제적으로 지원해 의자, 피아노 등의 기구를 갖춘 아름다운 예배당이 건립되었다. 그런데 그 교회 꼭대기에 십자가를 세웠는데 이미 작고한 강영섭 조선그리스도교연맹 위원장이 십자가를 제거해달라고 요청해 없앴다고 한다.

그다음 지어진 교회가 칠곡교회이다. 칠곡은 김일성의 어머니 강반석의 묘지가 있는 동네인데, 그 어머니를 생각하며 칠곡교회가 세워진 것으로 이해된다. 그리고 다른 가정 교회는 그대로 유지되고 있다.

최근 이북을 자주 왕래하는 최재영 목사가 전하는 바에 따르면, 평양 어린이 병원 안에 약 99m² 크기의 교회가 있고, 평양 과학기술대학 안에는 사랑의 교회가 세워졌다고 한다. 그리고 평양에 외국인을 위한 예배 처소를 빌리 그레이엄(Billy Graham) 재단에서 요청해 현재 짓고 있다고 한다. 그 밖의 교회들은 금강산에 지어진 현대 아산 직원을 위한 교회가 있는데, 5·24조치 이후 문을 닫았다고 한다. 대동강변에 기독교 선교 단체들이 합심해 국제하베스트 교회를 짓다 재원 문제로 중단된 상태라고 한다. 한전에서 직원을 위해 신포교회를 세운 것이 있고 개성공단 안에 신원교회가 있다고 한다. 최재영 목사는 모 교회의 강의에서 다음과 같이 이북 가정 교회에 관해 설명했다.

북의 교회의 핵심은 가정교회에 뿌리를 두고 있습니다. 북의 진정한 신앙공동체가 바로 이 가정교회입니다. 가정교회는 지금 북에서 허용하고 있는 상황입니다. 조기련이나 북의 당국에서도 북한 내에 존재하는 500여 개의 가정교회를 허용하고 있습니다. 1988년에 봉수교회를 설립하면서 광복거리에 있던 가정교회 그루터기들을 끌어다가 봉수교회를 만들었습니다. 전국 각 시도 별로 30여 개 정도가 가정교회로 존재하고 있습니다.[143]

하나님은 이북에 예수 그리스도의 복음의 씨가 살아 있도록 섭리하셨다. 그 복음의 열매가 꽃피는 날이 다가오고 있다. 그 복음의 교회는 민족 민중의 아픔에 동참하는 교회로서 제구실을 다하는 예수의 교회로 발전할 것을 믿는다. 그 교회는 결코 억압자, 지배자의 편에 서서 권력자와 가진 자의 이익을 대변하는 교회가 아니라, 민중과 인민이 한반도에서 밝고 아름다운 삶을 살도록 적극적으로 봉사하는 교회가 될 것이다.

한국 교회도 공산주의자들의 비판의 대상이 되지 않도록 예수의 복음을 올바르게 따라서 행동해야 한다. 기독교 신앙이 더 이상 아편 구실을 하지 않고 블로흐가 분석한 대로 민중의 희망으로서 인정받아 민중 속으로 퍼지는 역동적인 힘이 되어야 한다. 그때 기독교는 민중의 사랑을 받는 민중의 종교가 될 것이다.

---

143) 최재영, "북한의 종교자유와 인권은 어디까지인가?", ≪News M≫, 2014년 11월 15일
자, 1면.

제2장 마르크스주의자들의 휴머니즘

제1장에서 이북의 종교비판과 무신론 사상을 마르크스와 레닌의 종교비판 및 무신론 사상에 비춰 살폈다. 앞에서 밝혀진 대로 이북의 종교비판은 휴머니즘적 무신론에 근거했다. 어떠한 휴머니즘인가? 과연 그들이 종교를 거부함으로써 얻었다고 자부하는, 또는 얻기를 노력하는 휴머니즘이란 무엇인가? 이 장에서는 이 문제와 씨름하지 않을 수 없다. 따라서 제2장에서는 마르크스의 휴머니즘뿐 아니라 유럽의 마르크스주의자 몇 사람의 휴머니즘의 내용을 밝힌 후 그것과 비교연구하면서 이북의 휴머니즘을 조명하려고 한다.

먼저 '휴머니즘'이란 말부터 정의 내려야겠다. 그 개념이 너무 다양하기 때문이다. 예컨대 고대 그리스 철학, 르네상스, 자연주의, 계몽주의의 경험론 등에서 나타나는 다양한 현상의 휴머니즘이 있다. 또 통속적인 휴머니즘이라면 이웃에 대한 선한 의지, 선한 행위와 같은 느낌도 갖게 한다. 그러나 이 논구의 목적을 위해 휴머니즘을 다음과 같은 입장으로 정의할 수 있다. 즉, 적극적인 인간의 가치를 확인하는 입장이다. 그런 입장에서 사람이 존경받을 만한 고귀한 존재로 다뤄져야 한다. 이런 휴머니즘의 개념으로 이북의 휴머니즘을 깊이 조명해보려고 한다.

이 장의 제1절은 먼저 인간존재의 존엄성에 관한 마르크스의 사상을 다룰 것이다. 제2절은 소련에서의 마르크스주의 휴머니즘의 발전을 살피고, 제3절은 마르크스의 휴머니즘에 크게 공헌한 유럽의 마르크스주의자 몇 명의 휴머니즘을 다루려고 한다. 제4절은 김일성의 '새 인간'을 고찰함으로써 김일성의 휴머니즘의 내용을 살피려고 한다.

1. 마르크스의 휴머니즘

마르크스가 인간에 관해 진정 무엇에 관심했는가 하는 것은 최근 연구된 마르크스의 휴머니즘에 관한 논의에서 나타난 것처럼 그렇게 명료하지 않다. 그 이유를 여러 가지로 들 수 있겠으나 무엇보다 마르크스 자신의 방대한 분량의 저술 때문이다. 그의 이른바 '초기 저작'[1]과 후기 저작, 특히 『자본론(Das Kapita)』은 마르크스의 휴머니즘에 관한 한 큰 차이점을 드러내고 있다. 더군다나 그의 초기 저작이, 적어도 「파리 유고」는 비교적 늦게(1932) 발견된 데다 그것이 높게, 그리고 가치 있게 평가되지 못했다. 1950년대와 1960년대 마르크스 휴머니즘 논의에서 그의 초기 저작은 거의 무시되었다. 그러다 동구권 마르크스주의 철학자들에 의해 그의 초기 작품이 각광받기 시작했고 그의 휴머니즘 연구에 크게 공헌하기 시작했다.

이상의 간단한 서론적 기술에서 명백해졌듯이, 마르크스의 휴머니즘을 깊게 이해하기 위해서는 그의 전·후기 사상의 변이를 세심히 고찰할 필요가 있다. 그래서 최근 마르크스의 휴머니즘 연구는 그의 생애에 대한 연구에서 시

---

1) Karl Marx, *Die Frühschriften*(Stuttgart: Alfred Kroner, 1971).

작한다. 그의 생애 과정에 따라 사상의 발전 단계도 변했던 것이다. 그가 달라졌다기보다 그 시대가 계속 달라지고 있었다는 표현이 더 정확할 것이다.

그의 이름은 카를 하인리히 마르크스(Karl Heinrich Marx)이다. 그는 유대인 가정에서 태어나 자라났다. 1818년 5월 5일 마르크스의 탄생 직전 그의 아버지는 자유주의적 프로테스탄티즘으로 개종했다. 그의 아버지는 변호사였다. 그는 독일 계몽주의와 프랑스 자유주의의 영향을 받았다. 이와 같은 아버지의 사상적 배경은 어린 아들 카를에게 큰 영향을 주었을 것이다. 그의 삶과 사고가 형성되는 젊은 시절 직간접으로 영향을 주었다. 카를은 아버지처럼 법률을 공부하고자 마음먹었고, 고향 트리엘(Trier)에서 고등학교를 마치고 법률을 공부하기 위해 본(Bonn)으로 갔다. 본에서 잠시 머무르다 베를린(Berlin)으로 옮겨 공부를 계속했다. 그는 거기서 프리드리히 사비니(Friedrich C. von Savigny) 교수의 로마법 강의를 듣는 한편, 사비니 교수와 반대 입장에 서 있는 헤겔파 에드워드 간스(Edward Gans) 교수의 강의도 함께 들었다. 간스 교수는 생시몽의 사회주의에 동조하는 교수였기에 마르크스의 관심을 프랑스 사회주의 경향에 쏠리도록 했다. 이런 사상적 훈련을 통해 그는 서서히 전통적 기독교의 분위기를 떠나 인간 중심적이고 무신론적인 방향으로 전환하게 되었다. 그러한 전환에 좀 더 중요한 요소가 된 것이 젊은 헤겔 추종자들의 서클이었다. 이들과 어울려 지내면서 그의 사고는 깊이 영향을 받았다. 그들 중 후에 마르크스의 개인 신학 교사가 되었던 바우어, 아돌프 루텐베르그(Adolf F. Rutenberg), 루게 등이 있었다. 루텐베르그와는 ≪라인신문(Rheinischen Zeitung)≫을 위해 같이 일했고, 루게와는 「독불 연감(Deutsch-Franzosische Jahrbücher)」을 같이 편집했다. 이런 이들과 깊이 사귐으로써 그의 사상은 크게 영향을 받았다.[2]

베를린에서 공부하기 시작한 초기부터 마르크스는 그나마 가지고 있던 형식적·피상적인 종교적 태도마저 잃어버렸다. 학문에서 받은 영향, 부모를 떠나 있으므로 인해 생기는 자유 감정, 무신론적 사상을 지닌 교수와 친구에게 받는 감화 등등이 겹쳐 마르크스의 무신론적 성향은 극좌로 치닫게 된다. 결국 그의 이런 경향성은 그의 박사 논문에서 조직적으로 표현되었다. 「데모크리토스와 에피쿠로스의 자연철학에 관한 차이점」이라는 제목을 붙인 그의 박사 논문에서 플루타르코스(Plutarchos)의 신학적인 논쟁법에 대항해 에피쿠로스의 쾌락주의를 옹호했고, 하늘에서 불을 훔쳐 땅으로 가져온 신의 반역자 "프로메테우스를 철학의 달력에서 성자 중 가장 위대한 성자"라고 선언했으며 결국 "나는 모든 신들을 미워한다"[3]라고 선언했다. 그는 박사 논문에서 스스로 무신론자임을 천명한 셈이다. 이론적으로 자신의 무신론 사상을 정립한 것이다. 그 후 가까운 친구들과 함께 베를린에 있는 '박사클럽(Doktorclub)'에 들어간 것은 놀랍지 않다. 박사클럽이란 다름 아닌 무신론자들의 모임이었기 때문이다. 장 이브 칼베즈(Jean Yves Calvez)의 증언에 의하면 "그 클럽의 신조는 무신론이다".[4]

마르크스에게 있어 무신론과 휴머니즘은 동의어로 발전된다. 신들이나 하나님이 없으면 인간이 그 빈 공간을 차지하는 것은 당연하기 때문이다. 마르크스는 자신의 머리와 생활 속에 하나님을 제쳐놓은 다음 인간으로 가득 채웠다. 아니 인간으로 채우기 위해 신을 몰아냈다고 함이 더 적절할 것이다. 그런 점에서 그의 무신론은 곧 휴머니즘이 되었다. 『헤겔 법철학 비판』 서문에서 자신의 휴머니즘적 태도를 다음과 같이 분명히 밝히고 있다. "종교비판

---

2) 같은 책, pp. IX, LX.

3) Karl Marx, *On Religion*, pp. 14~15.

4) Jean-Yves Calvez, *Karl Marx, Darstellung und Kritik seines Denkens*(Olten und Freiburg: Walter, 1964), p. 24.

은 인간이 인간의 최고의 본질이라는 가르침과 더불어 종결된다"[5]라고 그는 선언하면서 그 이유로 현재 "인간이 땅바닥까지 밀려나 노예가 되고, 버림받고, 업신여김을 받는 존재로까지 된 모든 관계를 뒤집어엎으라는 지상명령"을 수행키 위함이라는 것이다. 이것이 마르크스 휴머니즘의 이론적 기초가 되어 있다. 따라서 그의 종교비판은 휴머니즘에서 적극적 내용을 지니게 된다. 인간의 잘못된 관계를 바꿔야 하는 지상명령을 실현할 수 있는 유일한 가능성은 전반적인 혁명, 즉 '총체적 해방'이라고 마르크스는 주장한다. 그의 휴머니즘은 이러한 해방을 위해 이론적인 기초를 장만해야 한다. 그 이론적 기초는 인간이 최고의 본질이라는 명제이다. 마르크스에게 있어 "독일에서 가능한 유일한 실제적인 해방은 인간이 인간의 최고의 본질이라는 이론의 견지에서의 해방이다".[6] 이와 같은 이론을 견고히 하기 위해 그는 모든 신을 미워하고 제거할 수밖에 없었다.

독일 사람들을 해방시키기 위한 혁명의 착상은 마르크스가 쓴 「파리 유고」에 더욱 분명하게 제시되었다. 여기서 마르크스는 노동자의 노예화와 착취, 또 이로 인한 그들의 가난에 대해 이를 갈며 증오하고 있다. 그는 프롤레타리아의 가난의 원인이 사유재산제도에 있다고 보고 그것이 프롤레타리아의 최대의 적이라고 말했다. 그는 사유재산의 모순을 신랄하게 공격하면서 그것으로 인해 발생하는 인간의 소외 현상을 지적했다. 이와 같은 현상에 대한 그의 공격은 결국 1848년에 나온 「공산당선언(Manifest der Kommunistischen Partei)」에서 극치를 이룬다. 그 선언에서 마르크스와 엥겔스는 함께 프롤레타리아혁명을 선동하면서 프롤레타리아와 모든 인류는 자신들의 쇠사슬을 풀어버리고 궐기하라고 선언한다.

---

5) Karl Marx, *On Religion*, p. 50.
6) 같은 책, p. 58.

1843년에서 1848년에 이르는 기간에 마르크스의 휴머니즘적 이상은 공산주의적 이상으로 바뀌고 있음을 본다. 마르크스는 "공산주의를 인간의 자기소외로서의 사유재산제도의 적극적인 철폐로서, 그 때문에 인간을 위한 또 인간을 통한 인간 본질의 참된 자기 회복"이라고 이해한다.[7] 마르크스가 생각하는 공산주의는 인간의 '사회성[혹은 공동체성(Gesellschaftlichkeit)]'에 존재한다. 공산주의를 위한 인간은 단순히 '사회적인[혹은 공동체적인(gesellschaftliche)]' 사람이다. 즉, 인간성이 있고 이웃과 더불어 사는 사람이다. 마르크스는 이것을 더욱 분명히 하기 위해 장 자크 루소(Jean Jacques Rousseau)의 자연주의와 포이어바흐의 휴머니즘을 비교하면서 두 경향이 자기가 제시하는 공산주의에서 종합된다고 설명한다. 마르크스의 말을 몇 줄만 인용해보자.

> 완성된 휴머니즘으로서의 공산주의가 자연주의인 것과 같이, 완성된 자연주의로서의 공산주의는 휴머니즘이다. 이것이야말로 인간과 자연 그리고 인간 간의 적대를 완전하게 해결해준다.[8]

루소의 자연주의적 휴머니즘과 포이어바흐의 내재적 휴머니즘이 결국 마르크스의 공산주의로 성숙되고 완성되어 참된 휴머니즘이 된다는 것이다.

이렇게 해서 일단 마르크스의 휴머니즘이 공산주의와 동일시되면서 그때 공산주의와 그 실현을 위한 혁명의 이상과 조화되지 않는 어떤 인간적 가치도 차차 말끔히 씻겨버리게 될 것이다. 여기서 공산주의의 휴머니즘이, 기독교가 오랫동안 익숙해왔던 휴머니즘과는 근본적으로 다른 양상을 띠고 있음을 쉽게 간파할 수 있을 것이다. 이러한 휴머니즘의 성취를 위해 혁명은 뒤따

---

7) Karl Marx, *Die Frühschriften*, p. 235.

8) 같은 책.

라오는 필수적 결과이고, 그러한 혁명은 '휴머니즘적 방법'으로서는 수행될 수 없다는 사실을 알 수 있을 것이다. 실제로 마르크스는 그런 휴머니즘과 단절했다. 예컨대 그의 경제학 논술이라 할 수 있는 『정치경제학 비판(Kritik der politischen Ökonomie)』에서는 그의 초기 작품에서 보였던 휴머니즘은 거의 자취를 감추고 만다. 자신의 초기 작품에 대해 취소하는 표현은 물론 없다. 자기의 입장이 이전과 달라졌다는 것을 나타내는 말들이 종종 있을 뿐이다. 1859년에 쓴 그의 『정치경제학 비판』 서문에서 그런 내용이 발견된다. 좀 길지만 인용하겠다.

> 1845년 봄 그(엥겔스)도 역시 브뤼셀에 정착했을 때 우리는 독일 철학의 관념론적 견해에 반대하는 우리의 견해를 공동으로 작업하려고 결심했다. 그 일은 실제 우리의 기왕의 철학적 양심을 분명히 설명하는 일이다. 이러한 결의는 헤겔 후기 철학의 비판 형식에서 수행되었다. 8절지 두 개 큰 묶음의 원고가 베스트팔렌에서 오랜 시간 걸려 출판되려는 찰나 변화된 상황으로 그 원고의 출판을 허락하지 못하게 되었다는 소식을 접하게 만들었다. 우리는 쥐들이 계속 갉아대는 비판 때문에 그 원고를 포기했다. 우리의 주된 목적인 자신의 변명을 성취하기보다 더 자발적으로 포기했다.[9]

이 글에서 분명한 것은 상황이 변해 그의 이전 입장을 쓴 원고를 출판하지 않고 포기했을 정도로 그의 입장이 변했다는 것이다. 독일 관념주의 철학에 대한 방대한 양의 비판 원고를 쓰고도 끝내 내놓지 못했다. 이러한 급박한 상황 변화와 진전 속에서 그는 더 이상 초기의 휴머니즘에 관심을 기울일 수 없었다. 이제 그의 관심은 초기의 이상을 구체적인 방법으로 현실화하는 데 있

---

9) Robert Tucker(ed.), *The Marx-Engels Reader*, pp. 5~6.

었다. 그리고 그 구체적인 방법은 더 이상 휴머니즘적이 아니었다. 이후 마르크스의 계승자들은 더욱더 급진적인 방향으로 치닫게 된다. 발터 뤼그(Walter Ruëgg)는 다음과 같이 설명한다.

공산주의의 휴머니즘으로서의 철학적 기초는 1848년 「공산당선언」에서 자리를 잡았고, 그것이 다시 1930년대 민중의 전위운동의 간판 아래 공산주의에 의해 재천명되었다.[10]

요컨대 마르크스는 공산주의적 휴머니즘의 기초를 이론적·실천적으로 견고히 세웠다. 좀 더 분명하고 체계적인 공산주의적 휴머니즘에 관한 설명은 그의 초기 작품에 나타나 있고 그의 후기 작품에는 대체로 숨어서 암시되고 있다. 즉, 후기 저작은 휴머니즘의 실현을 위한 방법으로서의 혁명이 선명하게 드러나는 까닭에 휴머니즘의 초기적 이상에 대해서는 거의 언급이 없다. 하여간 최근에 와서 그의 초기 작품이 각광받는 이유는 그의 휴머니즘이 거기에 분명하게 제시되었기 때문이다. 최근 그의 휴머니즘에 대한 연구는 주로 초기 작품에서 이론적·실천적 근거를 찾아내고 있다.

2. 소련에서의 마르크스 휴머니즘의 발전

이북의 휴머니즘을 이해하기 위해 소련에서의 마르크스 휴머니즘의 발전 양상을 먼저 알아야 한다. 이북을 점령한 소련 군대에 의해 김일성이 수상으

---

10) Walter Rüegg, "Humanismus," in *Religion in Geschichte und Gegenwart(RGG)*, Band. III(1969), p. 480.

로 세워졌기에 김일성의 뇌리에 깊이 박혀 있는 소련의 마르크스주의적 휴머니즘을 이해할 필요가 있다. 실로 소련의 공산주의적 휴머니즘은 마르크스의 휴머니즘에서 나왔기 때문이다.

마르크스는 그의 후기의 삶을 이른바 프롤레타리아 세계 혁명 준비에 집중했다고 할 수 있다. 그의 이론에 의하면 그런 혁명은 경제적 불황이 심화되는 때 어쩔 수 없이 발생하고 만다. 그런데 마르크스 자신은 그의 이러한 기대의 충족을 경험하지 못하고 죽었다. 그러나 머지않아 그가 죽은 후 34년 만에 소련에서 혁명의 불길이 일어났다. 소련의 첫 번째 공산주의자였던 게오르기 플레하노프(Гео́ргий Валенти́нович)와 레닌은 마르크스와 가까이 접촉을 가졌던 사람들인 바, 혁명에 대한 마르크스의 사상을 계승해 사회적·경제적으로 불길을 붙이기 시작했다. 이들은 마르크스의 초기 작품의 휴머니즘에 대해 구체적으로 이론적인 연구를 하지 않았고 오로지 후기 작품을 주로 언급하고 있다. 특히 마르크스의 경제학에 관한 글에 관해 레닌은 많은 관심을 가졌다. 레닌은 마르크스의 초기 작품 가운데 오직 「공산당선언」에 관해서만 잘 알고 있었던 것 같다. 레닌은 그의 『철학노트(Philosophical Notebooks)』에서 1844~1845년 사이 저술된 마르크스의 『신성가족(Die Heilige Familie)』에 대해 언급하면서 그것을 단지 과학적 사회주의를 위한 준비 연구라고 했다. 그렇기 때문에 레닌의 이론적인 연구에 의하면 젊은 마르크스의 휴머니즘은 고작해야 '숨겨져' 있고, 반면 민중의 해방이라는 휴머니즘적 이상이 공산주의 혁명 안에 채용되어 있다는 것이다. 레닌에게 있어 '세계혁명'이나 '국제적 혁명'의 개념이 오랫동안 중요한 뜻을 지녔다. 레닌은 산업화된 나라들 안에서의 혁명의 봉기가 동시적으로 되고, 또한 식민지 국가들 안에서의 해방운동이 동시적으로 일어날 것으로 믿었기 때문이다. 이러한 그의 기대는 결코 만족되지 않았다. 결국 레닌은 스탈린의 명제인 '한 나라 안에서의 혁명'에 만족했을 뿐이다.

마르크스의 혁명 이론과는 반대로 사회주의혁명은 경제적으로 발전된 나라들 안에서 성공한 것이 아니고 경제적으로 뒤진 러시아에서 성공했다. 레닌은 그의 논문들인 「한 위대한 시작(A Great Beginning)」과 「혁명을 넘어서서(Beyond the Revolution)」 등에서 사회가 자본주의 시기부터 사회주의 시기로 이행하는 이론에 관해 논구했다. 「한 위대한 시작」에서는 공산주의의 맹아에 대해, 즉 공산주의의 실제적인 시작에 대해서만 언급하고 있다. 그런 맹아는 사유재산제도를 없애는 데서 존재하고 또한 노동에 대한 새로운 태도에서 생긴다는 것이다.[11] 이러한 공산주의 안에서만 사람이 사람대접을 받는 휴머니즘이 가능하다. 그는 자본주의에서는 빈부의 극대화, 노동의 착취 등이 계속 심도를 더해 갈 것이라고 역설하면서 재산의 사유화를 없애고 공동소유로 할 때만 노동은 보람 있게 되고 소외 현상은 사라져 진정한 인류의 복지가 이룩될 수 있다고 주장했다.

레닌은 이러한 휴머니즘의 발전을 위해 자본주의와 공산주의 사이에 사회주의를 삽입시켰다. 사회주의가 먼저 이뤄져야 공산주의가 제대로 꽃필 수 있다는 논리이다. 그는 사회 발전에 꼭 필요한 단계로서 사회주의를 도입해야 한다고 보았다. 공산주의적 사회가 '각자의 능력에 따른 노동, 각자의 필요에 따른 분배'란 원리에 근거한 것이라면, 사회주의적 사회는 '각자 자기 능력에 따른 노동, 각자 자기 노동에 따른 분배'라는 온건한 원칙에 만족해야 한다. 오랫동안 소련의 사회주의적 권력은 그러한 사회주의적 이상을 실현하려 노력했다. 1920년대 이후 소련 공산당의 모든 선언을 보면 사회주의가 소련 안에서 이미 이뤄졌음이 천명되고 있다. 더 이상 자본주의적 착취가 존재

11) Vldimir Lenin, *Selected Works*, Vol. B(NY: International Publishers, 1967), p. 214.

하지 않음이 선언되었다. 새로운 생산관계가 이뤄짐으로 인해 노동 착취도 제거되었다. 이러한 새로운 관계는 모두 인간을 위해 창조되었다. 이런 새 분위기는 폭넓은 '상호 협력적 노동', '상부상조'의 태도를 만들어내고 이것을 통해 사람 간의 새로운 관계가 맺어지게 된다. 노동은 더 이상 자본주의 재산의 사유화를 위해 존재하지 않게 된다. 노동은 곧 자기와 이웃을 위한 아름다운 수단이요, 따라서 삶의 내용이 된다. 같이 일하고 서로 돕는 인간적인 노동이 된다. 여기에 사회주의가 마르크스와 레닌이 부르짖은 참되고 광범위한 인정(人情) 있는 프롤레타리아적인 휴머니즘으로 소련인에게 인식되었다. 물론 이러한 휴머니즘적 사회주의가 경직된 프롤레타리아독재 공산당 체제로 인해 차츰 비인간적이요 반 휴머니즘적인 체제로 탈바꿈한 것이 사실이나, 적어도 1920년대 혁명 초기에는 부패한 러시아 정권과 거기에 아부하는 자본가에게 착취당하던 민중은 사회주의 체제를 참 휴머니즘으로 받아들였던 것이 사실이다. 낙후되고 부패한 구정권이 무너져 내린 이유 역시 거기에 있었다. 이렇게 해서 '인간의 참된 자유와 행복을 견고케 하는 일'을 근간으로 삼고 있는 마르크스의 이념은 소련의 사회주의 안에서 이미 진행되고 있었다고 한스 슈타이너(Hans F. Steiner)는 증언한다.[12]

스탈린 사후 니키타 흐루쇼프(Никита Хрущёв)와 레오니트 브레즈네프(Леонид Брежнев)는 소련 사회주의의 휴머니즘적 성격을 강조했다. 냉전 체제를 급속히 구축하면서 동서 대결을 심화시킨 스탈린, 더군다나 그의 공산주의 독재를 확장시키기 위해 애쓰던 스탈린의 공산당 독재는 전 세계로부터 비인간적 공산주의라는 비판을 받았기 때문이다. 따라서 그가 죽자 그의 후계자들은 다시금 휴머니즘으로 복귀하려고 애쓴 흔적이 보인다. 이른바

---

12) Hans F. Steiner, "Grundlagen und Grenzen des sowietischen Humanismus," *Lebendiges Zeugnis*, Heft 1/2(1972), p. 43.

1961년에 세운 '프로그램'에는 다음과 같이 기록되어 있다.

공산주의는 역사적인 임무를 성취한다. 그 역사적 임무란 모든 사람을 사회적 불공
평으로부터, 모든 형식의 억압과 착취로부터, 그리고 노동의 공포로부터 구출하고,
또한 모든 사람의 자유, 노동, 동등성, 형제애, 행복을 이룩하는 것을 의미한다.[13]

브레즈네프에 와서는 마르크스의 초기 작품에서 보이는 휴머니즘적 단어
가 많이 쓰였다. 특히 1970년 전후의 공식 문서에서 옛 마르크스의 휴머니즘
에 복귀하는 듯한 글을 많이 발견할 수 있었다. 여기에서 그 배경을 장황하게
소개할 수는 없으나 후에 논의될 동구의 수정주의적 공산주의의 영향을 크게
받은 것이 확실하다. 브레즈네프는 1970년 4월 21일 자 강연에서 "소비에트
연방은 오늘날 프롤레타리아 사회주의 휴머니즘 이상의 구현이다"[14]라고 언
급했을 정도이다. 다른 한편으로 그는 아직도 남아 있는 자본주의에 대해 맹
렬한 비판을 퍼부었다.

이 비인간적인 질서가 단순한 사람들에게 무엇을 약속했는가? 오히려 피만 더 흘리
게 했고, 땀만 더 흘리게 했으며, 투옥당한 자들은 점점 늘고, 매 맞아 불구된 자들,
결국은 죽임을 당하는 자들이 점점 늘고 있어서 모든 사람들의 생존에 큰 위험이 되
고 있다. 오늘날의 자본주의는 이상이 없는 사회이고 미래가 없는 사회이다.[15]

---

13) "Programm und Statut der Kommunistischen Partei der Sowjetunion". 이 정강은 1961년
    10월 17~31일 동베를린에 모였던 제22차 소련공산당 대회에서 채택되었다.

14) Leonid I. Breznev, *Lenins Werk Lebt und Siegt*(Moskow: APN, 1970), p. 24.

15) "Die Stalin-Legende," in "Stalin, Stalinismus" in "Sowietsystem und democratische Ge-
    sellschaft," *Eine Vergleichende Enzyklopädie*, Bd. 6(Freiburg: Herder, 1972), pp. 187~194 참
    조. 혹은 Wolfgang Leonhard, *Sowjet Ideologie heute, Die Politischen Lehren*(Frankfurt/Main:
    Fischer Frankfurt, 1962), p. 155f 참조.

이렇게 소련 공산주의만이 인간적인 사회이고, 자본주의국가들은 비인간적인 사회라고 규정했다.

　그러나 우리는 스탈린과 그의 패권주의 정책을 기억한다. 레닌이 죽은 이후부터 스탈린이 소련을 통치하면서 소련의 마르크스주의 휴머니즘은 산산이 부서지고 말았던 것이다. 특히 스탈린은 개인 우상화 시대를 연 장본인으로서 마르크스의 휴머니즘을 갈기갈기 찢어놓았다. 후에 김일성의 사상을 다루면서 김일성 우상화가 여기에서 연유된 사실에 대해서도 언급하겠으나, 스탈린 정권의 영향을 받은 김일성 정권은 여러 면으로 부정적 사회주의의 영향을 받았다고 할 수 있다. 스탈린이 공산당의 독재국가들의 초강국인 소련의 지배자로서 자그마치 25년간 다스리는 동안 세계 곳곳에서 무서운 혁명의 거센 바람이 불었고 또한 김일성 우상화와 같은 일이 다른 공산국가들까지 수출되었다. 동시에 그의 독재에 항거한 휴머니즘의 르네상스가 폴란드, 헝가리, 체코 등지에서 일어났다. 이 모두가 스탈린의 개인 우상화에 그 역사적 배경을 두고 있다.16)

　개인 우상화란 근본적으로 마르크스의 휴머니즘 원리와 배치되는 것이다. 개인 우상화는 역사 속에서 특정한 인물의 역할을 크게 부각시키기 때문이다. 마르크스의 역사 발전 이론에서는 개인의 인격이 결코 중심에 설 수 없다. 그런데 소련은 볼셰비키 혁명으로 황제를 잃음으로써 그 국민이 정신적 지주를 잃고 방황할 때 스탈린에 의해 개인 우상화가 교묘히 만들어졌다. 이런 정치적·사회적 분위기는 1930년대 이탈리아나 독일에서 파쇼 독재자를 만든 것과 대단히 흡사했다. 그러한 분위기가 스탈린으로 하여금 절대 권력을 장악하도록 만들었다. 그리고 스탈린 자신이 매우 잔인하고 비인도적 방

---

16) K. Marx & V. Engels, *Marx Engels Werke(MEW)*, Bd. 8(Berlin: Dietz, 1960), p. 115.

법으로 권력투쟁을 벌여(1922~1928) 권좌에 앉게 되었던 것이다. 스탈린은 군사력을 장악하자, 마치 자신이 어떤 전설적인 인격을 가진 것처럼 만들기 위해 갖가지 조건을 지어냈다. 권력 장악 후 2, 3년쯤 되자 정치적·문화적인 삶의 모든 영역 안에서 자신이 마치 완전함의 화신인양 부상하기 시작했다. 마르크스의 변증법을 이해하는 데 있어서도 완벽한 학자요, 언어학에도 통달했고, 발생학이나 경제학에서도 탁월한 전문가이며, 군사전략과 교육에도 완벽한 실력을 갖춘 자로 선전되었다. 간략히 정리하면 스탈린은 전설적인 혁명가이자 철학자이자 예술가이고, 모든 면에 빼어난 사람이라는 것이다. 그의 이러한 위대한 인물됨은 '혁명의 아버지', '인류의 아버지', '고통으로부터의 구세주', '위대한 별'과 같은 여러 가지 이름으로 불림으로써 과시되고 선전되었다.

1931년 스탈린은 고전적인 마르크스 철학에 대한 그의 해석에 부합되지 않는 어떠한 철학적인 입장이나 방향도 모두 '이단' 혹은 '분파주의'로 저주했다. 그 후 그는 마르크스 철학의 문제를 결정할 수 있는 유일한 '천재'가 되었다. 그의 모든 철학 저작(opera omnia philosophica)과 나머지 저작은 '불후의 고전'으로 인정되었다. 스탈린에게서는 철학과 정치가 연합되었다. 그렇다면 그가 실로 마르크스주의의 이론과 실천을 연결시키고 통일시켰는가? 당대의 철학자 유제프 보헨스키(Józef M. Bocheński)는 스탈린을 다음과 같이 지지했다.

철학 없이는 정치적 운동이 불가능하고 반대로 정치적인 운동을 만들지 못하는 철학은 철학이 아니다.[17)]

---

17) Józef M. Bocheński, *Der sowijetrussische dialektische Materialismus*(Bern: Lehnen, 1950), p. 51.

이러한 지지까지 받아가면서 철학에서도 스탈린은 최고의 권좌에 머물렀다. 심지어 그의 대변인 안드레이 즈다노프(Андрей Жданов)는 스탈린을 "위대하고 천재적이며 비교할 데 없는 철학자요 동시에 진리의 소리이다"[18]라고 칭송했다.

이토록 기고만장하게 되자 그는 안하무인이 되었다. 자기의 의견과 맞지 않는 다른 이론을 모조리 거부했다. 그의 이른바 '고전적 이론'을 따르지 않는 자는 관념주의자로 규정되었고, 반동분자로 낙인찍혀 닥치는 대로 투옥되었다. 수많은 지식인과 정치인이 집단수용소에 갇히게 되었다. 반면 스탈린은 '국부(國父)' 혹은 '해방자'로서 찬양되었다. 그는 12세 이상 어린이도 사형시킬 수 있는 법률을 제정하고 또 경찰에게 명령해 어린아이도 집단수용소에 투옥시키도록 했을 때, 소련 전 국토에는 스탈린이 한 어린 소녀를 부드럽게 안고 있는 사진, 자애로운 아버지 같은 모습을 담은 사진이 뿌려졌다.[19] 내적으로는 정적을 처치함으로써 개인 우상화 야욕을 계속 펼쳐가면서 겉으로는 전 국민의 지지를 받는 영웅이 되기 위해 부드러운 아버지상을 선전했던 것이다. 실로 야누스와 같은 정치인이었다.

1953년 스탈린이 죽자 그에 대한 거센 반발이 매우 심각하게 대두되었다. 그의 후계자였던 흐루쇼프는 1956년부터 스탈린 격하 운동을 시작했다. 제20차 공산당 전당대회에서 그는 스탈린의 개인 우상화가 마르크스-레닌주의 원칙에 어긋남을 역설하면서 스탈린을 정죄했다. 흐루쇼프는 1956년에 있었던 제21차 공산당 대회에서 공개연설을 통해 스탈린이 권력을 테러로 악용했고 집단 수용소를 만들어 무고한 생명을 죽였음을 고발했다.

---

18) Andrei A. Zhdanov, *Sur l'histoire de la Philosophie*(Europe, 1947), p. 19, 38, 80, 121.

19) "Sowietsystem und demokratische Gesellschaft," *Eine Vergleichende Enzyklopädie*, Bd. 6, p. 188.

스탈린식의 사회주의에 대한 무서운 반발은 결국 지성인은 물론 일반 국민 역시 사회주의적 휴머니즘에 대해 의구심을 갖게 했다. 심지어 이미 마르크스-레닌의 공산주의를 기꺼이 받아들인 지성인들까지도 사회주의적 휴머니즘에 대해 회의하기 시작했다. 인간이 최고의 존재로 대접받는 휴머니즘이 아니라 인간 생명의 존엄성이 집단 수용소 속에서 여지없이 짓밟히는 사회주의 정책의 현실을 봤을 때 사회주의 휴머니즘은 공염불에 지나지 않다고 여기게 되었다. 1961년 프랑스의 마르크스주의 철학자 가로디는 다음과 같이 개탄했다.

소비에트연방 공산당 제20차 대회에서 우리는 다음의 사실을 경험했다. 즉, 어떤 일정한 조건에서 사회주의적 성취가 스탈린의 조직 아래서 이뤄졌다는 사실을 …… 그러나 그러한 적극적인 결과를 부정하지 않으면서도 다음과 같이 고백하지 않을 수 없다. 즉, 많은 공산주의자가 헤겔이 『정신현상학(Phänomenologie des Geistes)』에서 쓴 것처럼 '정신 그 자체가 정신의 기초 깊은 곳에서 떨면서 나락으로 떨어져버릴까 염려하는 것' 같은 그런 어떤 것을 경험했다는 사실을 …… 그것이 바로 당시 느꼈던 것이었다.[20]

가로디를 비롯해 생각 있는 당대 마르크스주의자들은 새롭게 사회주의의 휴머니즘적인 이상의 근거를 다시 생각하기 시작했다. 스탈린에 의해 사회주의의 휴머니즘이 그 기초부터 흔들리기 시작했을 때 이에 대한 진지한 대처를 위한 연구가 동구 마르크스주의 철학자들에 의해 활발히 전개되었다.

스탈린의 개인 우상화가 제거되자 이제 다시금 마르크스의 초기 작품에

---

20) Roger Garaudy, *Christliche Humanität und Marxistische Humanismus, Dokumente der Paulus-Gesellschaft*(München: Paulus-Gesellschaft, 1966), p. 247.

거론된 사회주의적 휴머니즘이 집중적으로 연구되었다. 이것이 동구에 이른 바 '휴머니즘의 르네상스'를 가져다주었다. 다음 절에서 이에 대해 고찰하려고 한다.

3. 동구 마르크스주의자들의 휴머니즘

마르크스의 휴머니즘을 다시금 전면에 부각시킨 사람들은 폴란드에서는 샤프, 레셰크 콜라코프스키(Leszek Kolakowski), 위르겐 쿠친스키(Jurgen Kuczynski)이고, 체코에서는 마호베츠, 가르다프스키 및 밀란 프루차(Milan Prucha)이며, 프랑스에서는 가로디를 들 수 있다. 앞에서 가로디의 말을 인용하면서 그가 사회주의적 휴머니즘으로 관심을 전환시킨 동기에 대해 언급했다. 앞에 열거한 사람들이 마르크스의 휴머니즘으로 관심을 전환시킨 동기 역시 비슷하다고 말할 수 있다. 샤프는 그의 책 『마르크스주의와 개별 인간성(Marxismus und das menschliche Individuum)』에서 국가라는 형태의 권력 기구는 밖으로 뻗어나가는 힘으로서가 아니라 안으로 향하는 힘으로 나타나야 함을 역설하면서 불행하게도 이 권력 기구가 스탈린 시대에 개인 우상화를 만들었을 정도의 권력 소외 현상을 빚었다고 꼬집었다. 이러한 현상이 소련 안에서만이 아니라 소련의 통제를 받고 있는 나라 전체로 파급되었다고 설명한다. 그리고 다음과 같이 묻고 있다.

인간이 자신의 최상의 신념과 또 가장 고상한 인도주의적 견해를 가지고 만든 권력이 일단 그의 손에서 벗어나 다른 사람에게 넘어가 무서운 권력이 되었을 때 그것이 엄청난 소외의 역사가 아니었던가? 이 질문은 사회학적 분석을 기다리고 있다. 이 핵

심을 건성으로 뛰어넘어서는 어떤 마르크스주의자도 아무 것도 성취할 수 없다.[21]

샤프는 스탈린의 개인 우상화, 신격화로 인해 무서운 소외 현상이 생긴 것을 인정하고 그것을 정리해 사회주의의 본래 모습을 되찾자고 호소하고 있다. 마호베츠도 그와 비슷한 견해를 표명하면서 개인 신격화 현상에 대해 마르크스주의적 근거를 몇 개 덧붙였다.

그의 저서 『인간의 삶의 의미(Vom Sinn des menschlichen Lebens)』에서 먼저 스탈린과 그의 추종자들이 그들에게 허용된 힘을 여러 나라 안에서 남용했음을 비판했다. 이른바 '전쟁-공산주의'가 사회주의로 이행하는 과정에서 이뤄지는 치열한 계급투쟁의 오도된 교훈의 이론적 기초 위에 세워졌다고 통박했다. 그와 같은 잘못된 이론 때문에 사회주의의 반대파는 물론 나중에는 옹호자까지도 협박과 테러를 당했다고 폭로한다. 그런 분위기 속에서 "공산주의에로의 길이 소극적이라고 정죄된 대중의 '안내'로서 이해되었다"라고 꼬집으면서 "이런 조건에서는 민중 위에 세워진 체제의 권력이 제거될 수 없었고 오히려 강화되었다"[22]라고 비난했다. 이상 두 사람의 저서에서 명백히 드러나고 있는 대로 동구 마르크스 철학자들의 사회주의적 휴머니즘 회복운동은 스탈린과 그의 추종자들에 대한 정죄에서 시작되었다. 이제 스탈린 이후 시대에 있어 휴머니즘에 관해 몇몇 중요한 마르크스주의 철학자들의 견해를 분석하려 한다. 특히 여기서는 앞의 두 사람 외 가르다프스키까지 추가해 세 사

---

21) Adam Schaff, *Marxismus und das menschliche Individuum*(Frankfurt: Europa, 1969), p. 171.

22) Milan Machovec, *Vom Sinn des menschlichen Lebens*(Freiburg: Rombach, 1971), p. 155. 그의 또 다른 저술을 소개하자면, *Maximus und dialektische Theologie, Barth, Bonhoeffer und Hromadka in atheistsch-kommunistischer Sicht*(Zürich: EVZ, 1965), "Aufgemeinsamer Suche nach dem Sinn des Lebens," in Erich Keller(ed), *Schöpfertum und Freiheit in einer humanen Gesellschaft Marienbader Protokolle*(Wien: Europa, 1969), p. 256~265 등이 있다.

람의 입장을 소개하겠다.

1) 밀란 마호베츠

체코의 마르크스주의 철학자 중 한 사람인 마호베츠는 "휴머니즘이란 무엇인가?"라는 질문을 앞에 내세웠다. 그의 모든 저작은 인간의 삶의 의미와 휴머니즘을 추구하는 일에 연결되어 있다. 프라하 대학의 윤리학 교수였던 마호베츠는 휴머니즘을 인간의 성취를 위한 윤리적 노력의 차원에서 보았다. 모든 윤리적 노력은 그 이상을 각기 가지고 있다. 마호베츠에게 있어 그러한 이상은 '요청'으로서 그리고 '역사적 흐름'으로서의 '인간'에게 있을 뿐이다. 이 말을 좀 더 명쾌하게 이해하기 위해 그의 글을 직접 읽어보자.

> 휴머니즘에 있어 인간은 자신을 이상으로서 앞에 둔다. 이 말이 의미하는 바는 인간
> 존재란 현재의 상태에서 '완성'되지 않은 것이고 또 그는 '전체적으로' 아직은 존재
> 하지 않는다는 뜻이다.[23]

각 시대는 그 나름의 인간존재의 이미지를 창조하고 있는데 그 이미지 안에 최상의 흐름들이 모아진다는 것이다. 마르크스 휴머니즘의 내용을 마호베츠는 현대어로 풀어내고 있다. 인간존재는 어쩔 수 없는 사회적 존재라는 마르크스의 말을 기억한다면 마호베츠가 정의하려고 노력하는 이상적인 인간의 모습이 분명해진다. 마르크스의 휴머니즘은 전형적인 역사적 운동으로서 이해된다. 그것은 이제까지 성취한 인간의 발전을 포기하지 않는다. 즉, 인간

---

23) Milan Machovec, *Vom Sinn des menschlichen Lebens*, p. 167.

의 역사를 포기할 수 없다. 그렇다고 해서 옛 이상의 단순한 재현일 수 없다. 반성적인 마르크스주의 휴머니스트라면 자기 시대에 꼭 필요한 휴머니즘의 형식을 얻기 위해 비판적인 입장을 취하는 것은 당연하다.

마르크스-레닌주의 고전의 위대한 전통은 그런 휴머니스트로 하여금 비판적인 입장에 서게 한다. 자본주의에 대한 비판과 그 자본주의로 인해 생긴 여러 가지 병폐를 비판하면서 사회주의라는 새롭고 진보적이며 인도적인 사상이 나왔다. 사회주의가 지향하는 사회란 계급이 없는 사회로서 그것이야말로 기초에 참된 인간성의 원리를 포함하고 있다고 할 것이다. 지배자, 피지배자, 가진 자, 못 가진 자의 구별 없이 인간은 누구나 똑같이 자유와 행복을 누릴 수 있는 사회를 목표로 하는 사회주의는 근본적 휴머니즘이 아닐 수 없다. 공산주의 이상이 실패하느냐 성공하느냐 하는 것은 이와 같은 계급 없는 사회가 되느냐 못 되느냐에 달려 있는 것이다. 그런 사회 안에서만 모든 종류의 소외와 억압이 제거되고 정말 살맛나는 세상이 될 수 있다. 그 때문에 마호베츠에 의하면 사회주의적 휴머니스트는 다음과 같은 질문을 반드시 물어야 한다. 즉, 사회주의사회의 매일의 노력이 휴머니즘의 이상에 상응하고 있는가? 그 발전의 방향이 올바른 길로 향하고 있는가? 이 질문에 비추어 볼 때 소련에서의 개인 우상화, 인간 신격화는 사회주의적 이상에 크게 어긋나고 오히려 이상을 퇴보시켰다. 그런 퇴보 속에서 사회주의적 프로그램은 정지되고 비인간적인 정치가 발전했다. 이러한 잘못된 정책은 비판적 지적이 필요하다. 마호베츠는 사정없이 시정을 요구하고 나섰다.

이른바 '고전(마르크스의 저작)'에 의해 비판당한 질병들은 매우 고질적이고 끈질겨서 물신주의적 이념보다 더 오랫동안 사회주의사회 속에 살아남는다. 예컨대 우상화되고 신격화된 사람이나 그룹 사이에 기계적으로 얽힌 관계 등은 새로운 휴머니즘의 이상을 해치고 있음에도 끈질기게 살아남아 있다. 새로운 사회주의적 휴머니즘은 결코 무엇이라도 기계적으로 모방하지 않고 관료주의적으로 규정하고 명령하지 않는다. 마호베츠는 스탈린과 그의 일파의 사회주의 정책이 비인간적 요소의 잔재를 청산하지 못했음을 치밀하게 분석했다. 스탈린의 신격화는 결국 계급의식을 고취시킨 결과가 되었다. 인간 간의 현격한 차이를 조장함으로써 소외의 극대화를 만들었다. 그리고 그것은 일인 독재의 길을 터주게 되었고, 결국 프롤레타리아독재는 스탈린 개인의 독재를 합리화하는 도구 역할만 한 셈이다. 한 사람의 뜻과 말에 거역하는 다른 생각을 가진 자는 모조리 반동분자로 낙인찍혀 사회에서 거세되고 심하면 목숨까지 잃었다. 결국 개인 독재는 비인간화, 인권유린, 착취라는 결과를 빚은 셈이다. 마호베츠는 개인의 신격화, 우상화의 깊은 뿌리를 이해하고 있었다. 모든 병의 원인이 거기에 있음을 간파하고 그는 과감히 개인 신격화에서 자신을 격리시켰다. 마리안스케 라즈네(Mariánské Lazně)에서 한 강연에서 단지 선전으로만 남아 있는 소비에트 사회의 이상을 날카롭게 비판하는 태도가 자신에게 있음을 다음과 같이 고백했다.

> 물신론적 발전의 이념이나 우상화된 전체주의적 혹은 정당 메커니즘도 더 이상 문제를 해결할 수 없음이 증명되었다. 우리는 차라리 변증법적으로 만들어진 인간 속에서 해결을 찾을 것이다.[24]

마호베츠에 의하면 개인 우상화 시기에 사회주의의 이름으로 자행된 갖가지 절망적이고 암울한 일에 비춰 볼 때, 마르크스주의 휴머니즘은 다시금 정신을 차려 인간의 삶의 의미에 관한 문제 제기를 새로운 각도에서 해야 한다.

---

24) Milan Machovec, "Aufgemeinsamer Suche nach dem Sinn des Lebens," p. 262.

그러한 문제 제기와 나아갈 방향을 제시하면서 마호베츠는 공산주의적 이상을 떠나지 않으려 했다. 공산주의 이상을 제대로 추구하면 훌륭한 휴머니즘이 될 수 있음을 그대로 믿으면서 그 이상 안에 머무르려고 했다. 오직 개인 우상화, 신격화만 제거하면 마르크스의 휴머니스트들이 휴머니즘에 거는 기대와 요구를 다시 생각할 것이고 그래서 새로운 길에서 휴머니즘이 정립될 수 있다고 믿었다. 그는 다음과 같이 말한다.

> 공산주의 운동은 좀 더 높은 인간을 향한 인도주의적 노력 안에서만 살아날 수 있다.
> 좀 더 높은 인간의 목표와 길은 매번 현재를 동시적으로 대표하고 있다.[25]

시간과 역사의 흐름에 따라 현재보다 나은 인간을 추구함에 휴머니즘의 본질이 있다는 말이다. 오늘보다 내일이 좀 더 행복하고 자유로운 그런 삶을 추구할 수 있는 사회, 나 혼자서가 아니라 모든 인류가 함께 계속 진보하는 사회를 위해 일하는 데 인간 삶의 의미가 있다. 개인의 우상화, 신격화, 물신론적인 발전, 공산당 메커니즘, 관료주의적 명령 체계 안에서는 인간 삶의 참 의미에 대한 대답을 찾을 수 없다. 그렇다면 어떤 새 길이 올바른 인간의 삶의 의미를 추구하도록 열려 있는 것인가? 악과 질병의 뿌리를 극복하면서 동시에 인간의 삶을 건실케 하는 새 길은 무엇인가? 마호베츠는 이 새 길을 '대화'에서 찾는다. 그는 이것이 치료의 길임을 믿는다.

대화는 먼저 다른 사람과의 관계를 새롭게 맺을 수 있는 가능성을 열어준다. 대화에서 개인인 '나'는 '너'와의 관계에서만 자란다. 그러나 이 관계는 의식적으로 발전되고 관심 속에서 교정되어야 한다. 마호베츠에 의하면 인간

---

25) Milan Machovec, *Vom Sinn des menschlichen Lebens*, p. 184.

의 성숙한 자기실현에의 길 ― 이것은 인격의 조화로운 발전인데 ― 은 자신을 사회적인 인간의 범주 속에 넣은 채로 성취되어야 하기 때문에 대화의 기초 위에서만 가능하다. '너' 없이는 성숙한 인간 발전이 절대로 불가능하다. 자기 혼자만 독주할 수 있는 자본주의적 사회에서는 인간의 자기 성숙은 '너'를 짓밟고서야 가능하다. 그때 '너'는 '그것'이 될 뿐이다. '나'와 '그것'은 대화할 수 없다. 마호베츠에 의하면 대화는 "인간 교통의 최고의 형식으로서 그것을 통해 다른 사람을 향한 충분한 열림이 가능한 것"[26]이다. 이 교통은 일방통행이 아니고 쌍방 통행이다. 독재자에게서 일방으로 나오는 전달이 아니다. 거기에는 높고 낮음이나 가진 것과 가지지 못한 것이 구별 없이 서로의 전달과 들음이 있을 뿐이다. 여기에서 상대에 대한 마음의 열림이 가능하고 여기에서 서로의 발전이 가능하다. 이렇게 해서 막혔던 담이 헐리고 자유로운 공기를 들이마시게 된다.

이 대화를 통한 사람 간의 새로운 관계에서 사람 간의 문제뿐 아니라 사람과 세계, 사람과 제도의 문제도 해결된다. 세계 내 존재로서의 인간 현존(Dasein)의 실존론적 문제가 이 대화적 관계를 통해 해결된다. '현존'의 구조는 '거기(Da)'이다. '거기'는 사회와 역사에 의해 규정된다. 따라서 인간은 사회적·역사적인 존재일 수밖에 없기에 대화로 현존의 문제를 해결해야 한다.

마르크스 인간학의 견해로 보면 인간존재는 자연-존재이다. 자연-존재는 자연에서 생성되었고 과학과 기술을 통해 자연을 변화시킨다. 자연 안에서의 기술적인 조작을 위해 인간존재는 사회와 인류에 도덕적으로 책임을 진다. 그것이 대화에서 최선으로 표현된다.

마호베츠에 있어 정치적인 제도에 대한 인간의 관계는 스탈린의 개인 신

---

26) Milan Machovec, "Dialog als Menschlichkeit," *Neues Forum*, 14(1967), p. 322.

격화로 인한 문제로 대두되었다. 실로 인간은 자기가 만든 제도와 더불어 투쟁했다. 이것이 또한 프롤레타리아혁명의 의미이기도 하다. 인간이 스스로 만든 자본주의가 갖가지 소외 현상을 빚을 때 어쩔 수 없이 자본주의체제에 대항해 싸웠기 때문이다. 마찬가지로 사회주의 휴머니스트들은 사회주의가 낳은 괴물, 인간의 개인 우상화에 도전할 수밖에 없었다. 인간이 만든 제도가 반인간적으로 될 때 투쟁은 불가피하다. 마호베츠는 이런 투쟁의 경험을 찬물에 샤워하는 것으로 비유했다. 스탈린 개인 우상화 시대에 자유와 해방을 위해 투쟁했던 사회주의자는 새장에 갇힌 것처럼 어려움을 당했는데, 찬물에 샤워할 때 몸을 움츠리듯 움츠리지 않을 수 없었다는 이야기이다. 그러나 이것은 결코 패배가 아니었다. 일시적으로 찬물이 내리쏟으니 어쩔 수 없이 몸을 움츠린 것뿐이지 아주 쓰러진 것은 아니라는 말이다. 마호베츠는 그렇기 때문에 승리의 길을 계속 모색한다.

> 휴머니스트 사회주의는 싸움에 졌다. 그러나 마지막 승리를 잃은 것은 아니다.[27]

스탈린의 개인 신격화에 맞서 싸우던 수많은 동구권 사회주의 휴머니스트들이 좌절과 허탈을 경험했고, 비록 움츠리긴 했으나 굴하지 않고 계속 마지막 승리를 희망하며 싸우는 장엄한 모습을 보여준다. 마호베츠가 믿기로는 마르크스의 휴머니즘은 정거장의 플랫폼과 같이 존재한다. 아니 그것보다는 투쟁의 목표로서 존재한다. '플랫폼 같다'라는 말은 마르크스주의자가 스탈린주의를 거부함에도 자기를 휴머니스트로 이해하고 있기 때문이다. '투쟁의 목표'라고 말한 이유는 휴머니즘이 가만히 앉아서 저절로 생기는 것이 아

---

27) Milan Machovec, "Panzersozialismus," *Neues Form*, 15(1968), p. 521.

니기 때문이다. 그것은 반휴머니즘적인 경향에 대항해 싸워야 하기 때문이다. 한편으로는 자기 진영 안의 현상 유지 세력에 대항해 싸워야 하고, 다른 한편으로는 적의 영역 안에서의 반인간적 경향에 대항해 싸워야 한다.[28]

휴머니스트로서 마르크스주의자들은 이러한 투쟁을 위해 동지를 찾아야 한다. 그들은 그런 동지를 대화의 길에서 찾는다. 만약 신화에 매이지 않으려면 초자연적인 존재와의 대화가 필요치 않다. 초월자와의 대화인 기도란 미래를 향해 계속 발전하고 있는 인류의 한 역사적인 단계로서만 존재할 뿐이기 때문이다. 진짜 중요한 것은 오늘의 휴머니즘인데 그것은 매일의 단순한 노동 안에서 이뤄지는 것이다. 마호베츠는 말한다.

> 우리는 대화를 물신론적으로 해서는 안 된다. 대화란 삶의 한 부분일 뿐이다. 최상의 삶은 그 최고의 기준에 있어 실천적인 동시에 이론적이다. 삶은 이 세상의 적극적 변화의 과정이고 우주 정복의 과정인바, 그것은 진리가 세상과 더불어 갖는 대화를 통해 인간적으로 감화되고 방향을 잡게 되는 것이다.[29]

이상에서 분명하게 드러났듯이 마호베츠는 동구권 철의 장막 속에서도, 스탈린의 그 무서운 강압 독재 체제 속에서도 사회주의적 휴머니즘의 진실을 세상에 드러내기 위해 최선을 다한 대표적 지성인이었다. 그가 제시하는 휴머니즘을 위한 수단으로서의 대화는 자유민주주의의 근간이 되고 있는 것이다. 여기에서 우리는 그의 담대한 지성을 보게 된다.

---

28) Milan Machovec, *Vom Sinn des menschlichen Lebens*, p. 186.
29) 같은 책, p. 230.

2) 비테즈슬라프 가르다프스키

가르다프스키 역시 체코의 마르크스주의 철학자이다. 그도 마호베츠와 같이 프라하 대학의 교수였다. 그는 다음과 같이 선언했다.

현대인은 그 배후에 2000년 기독교 역사와 400년 과학의 역사를 지니고 있기 때문에 신념에 있어서 휴머니스트이다.[30]

한창 '신-죽음의 신학'이 자유, 민주주의 세계에서 판을 치고 있을 때 공산주의 사회인 체코에서는 가르다프스키의 『신은 아직 죽지 않았다(God is Not Yet Dead)』라는 책이 출판되었다. 실로 아이러니가 아닐 수 없다. 하여간 그는 이 책에서 온전한 휴머니즘을 말하는 마르크스주의자들의 주장에서 기대할 수 있는 하나의 새로운 관점을 제시했다. 가르다프스키는 그의 휴머니즘을 어떤 짧은 형식이나 공식적인 문장으로 나타내려 하지 않았다. 휴머니즘은 그에게 너무 자명한 것이다. 따라서 그는 휴머니즘을 술어의 나열로서 정의하려 하지 않았다. 그의 관심은 먼저 휴머니즘을 창조하고 성숙시킨 최근의 마르크스주의적 철학의 몇 가지 관점을 밝히면서 거기에서 자연스럽게 사회주의적 휴머니즘의 본질을 드러내는 데 있었다.

가르다프스키에 의하면 마르크스주의적 휴머니즘은 하나의 '철저한(radi-cal) 사회주의'이다. 그가 말하는 '철저한'이란 마르크스가 말한 그대로 무엇보다 '뿌리로 돌아가는 것'을 의미한다. 앞에서 설명한 대로 '철저한'의 어근은 '뿌리'라는 뜻이다. 그래서 마르크스는 '뿌리로 돌아간다' 혹은 '뿌리로부

---

30) Vitězslav Gardavský, *God is Not Yet Dead*, trans by Vivienne Menkes(Penguin Books, 1973), p. 98.

터 근본적 변혁을 한다'의 뜻으로 '철저한'이란 단어를 사용했다. 그런데 가르다프스키에 있어 사회주의는 휴머니즘이다. 즉, 뿌리에서는 같다는 뜻이다. 그런 의미에서 '철저한' 사회주의는 휴머니즘이다. 그의 말을 직접 들어보자.

> 사회주의의 철저한(혹은 근본적) 양상은 오히려 역사의 토대의 여러 가지 요소를 자양분으로 전환시키고, 그리고 역사의 토양 속에 폭발적인 성장을 일으켜 결국 줄기, 꽃, 열매를 맺게 하는 능력이다.[31]

그는 사회주의가 휴머니즘의 꽃을 피우는 역할을 한다고 설명하고 있다. 그렇지만 그는 젊은 마르크스의 이론을 그대로 반복하지는 않는다. 그에게 있어 휴머니즘의 뿌리는 훨씬 깊은 데 있다. 그 뿌리는 고대 그리스와 로마의 세계뿐 아니라 고대 유대교와 기독교까지 내려간다. 그는 서양 역사 전체를 꿰뚫어 보면서 휴머니즘의 뿌리를 찾으려 한다. 단순한 산업사회의 소외 현상에서 휴머니즘의 기원을 찾는 다른 마르크스주의 철학자들과는 근본적으로 다르다. 그래서 가르다프스키는 고대의 역사와 정신사에 관심을 가졌고 그중에도 야곱과 예수의 삶의 모습에 큰 매력을 느꼈다. 그는 야곱과 예수에서 구약의 근본적인 사상인 선택과 주체성이 나타났다고 믿었다.

> 과거 유대인들의 역사적인 유산으로서 나타난 기독교가 구약의 핵심 사상인 선택과 주체성의 사상을 우리 세대에 전했다. 그는 이 기독교의 고전적 사상이 처음으로 휴머니즘을 대낮같이 밝게 조명했다.[32]

---

31) 같은 책, p. 12.
32) 같은 책, p. 14.

특히 결단, 하나님의 나라, 그리고 사랑에 관한 급진적 교리[33] 등을 제시함으로써 휴머니즘의 정신을 분명히 했다는 것이다. 인간 예수라는 인격 속에 집중되어 있는 모든 것이 휴머니즘이다. "에케 호모(Ecce Homo)[34]의 소리가 그리스도 때부터 오늘 우리까지 반향을 일으켜 초대 기독교의 정의를 나타내고 있고 이는 기독교의 원초적인 도전이다"[35]라고 가르다프스키는 해석한다. 마르크스에게는 볼 수 없는 그리스도에 대한 적극적인 휴머니즘적 해석이다. 그에 의하면 마르크스주의는 기독교와 더불어 대화를 이끌어가야 한다. 기독교가 대화를 주도하는 입장이 아니라 마르크스주의가 대화를 주도해야 한다는 것이다. 그 이유는 기독교가 더 이상 본래의 순수한 모습으로 존재하지 않기 때문이다. 그는 기독교는 권력 때문에 일그러졌다고 보았기 때문에 기독교가 참여해야 할 대화는 "복음의 순수성을 파괴한 권력에 대한 관심에서 떠나 복음 자체로 다시 돌아와야 한다"[36]라고 주장한다. 다른 한편으로 마르크스주의 그 자체도 대화에 의존해야 한다. 마르크스주의는 기독교와 똑같이 권력에 대한 욕심에 이끌리지 말고 권력에서 자유로워야 한다. 가르다프스키는 이 점에 있어 스탈린의 권력에의 의지와 욕심을 전제하고 있는 것 같다. 기독교가 권력을 누리고 권력에 연연하다 타락한 것처럼 마르크스주의가 스탈린의 권력 쟁탈로 인해 엉망이 되었다고 주장한다. 그래서 그는 공산당이 자유로운 결단으로 권력을 포기하고 '사람'이라고 불리는 모든 사람의 이익을 위해 일하기를 강력히 요구했다.[37]

가르다프스키의 주장에 의하면 마르크스주의는 실천의 철학만을 지지하

---

33) 같은 책, p. 49.

34) 에케 호모는 라틴어로 '이 사람을 보라'라는 의미인데, 면류관을 쓴 예수의 모습을 상징한다.

35) Vitězslav Gardavský, *God is Not Yet Dead*, p. 52.

36) Vitězslav Gardavský, *Hoffnung aus der Skepsis*(München: Chr. Kaiser, 1970), p. 72.

37) 같은 책, p. 73.

는 태도에 얽매여서는 안 된다. 실천의 철학은 인간의 실존론적 문제를 해결할 수 없다. 그는 마르크스의 '세계의 변화'에 초점을 맞춰서 자의적인 해석을 내린다. 마르크스가 "철학자들은 세계를 단지 해석해왔다. 여러 가지 측면에서 해석해왔다. 그러나 핵심은 세계를 변화시키는 데 있다"[38]라고 말한 것을 재해석하면서, 핵심은 세계의 변화에 있는 것은 자명하나 어떤 세계를 목표하느냐고 할 때 해석이 앞장설 수밖에 없지 않느냐고 묻고 있다. 그의 말을 그대로 인용하면 "(마르크스의) 선언은 결코 긴급성을 잃지 않고 있다. 즉, 세계는 참으로 변화되어야 한다는 긴박함이다. 그러나 그 문제는 연기되었다. 지루하게 기다리던 변화된 세계는 그것이 파괴되지 않도록 새롭게 해석되지 않으면 안 된다".[39] 그렇기 때문에 마르크스주의는 새롭게 세계를 해석하기 위해 새로운 형이상학을 시급히 필요로 한다. 가르다프스키는 이 형이상학이 이른바 그의 '주체적 동일성의 원리'[40] 안에서 발견된다고 믿고 이 형이상학은 마르크스와 엥겔스의 원리에서 벗어난 것이 아니라고 말한다. 이것은 마르크스의 원리에 충실하게 서 있고 무신론적·변증법적이다. 그는 그것이 무신론적인 것은 무신론이 본질상 형이상학자의 생각이나 질문이나 대답 등에 있어 유일한 차원이기 때문이라고 설명한다.[41] 또 그 형이상학은 변증법적이다. 그것은 '부정'을 의미하고 있는데 "이 부정은 역사적 각 단계를 넘어서도록 실제적인 이용을 강제하는 것"이기 때문이다.[42] 마르크스주의를 아는 사람은 가르다프스키의 주장에 혼란을 느낄 것이다. 마르크스주의에는 초월이 없고 오로지 물질만이 존재한다고 알고 있는데, 물질을 넘어서는

---

38) Karl Marx, "These On Feuerbach," *MEW*, Bd. 1(Moscow: Progress, 1969), p. 13~15.
39) Vitězslav Gardavsky, *Hoffnung aus der Skepsis*, p. 15.
40) Vitězslav Gardavsky, *God Is Not Yet Dead*, p. 205.
41) 같은 책, p. 201.
42) 같은 책, p. 204.

형이상학을 이야기하니 말이다. 그러나 가르다프스키는 초월의 영역인 하나님을 계속 제거하면서 무신론을 주장하는 동시에 무신론이 형이상학적이라고 한다. 그의 글을 직접 읽어 보자.

> 마르크스주의적 형이상학으로서의 무신론은 주관주의가 아닌 주체적 정체성의 이론을 형성하는 시도를 나타낸다. 그것은 객관적이 아닌 자기 자신의 한계를 넘어서는 초월의 이론이다.[43]

이 형이상학은 마르크스주의적 이론의 약점을 보완하려고 시도된 것이다. 첫째는 미래에 관한 질문이고, 둘째는 죽음에 관한 존재론적 질문이다. 가르다프스키는 인간의 모든 확실성을 두 가지 점으로 초점을 맞춘다. 인간의 사회적 삶과 그의 죽음이다. 양자는 모두 고려되어야 하는데 그 이유는 인간의 미래가 그 두 가지에 달려 있기 때문이다. 가르다프스키는 이렇게 말했다.

> 두 가지 확실성은 서로가 서로를 전제한다. 나는 죽을 존재이기 때문에 사회적 실체이다. 사회는 살아갈 수 있고 발전할 수 있으며 좀 더 인도적으로 될 수 있다. 다른 한편으로 그 사회의 개인 멤버들은 죽어 없어져가더라도 …… [44]

이제 가르다프스키가 무엇을 말하려는지 많이 드러났다고 생각된다. 개인은 죽지만 사회는 계속 살아 발전하므로 개인은 사회적 실체이고 그 안에서 개인은 살고 있다는 말이다. 이제 사회는 마르크스주의자를 죽음의 두려움에서 구할 수 있다. 하나님과 저 세상을 믿지 않는 무신론적 사회주의자일지라

---

43) 같은 책, p. 205.
44) 같은 책, p. 209.

도 죽음을 두려워하지 않는다는 것이다. 사회는 계속 살아 있을 것이고 자기는 사회의 실체이기 때문이다. 그래서 그는 이렇게 선언한다.

죽음은 나에게서 모든 것을 빼앗는다. 나 자신까지도 빼앗아간다. 그러나 사회는 살아남을 것이다.[45)]

마르크스주의자는 죽음의 시간에 자기를 도울 수 있는 어떤 개인적인 도움 같은 것을 가지고 있지 않다. 무신론자로서 그는 이러한 희망을 포기했고 죽음 앞에서 오직 홀로 서 있을 뿐이다. 그는 유신론자가 갖는 하나님 영접 같은 것을 기대하지 않는다. 그럼에도 그는 죽음을 인정하지 말라는 명령을 받고 있다. 그에게는 죽음이 결코 끝장이 아니다. 가르다프스키는 여기서 죽음에 대항하는 효과적인 무기를 찾고 있다. 그는 그것을 용맹스러운 행동이나 과학에서 기대하지 않는다. 그는 그것을 오직 사랑 안에서만 찾는다. 그는 그 사랑을 '주체적인 정체성의 구성 요소'로서 이해한다. 그것은 직접적인 관심의 행위를 실천하기를 결정하고 이 결정에 최고의 인간적 형식을 주기 위해 노력하기 때문이다.[46)] 가르다프스키에 의하면 그러한 사랑은 인간으로 하여금 죽음에 대항하도록 도울 수 있는 것으로 '한계가 없다'. 그것은 엄청난 많은 가능성을 소유하고 있기 때문이다. 또한 그것은 '한계가 없다'. 사람이 섬기고 봉사하는 사회를 위한 봉사는 밑도 끝도 없기 때문이다. 또한 그 사랑은 '초월적'이다. '나'에서 '우리'에로의 이행은 오직 사랑 안에서만 일어날 수 있기 때문이다. 독자는 여기서 왜 가르다프스키가 사회주의적 무신론을 형이상학이라고 불렀는지 이해할 수 있을 것이다. 주체적 정체성의 구

---

45) 같은 책.
46) 같은 책, p. 216.

성 요소인 사랑은 한계가 없는 무한대로 뻗어갈 수 있기에 자연의 세계에서는 설명될 수 없는 것이다. 독자는 가르다프스키가 그리스도의 사랑을 설명하고 있는 것으로 아마도 착각을 일으키리라! 사랑의 원동력이신 하나님의 형상으로 지음받은 인간의 본질은 '사랑'임을 기독교의 경전은 가르치고 있다. 이 점에서 가르다프스키의 휴머니즘을 무신론이라고 — 실로 그는 그렇게 고집하고 있지만 — 일축할 수 있을까? 실제로 그의 책 『하나님은 아직 죽지 않았다』의 제목이 그의 진심을 말해주고 있는 것이 아닐까?!

그의 글을 읽으며 그의 내면에 어느 정도 접근할 수 있었는데, 그의 선언인 "하나님은 아직 죽지 않았다. 인간은 아직 산 것이 아니다"[47]라는 명제가 우리에게 중요한 의미를 가지고 무엇인가 깊이 있게 도전하고 있음을 느낀다.

3) 아담 샤프

폴란드 마르크스주의자 샤프가 휴머니즘에 관해 표현한 사상은 그의 다음 문장으로 요약될 수 있을 것이다.

> 마르크스주의는 휴머니즘이다.…… 휴머니즘이란 이름 아래에서 인간에 관해 생각하는 제도를 이해한다. 인간은 그것을 실현하고 또 실천에서 인간 극복의 최상의 조건을 보장하려고 노력한다.[48]

샤프에게 마르크스주의 휴머니즘은 '급진적(근본적)'이고 '사실적'이고 '자발적'이고 '투쟁적'이고 '완전'하며 '낙관적인 휴머니즘'이다.[49] 그가 쓰

---

47) 같은 책, p. 17.

48) Adam Schaff, *Marxismus und das menschliche Individuum*, p. 75.

는 용어나 내용은 가르다프스키와 비슷하다. 앞에서 언급한 동구권 사회주의적 휴머니스트의 언어나 사상 내용이 중복되는 것이 많다. 여기서는 중복되는 부분을 피해 설명하려고 한다. 서로 간 다른 부분에만 초점을 두고 논구하려는 것이다.

특히 샤프는 총체적 휴머니즘의 필요성을 강조하고 있는데 이 점에서는 다른 동구권 마르크스주의자의 추종을 불허한다. 그는 시대마다 그 나름의 휴머니즘 개념이 있다는 사실을 충분히 알고 있고 오늘날에는 두 휴머니즘, 즉 기독교 휴머니즘과 마르크스주의 휴머니즘 간의 '경쟁'이 있다는 사실도 잘 알고 있다. 전에는 그런 경쟁이 없었다. 그러나 샤프는 오늘날에 와서 마르크스주의 휴머니즘이 강력한 경쟁력을 갖추게 되었다고 말한다. 마르크스의 휴머니즘은 가장 광범위한 수의 사람들을 위한 최대 행복을 보장하기 때문이라고 그는 주장한다. 샤프의 휴머니즘은 분명히 행복론이다. 그러나 그의 행복론은 개인적이 아니라 사회적이다. 마르크스의 표현을 빌리면 인간은 '사회적 관계의 앙상블(조화)'[50]이기 때문이다. 샤프 역시 마르크스의 원리를 잘 따르고 있다. 인간은 사회적 동물이기 때문에 사회적 관계에서의 행복이어야 참으로 가치 있는 행복이다. 개인적인 행복은 그렇지 않다. 그의 총체적 휴머니즘은 좀 더 많은 사람에게 기쁨을 주는 휴머니즘이다.

여기서 샤프는 자본주의사회의 휴머니즘이 소수의 부유한 층을 위한 휴머니즘일 뿐이라는 전제를 배경으로 깔고 이야기하고 있음을 알아야 한다. 소수의 개인적인 행복론은 전체적 휴머니즘이 될 수 없다. 그는 최대 다수의 최대 행복을 가능하게 하는 길은 사회주의적 휴머니즘이어야 한다고 주장한다. 그리고 엄밀한 의미에서 인간 개인의 문제는 광범위한 사회적 기초 위에서만

---

49) 같은 책, p. 75.
50) 같은 책, p. 84, 322.

해결될 수 있다고 믿는 것이 마르크스주의이다.[51] 바로 이 원리를 따라 샤프도 '사회행복론'을 제기하고 있다. 그는 다음과 같이 쓰고 있다.

> '사회행복론'은 삶의 목표가 최대 다수의 최대 행복을 추구하는 것을 의미하고, 또한 이렇게 함으로써 개인은 개인적인 행복에의 열망을 충족할 수 있다.[52]

샤프가 말하는 행복의 내용은 무엇인가? 행복의 개념이 더 분명하게 설명되지 않으면 안 된다. 마르크스주의는 인간 행복에 대한 관념주의적이거나 단순한 유토피아적인 어떤 질문도 거부한다. 그런 점에서 행복에 대한 마르크스주의적 이해는 현실적이다. 즉, 비록 그것이 순전히 '물질적'이지는 않지만 '유물론적'이다. 인간의 행복은 개인에 따라서 서로 다르다. 개인으로서의 인간 존재가 서로 다르기 때문이다. 따라서 샤프는 인간은 인간의 행복에 대해 일반적으로 통하고 또 누구에게나 가치 있다고 인정받을 수 있는 어떤 정의도 내릴 수 없다고 믿는다.[53] 그렇기 때문에 마르크스주의적 휴머니즘은 개인적 슬픔, 예컨대 병고, 친애하는 이의 죽음, 개인적인 실패, 심리적인 갈등 등의 문제를 다루지 않는다. 오히려 그 대신 분석을 인간의 행복을 방해하고 저지하는 사회적 조건에 한정한다. 즉, 대중 기아, 대중 결핍, 자유의 상실, 계급투쟁, 경제적 착취, 국가적 억압, 인종차별과 박해 등의 문제를 다룬다. 이와 같은 사회적인 악조건을 극복하는 일이 사회행복론의 구체적 임무이다.

샤프의 논구는 다시금 개인주의 휴머니즘에 사로잡힌 기독교 휴머니즘의

---

51) Adam Schaff, *Marx oder Sartre*(Frankfurt: Fischer, 1966), p. 61.

52) Adam Schaff, *Marxismus und das menschliche Individuum*, pp. 321~322.

53) 같은 책, p. 237.

약점을 반사적으로 지적한다. 샤프에게 기독교의 휴머니즘은 개인의 병고, 죽음, 심리적 고통 등에만 관심할 뿐 그것을 일으키게 한 배후 원인에 대해 생각하지 못하는 것으로 비쳤다. 그런 휴머니즘은 인간의 불행을 근본적으로 치유하지 못하기 때문에 결국 마르크스가 지적한 대로 일시적인 아편 주사 역할을 할 뿐이다.

그러나 샤프의 휴머니즘은 '급진적(근본적)'이다. 그것은 문제의 뿌리를 잡고 해결하려 하기 때문이다. 사회적인 관계 안에 있는 인간의 문제를 해결하기 위해 그 뿌리로 접근해야 하는데 "인간에게 뿌리는 인간 자신이다". 그리고 "인간은 인간에게 최고의 존재이다".[54] 다른 마르크스주의자들처럼 샤프에게 휴머니즘은 '현실적'이다. 그 출발점이 어떤 환상적·추상적·영적·사변적인 관념론이라기보다 현실적·구체적·물질적인 인간성에 기초하고 있기 때문이다. 샤프의 휴머니즘은 고독자, 단독자라는 실존주의적 인간 개념과는 날카롭게 대립된다. 단독자라는 실존주의적 인간은 모든 사회적인 외부의 결정적인 요소를 배격하고 실존으로서의 자기 의무를 인정할 뿐이다. 이에 반해 마르크스주의의 휴머니즘은 인간을 그의 사회적 상황과 결단코 분리될 수 없는 물질적인 존재로 보기 때문에 사회적 결정 요소를 받아들인다. 또 마르크스주의적 휴머니즘을 '자발적'이라고 부르는 이유는 인간 실존이 초인간적인 어떤 계획의 결과가 아니라 오직 인간 자신의 창조성의 산물임을 선언하기 때문이다.[55] 무신론적 실존주의와 같이 마르크스주의적 휴머니즘은 존재가 본질에 앞선다고 선언함으로써 모든 유신론 철학을 반대한다. 그러나 실존주의적 입장과 달리 인간의 행복을 구체적으로 실현하기 위해, 그리고 인간의 불행을 제거하기 위해 싸우기를 두려워하지 않는 투쟁적 휴머니즘

---

54) 같은 책, p. 221.

55) 같은 책, p. 222.

이다. 샤프에 의하면 이러한 휴머니즘이기에 그것은 '온전한' 휴머니즘이다. 인간의 행복을 올바르게 이해하고 그것을 위해 싸우기 때문이다. 샤프는 인간의 행복을 구체적인 차원에서 이해하고 인간의 구체적인 필요에 응할 수 있을 때만 기독교의 휴머니즘과 마르크스주의 휴머니즘이 연대해 협력할 수 있다고 덧붙였다. 그가 자기의 휴머니즘을 온전하다고 고집하는 이유는 인간의 진지하고 구체적인 요청이 만족되지 않을 때, 즉 인간의 요청을 초월적으로만 해소시켜주는 휴머니즘은 온전하지 못하다는 이유에 근거하고 있다. 비록 기독교의 휴머니즘이 이웃 사랑을 주장하면서 인간을 위해 무엇인가를 하는 것 같으나 구체적인 문제 해결을 못했기에 온전치 못하다는 것이다. 그러나 그가 제창하는 사회주의는 끝에서와 같이 처음에도 이웃 사랑의 교리이다. 그것은 사랑을 다루되 추상적이 아니라 구체적으로 다루기 때문이다. 마르크스주의적 휴머니즘은 이 사랑에 모순되는 것에 대항해 싸우는 문제를 제기해야 한다.[56] 이와 같은 마르크스주의적 휴머니즘의 특성에 근거해 그 휴머니즘은 '낙관론'이라 주장할 수 있다. 샤프의 해석에 의하면 그 근거를 최근 역사에서 찾을 수 있다고 한다. 그는 인간의 행복을 위한 사회주의적 꿈은 부분적으로 이미 실현되었다고 생각한다. 역사는 계속해서 그런 방향으로 발전해 완전한 실현이 가능할 것이라고 보는 것이다. 더구나 현대의 과학, 기술의 혁명, 기술적 과정의 자동화 등은 사람에게 인류의 가장 대담한 꿈을 실현할 기회를 준다고 그는 믿는다.

우리는 여기서 그의 휴머니즘의 낙관적 입장의 한계를 본다. 인간 주체성의 정체인 사랑의 실현이 구체적인 인간의 행복에의 열망과 연결되어야 한다는 이론에는 동의하지만, 그런 휴머니즘의 실현이 과학, 기술에 의해 이뤄질

---

56) 같은 책, p. 227.

수 있다는 생각에는 동의할 수 없다. 물론 사회주의적 휴머니즘은 어디까지나 물질적이고 '구체적'이기 때문에 과학과 기술 없이 실현 불가능하다. 그러나 그것이 근본적이기 위해서는 '인간' 자체, 즉 뿌리를 잡아야 하는데 그 뿌리가 '사랑'이라면 그 사랑은 물질적으로 해석될 수만은 없다. 여기에 사랑의 본체로서의 하나님의 형상인 인간의 뿌리가 밝혀져야 하고, 그 뿌리를 제대로 잡기 위해 그 뿌리의 뿌리인 하나님에 대한 신앙이 제거되어서는 낙관론이 성립될 수 없음을 샤프는 알아야 한다. 그런 뜻에서 샤프가 제시하는 낙관론적 역사적 견해는 결국 공허하게 끝날 소지가 있다. 칼을 가진 자는 결국 칼로 망할 것이기 때문이다. 이상에서 논구된 동구권 마르크스주의 철학자들의 휴머니즘은 독재자 스탈린 개인의 신격화로 인해 파멸의 위기에 있었던 공산주의 사회의 휴머니즘을 다시 회복시키는 데 매우 크게 공헌했다고 말할 수 있다.

이제 이상에서 논술한 마르크스, 레닌, 동구권 마르크스주의자들의 휴머니즘 이해 위에 김일성의 휴머니즘의 내용을 알아보자.

4. 김일성의 '새 인간'

이북의 공산주의 이데올로기는 새 인간 창조를 위한 운동에 동원되는 기초적이고 우선되는 슬로건이었다. 김일성의 우선적인 목표는 이북 '인민'의 의식을 바꾸는 일이었다. 의식 변화를 통해 이른바 '새 인간'을 만들겠다는 것이었다. 이제까지와 다른 삶의 모습으로 인민을 바꿔보려는 의도가 거기에 있었다. 30대에 이북을 점령한 김일성은 이른바 '인민'의 의식을 바꾸기 위해 나름대로 내놓은 것이 '새 인간'이다. 인민을 심리적·실천적·급진적으로 변화시켜 그의 통치 스타일에 따르도록 하기 위한 것이다.

이른바 김일성이 내놓은 새로운 인간은 바로 공산주의 인간을 의미한다. 공산주의자만이 참사람이고 새사람이라는 것이다. 공산주의자가 곧 참된 휴머니스트로 선전되었던 것이다. 1961년 4월 7일 이북 노동당 중앙위원회 확대간부회의에서 김일성은 공산주의자가 어떤 사람인지 설명했다.

> 공산주의자라고 하여 특별한 사람이 아니고 다만 모든 종류의 착취와 억압으로부터 사람들을 해방시켜서 풍족한 삶을 살게 만드는 자이다. 인민이 나라와 사회의 주인인 우리 사회에서는 인민이 공산주의자가 되는 일은 어렵지 않다.[57]

즉, 김일성의 '새 인간'은 공산주의자이다. 여기서 주목할 것은 기독교와 공산주의가 대비되고 있다는 사실이다. 김일성은 기독교인과 공산주의자를 처음부터 대비시키면서 '새 인간'을 내세웠다. 기독교 목사와 장로는 착취와 억압을 옹호하고 도와주는 역할밖에 하지 않았다면서 그들을 반동적인 사람들이라고 지칭하고, '새 인간'으로 등장하는 공산주의자는 억압과 착취를 하지 않을 뿐 아니라 그것을 제거하기 위해 싸우는 사람으로 설명했다. 이 점에서 당대 교회 성직자들이 인민의 편에 서지 못하고 가진 자의 편에 서 있었는가 하는 것을 깊이 성찰하는 일이 필수적이다. 당시 이북 교회의 신 중심주의적·초월주의적 삶이 지상에서 허덕이는 약한 자와 눌린 자의 아픔을 보지 못한 것이 사실인가를 살필 필요를 느낀다. 그리고 교회가 약한 자의 아픔을 보고 있으면서도 초월의 신학과 신앙 때문에 땅 위에서의 구체적인 인생의 삶에 무관심했던 것은 아니었는지를 살펴야 할 것이다. 만약 당대 기독교 지도

---

57) Kim Il Sung, *Selected Works*, Vol. 3(Pyongyang: Foreign Languages Publishing House, 1972), p. 42.

자들이 구체적으로 인민의 일상적인 삶에서 일어나는 문제를 초월의 이름으로 달래기만 했다면 김일성의 비판을 잘못이라고 지적하기 어려울 것이다. 당시 교회 설교단에서 울리는 내용이 민중의 고통 해소를 위한 일시적인 아편의 역할만 했다면, 구약의 노예 해방자로서 야훼 하나님의 모습이나 신약의 하나님의 아들 예수 그리스도의 역사적 십자가 사건을 제대로 가르치지 못한 당시 이북 교회 지도자들의 신학적·신앙적 눈먼 모습을 밝혀야 할 것이다. 이런 배경에서 볼 때 김일성의 '새 인간' 출현은 이북의 가난한 민중의 환영을 받지 않을 수 없었을 것이다.

김일성이 설명하는 '새 인간' 출현의 요청 배경을 살펴보자. 김일성은 공산주의 사회에서는 모든 인민이 잘 살고 있다고 주장한다. 공산주의 사회에서 사람들은 공통적인 관심과 목적을 가지고 있다. 공산주의 사회에서는 동지적인 관계를 가지고 서로 돕고 협력한다. 이 '새사람'의 출현은 모두가 한 가족을 이뤄 조화롭게 살면서 서로 돕고 기쁨과 아픔을 나누는 삶을 살기 위함이다. 그래서 "하나는 모두를 위해, 모두는 하나를 위해"라는 구호가 통하는 사회가 된다는 것이다. 김일성은 계속해서 다음과 같이 말한다.

> 우리는 소수만 호화롭게 사는 사회를 만들려고 공산주의를 세워가는 것이 아니다.
> 우리는 모두가 함께 일하고 번영을 누리기 위해 공산주의를 세워가는 것이다.[58]

따라서 그 '새 인간'은 이기주의를 벗어버리고 인민을 사랑하는 사람이어야 한다는 것이다. 이것이 어쩔 수 없는 '새 인간'의 시대적 요청이라는 것이다. 김일성은 1961년 9월 11일에 있었던 조선 노동당 제4차 전당대회에 보

---

58) 같은 책, p. 43.

고한 중앙위원회 사업 보고에서 다음과 같이 선언했다.

사회주의 체제 아래에서는 인민을 위한 염려가 최고의 원리이며 …… 인민보다 더
귀중한 것은 없다.[59]

김일성의 글 여기저기에서 계속 언급되는 것은 인민에 대한 그의 지극한
관심이다. 그는 인민을 착취와 억압에서 해방시키기 위해 최선을 다하고 있
다고 누누이 강조하고 있다. 이북에서 발행되는 잡지나 책 혹은 팸플릿 등 모
든 문서에서 사회주의, 공산주의가 인민을 위한 최고의 휴머니즘임을 보이기
위해 지식인들을 총동원한 글이 가득 채워졌다. 김일성의 글은 물론이고 그
의 사상과 실천을 찬양하는 글이 엄청나다.

김일성은 마르크스의 인간 이해를 그대로 따라 인간이란 그가 사는 사회
의 조건에 의해 만들어진다고 주장한다. 따라서 인간을 논할 때 그의 사회적
인 조건을 떼어놓고 논해서는 안 된다고 주장한다. 인간의 본성은 추상적인
것이 아니고 구체적이다. 계급사회에서 인간의 본성은 계급적 성격을 띠게
된다. 결코 계급을 초월한 인간은 있을 수 없다. 그렇기 때문에 지주 등 부르
주아계급은 그들 계급의 인간성을 가지고 있다. 이북 노동당 기관지 ≪근로
자≫[60]의 논설은 계급사회의 인간성을 비판하고 있다. 자본주의사회에서는
부르주아계급이 사랑, 박애, 평등, 자유 등 겉만 번지르르한 구호를 내걸고
있으면서 실상은 거짓 휴머니즘을 견지하고 있다는 것이다.

이러한 구호는 노동자에게서 저항 정신과 계급 정신을 제거시키는 데 사용된다. 이

---

59) 같은 책, p. 130, 134.
60) 이론적인 글이 실리는 이북의 월간지이다.

러한 사회에서는 일하지 않는 부르주아가 일하는 노동자를 착취해 호화스러운 삶을 살고 있는 반면 노동자는 공장에서 피를 흘리고 땀을 흘리면서 일할지라도 가난하고 처참한 삶을 산다.[61]

결국 부르주아의 휴머니즘은 거짓임이 판명된다는 것이다. 이 논설자는 부르주아 인텔리겐치아가 그들 자신의 계급성을 거짓으로 보편화하고 프롤레타리아 대중을 약화시키려고 인간의 본성 이론을 이용한다고 비판한다. 혁명을 반대하는 자들은 이기적이고 부패해 자기 이익을 옹호하기 위한 모든 사람이 공유한 공통적인 본성 이론을 이용한다. 즉, 똑같은 본성을 지닌 사람이니 투쟁이나 혁명을 통해 다른 사람에 대항해서는 안 된다고 한다. 그러나 김일성은 공산주의 사회의 참된 인간 본성은 인간을 착취하고 억압하는 자들에 대항하는 미움과 투쟁으로 가득 차 있다고 주장했다. 참된 인간 본성은 억압받고 착취당한 인간을 사랑하는 것이기 때문이다. ≪근로자≫의 논설자는 김일성과 그 추종자들이 일본 제국주의자들에 대항해 투쟁할 때 적에 대해서는 미움을, 조국에 대해서는 애국심을 보였다고 쓰고 있다.[62] 김일성에게 인민의 적에 대한 무자비성은 인민을 향한 자비를 의미한다.

김일성에 의하면 계급투쟁이 출발점이다. 그것은 의로운 싸움이다. 의로움은 투쟁하는 프롤레타리아 편에 있는 것이지 탐욕적인 부르주아나 지주 편에 있지 않다. 부르주아는 노동을 하지 않고 착취를 통해 배부르고 즐기고 있기 때문이다. 따라서 투쟁은 부르주아가 프롤레타리아를 착취하는 것을 제거하려는 데 목적이 있다. 투쟁은 결코 투쟁을 위한 것도 아니고 감정 대결도 아니다. 투쟁은 어디까지나 의로운 자들의 눌림을 막고 그들을 해방시킴에

---

61) ≪근로자≫, 12월 호(1964년), 2쪽.
62) ≪근로자≫, 2월 호(1962년), 12쪽.

목적이 있다. 투쟁과 저항을 통해 한 지배계급이 눌림받는 다른 계급을 착취하고 억압하는 것을 막고, 그로 인해 민중이 자유와 행복을 만끽하게 한다. 이러한 의미에서 사회주의 안에서의 인간성은 계급투쟁, 사회혁명 등과 직접적으로 연결되는 어떤 것으로서 늘 토의되고 있다. 계급투쟁이나 사회혁명은 사회 안에서 인간의 자유와 행복을 위한 구체적인 기초를 마련하기 때문이다. 이북 공산주의자들이 생각하는 혁명적 투쟁이란 기존 질서를 착취계급인 부르주아의 기반이라고 전제하고 그것을 뒤집어 놓는 데 반드시 필요한 것으로 상정한다. 착취하는 구조를 뒤엎지 않으면 사람들이 서로를 사랑하고 존경하는 참된 사회적 조건을 장만할 수 없다. 그 안에서 인간의 존엄성이 확보되는 사회가 되려면 지배하고 억압하며 착취하는 계급이 없어져야 한다. 바로 이 점에서 투쟁과 혁명은 필수적이라고 한다. 이러한 투쟁과 혁명성이 이북 휴머니즘의 기초를 이루고 있다.

이북 공산주의자들이 착취하는 체제에 대해 말할 때마다 착취자와 억압자를 생각하는데, 그들은 다름 아닌 지주, 자본가, 부르주아이다. 공산주의자에 의하면 계급사회 안에서는 인간의 본성과 계급의 특성은 일치한다고 한다. 즉, 계급의 특성과 분리된 인간의 본성은 존재할 수 없다는 것이다. 소련의 마르크스주의 철학자인 베르나르트 비홉스키(Bernard Bykhovsky)가 설명한 대로, 인간 본성에 대한 이러한 주장은 마르크스의 전통을 잇는 것인데 바로 그러한 인간 본성의 해석이 "마르크스를 그 이전의 사상가들과 근본적으로 다르게 만든 점"인 것이다.[63] 비홉스키에 의하면 마르크스는 "인간의 본질적인 성품과 계급투쟁을 연결시켰다". 마르크스는 보편적 인간성의 이론을 결코 받아들이지 않았다는 것이다. 그는 다음과 같이 이 견해를 요약한다.

---

63) Bernard Bykhovsky, *The New Man in the Making*(Moscow: Novosti Press Academy publishing House, 1970), p. 6.

인간의 본질적 성품에 관한 마르크스주의적 원리는 인간이 사회적 존재라는 사실을 말한다. …… 인간의 본성은 타고난 것이 아니고 어떤 생산관계나 사람들의 경제적인 위치에 연결되어 있다. …… 계급사회에는 사회적 관계의 기본적 특색은 계급관계이다. 그리고 모든 사회적 관계는 계급의 표식으로 낙인찍혀 있다. 그 때문에 계급사회에서는 인간의 계급적 성격이 인간의 본질적 성품이다.[64]

이북의 마르크스주의자들은 인간의 본성과 계급투쟁의 관계에 관한 한, 비흡스키의 해석을 따르고 있음이 분명하다. 그러나 그들은 '계급 억압'과 '자본주의의 길'이 소련에서는 이미 극복되었고 따라서 더 이상의 계급투쟁이 필요 없게 되었다는 주장은 반박한다. 즉, 공산주의 사회가 되면 인간 본성 중 하나인 투쟁적 혁명성이 없어진다는 논리에 대해 이의를 제기하고 있다. 이것을 이북 공산주의자들은 수정주의라고 반박한다. 저들의 견해에 따르면 수정주의란 사회주의사회 안에서 계급투쟁의 계속성을 부인하는 것을 의미한다. 김일성은 이러한 수정주의를 단호히 거부한다. 이것은 '새 인간'의 혁명적인 의식을 마비시키기 때문이다. 김일성의 수정주의 거부 논리를 정리하면, 동구권에 퍼진 수정주의자들은 마르크스-레닌주의적 당의 지도력과 프롤레타리아독재를 거부함으로써 사회주의 혁명의 기초를 뒤흔들어 놓는다는 것이다. 수정주의자들은 제국주의자들의 공격적인 태도가 바뀌었고 그래서 사회주의와 제국주의가 보조를 잘 맞춰갈 수 있으니 더 이상 계급투쟁이나 사회혁명의 방법은 필요 없고, 자본주의에서 사회주의로의 이행이 국회 안에서의 투쟁만으로도 평화적으로 이행될 수 있다고 주장하고 있는 사실을 김일성은 중시하면서 이런 논리가 허구라고 공박한다. 김일성은 심지어

---

64) 같은 책, p. 3.

수정주의자들의 비무장 요청과 반제국주의 투쟁의 종지부 요청을 묵살한다. 그는 수정주의적 휴머니스트들이 핵전쟁 시대 속에서 전쟁의 발발은 세계를 잿더미로 만들고 모든 인간을 죽일 텐데, 공산주의 사회를 이룩해보았자 무슨 소용이 있는가라는 질문에는 구체적인 답변을 회피한 채 수정주의의 주장을 일축한다.[65] 수정주의의 원천은 부르주아적 영향 때문이고 제국주의적 압력에 굴복한 결과라는 것이다. 수정주의는 마르크스주의의 원리를 배척한다. 따라서 혁명적인 투쟁을 부인한다. 따라서 김일성은 이러한 수정주의를 단호히 거부한다. 그는 구체적인 이유를 다음과 같이 설명한다.

> 우리는 단지 우리나라의 절반만을 해방했으며 전 인구의 1/3만을 해방했을 뿐이다.
> 그렇기 때문에 공산주의자들은 혁명 과업을 계속해 이 제국주의를 몰아내는 과업을
> 성취하고 국가의 해방을 위한 혁명을 완성해야 한다.[66]

아직도 해방시켜야 할 남반부가 있는 한 수정주의는 받아들일 수 없다는 논리이다. 남반부가 아직도 미제의 압제하에 있고 그 인구가 자그마치 전 민족의 2/3나 되는데 어찌 해방을 위한 투쟁을 중도에서 멈출 수 있겠느냐는 논리이다. 김일성은 이렇게 주장한다.

> 미국 악당들이 매일매일 우리 동족의 피를 흘리게 하고 우리의 형제와 자매에게 굴
> 욕적인 일을 자행하고 있는 때 어찌 우리가 미 제국주의자들을 미화하는 데 동참할
> 수 있겠는가?[67]

---

65) Kim Il Sung, *Selected Works*, Vol. 3, p. 324.
66) 같은 책, p. 325.
67) 같은 책.

김일성은 혁명의 중단과 반미 제국주의 투쟁을 포기하는 것은 한국을 미제의 침략에 영원히 방치하는 것이고 결국 배신자로 하여금 한국 노동자와 농민을 계속 착취하게 허락하는 일이라고 주장한다. 수정주의를 주장하는 자들은 미제와 결탁하는 우를 범할 것이다. 그래서 자기들은 절대로 미 제국주의자들과 타협할 수 없다고 선언한다. 김일성은 "제국주의에 대항해 혁명의 과업을 계속할 것이고 끝까지 투철하게 싸우지 않으면 안 된다"[68]라고 주장했다. 그러나 김일성은 1970년대에 들어오면서 그런 입장을 포기하고 미국과 협상할 것을 주장했는데 그것은 역시 전술적 변화인가? 본래 미 제국주의 타도를 위한 내용은 변하지 않고 그것을 성취하기 위한 방법의 전환임이 분명하다고 해석될 수도 있다.

　1967년 5월 25일 노동자들 앞에서 당의 이념 정립을 위해 김일성이 연설했는데 거기서 그는 자본주의에서 사회주의로의 이행 과정에 관한 문제와 프롤레타리아독재에 관한 문제를 취급했다. 그 연설에서 김일성은 한반도가 꼭 필요로 하는 것은 오랜 기간의 계급투쟁과 프롤레타리아독재임을 분명히 밝혔다. 이 양자의 관계를 그의 말로 설명하면 "계급투쟁이 있는 한 프롤레타리아독재가 있을 것이고, 또 프롤레타리아독재는 계급투쟁을 수행하는 데 필요하다.[69] 이러한 결론은 한반도의 역사적 상황에서 나온 것이라고 김일성은 말한다. 그에 의하면 한반도는 소련이나 중국의 예를 따라서는 안 된다. 우리는 저들 나라와 다른 경험을 가졌기 때문이라는 것이다. 여기서 김일성의 주체사상의 원천을 접하게 된다. 이북의 '새 인간'의 이해는 곧 그의 주체사상을 파악하면 더욱 분명하게 밝혀질 것이다.

　김일성은 철저하게 한반도의 주체적 입장을 천명한다. 어떤 경우나 환경

---

68) 같은 책.
69) 같은 책.

에서도 먼저 철저한 주체를 세우고 거기에 마르크스-레닌주의를 창조적으로 적용하면서 실천적 경험을 얻고 그 경험을 토대로 문제를 해결해야 한다는 것이다.[70] 한반도는 한반도 나름의 현실이 존재하고 그 현실은 한민족으로 하여금 주체사상에 따른 창조적 경험과 역사적 상황을 발전시키도록 요구한다. '인민'은 식민지적인 농업 국가로서 오랫동안 짓눌려 살아왔기 때문에 생산력이 뒤떨어진, 매우 조건이 열악한 환경에서 살아왔다. 그리고 지금도 자본주의가 대단한 세력으로 이 세상에 존재하기에 거기에 한반도가 영향을 받지 않을 수 없다는 것이다. 특히 미 제국주의자들이 한반도 남쪽에 지금도 머물러 있는 악조건 속에서 살고 있기에 한반도 남반부에서 계급의 구별이 사라지고 인민에 대한 착취와 억압이 제거될 때까지 부르주아에게 대항하는 계급투쟁과 그들을 정복하는 프롤레타리아독재가 필수적이라는 것이다.[71]

동구권에는 수정주의가 한창 판치면서 마르크스의 초기 작품에 담긴 휴머니즘이 활기차게 전파되고 있는 때, 이북 사회는 여전히 철의 장막을 치고 동구권의 새 바람이 전혀 이북으로 불어오지 못하도록 막고 있었다. 남반부의 해방이라는 특수한 조건을 내세우면서 주체라는 용어를 사용해 김일성 일파들은 재치 있게 폐쇄 사회를 계속 이끌어갔다. 동구권에서 유학했던 이북의 지식인 사이에는 수정주의에 대한 논의가 활발하게 진행되었을 것이다. 그러나 수정주의적 휴머니즘에 관한 글을 그 누구도 내놓지 않은 것을 보면 정권의 눈치를 보지 않을 수 없었을 것이다. 수정주의에 동의하는 어떤 지식인의 글도 기관지나 신문에 보도되지 못하도록 철저히 봉쇄했을 수 있다. 반면에 수정주의를 반대하는 김일성의 뜻을 지지하는 글만이 이북 주요 신문이나 잡지에 나왔을 뿐이다. 1969년 11월 ≪노동신문≫에 임종봉이라는 자는 김일

---

70) Kim Il Sung, *Juchei*(Pyongyang: Foreign Languages Publishing House, 1972) p.121.
71) 같은 책, p. 117.

성의 입장을 지지하고 나섰다. 그는 아래와 같이 주장한다.

김일성의 이념은 착취하는 계급과 제국주의가 완전히 자취를 감추고 사회주의와 공
산주의의 위대한 과업이 각 나라와 전 세계에서 성취될 때까지 계속적인 혁명이 요
구된다는 것이다.[72]

전 세계를 위해 '새 인간', 즉 공산주의자들은 계속해서 투쟁하는 사람이
어야 한다면 '새 인간'의 휴머니즘의 내용은 무엇인가? 동구권의 휴머니즘과
다른 점은 무엇인가? 이 문제는 이 장의 결론에서 논하기로 하고 김일성의
'새 인간'의 계급투쟁적 성격을 더 충실히 논의할 필요가 있다.

김일성이 계급투쟁을 계속해야 한다는 강한 결의를 하게 된 배경으로 그
의 모순 이론을 꼽을 수 있다. 오랫동안 한반도가 직면한 모순을 알면 김일성
의 결단을 이해할 수 있다는 것이다. 이북 역사가인 김후선이 한반도의 모순
을 분석했는데, 그에 의하면 한반도의 외적인 모순은 미국과 조선 인민 간의
모순이다. 그리고 내적인 모순은 지주, 부르주아, 친미파와 농민, 프롤레타리
아 간 모순이다. 그런데 그는 "이들 모순들은 적과 인민 간의 모순들로서 화
해될 수 없는 것"이라고 말한다.[73] 이 모순이 한반도에서는 특수한 것인데,
미국의 제국주의가 한반도 남반부를 점령하고 있기 때문이다. 결국 한반도의
본질적인 모순은 미국의 착취와 억압에 기인한다. 따라서 미국이 남반부를
점령하고 있는 동안 그 모순은 결코 해결되지 못한다. 내적인 모순 그 자체도

---

72) 임종봉, "혁명을 계속시키는 것은 사회주의의 완전한 승리를 위해 필수적 조건이다",
   ≪노동신문≫, 1969년 11월 2일, 2면.
73) 김후선, 「조선의 모순들의 특성들과 그것들을 해결하는 방법들」, ≪역사과학≫, 제4호
   (1957년), 5쪽. ≪역사과학≫은 이북의 역사 과학을 다루는 월간 잡지이다.

본질적인 모순, 즉 미국의 제국주의와 한반도 인민 간에 생긴 모순에 기인한다. 그렇기 때문에 한반도의 모순을 해결하기 위한 긴급한 과업은 남반부에서 미군을 철수시키는 일이라고 김일성과 모든 공산주의자가 이구동성으로 주장하고 있다. 바로 이것이 김일성이 수정주의를 단호하게 거부하고 계속적인 계급투쟁을 고취해 프롤레타리아독재를 주장하는 이유이다. 바로 이것이 이북 공산주의자가 미국과 밀접하게 연결된 사람이나 그룹을 미워하고 저주하는 이유이다. 한국 교회와 기독교인이 저들의 미움의 핵심에 있는 이유가 여기에 있다. 미국과 직결되고 밀착되어 있는 기독교인이 어째서 이북의 숙청 대상이 되었는가를 김일성의 모순론이 설명해준다. 미움의 대상자 가운데 돈을 많이 가진 부르주아 자본가가 있다. 그들은 부를 유지하기 위해 미 제국주의자와 직결해야 한다. 그래서 이들에게서 미국을 멀리 떼어놓아야 하는데 그 방법은 한국에서 미군을 내보내는 것이다. 미군을 철수시키기 위해 계속적인 투쟁이 절대적으로 필요하다는 것이다. 이런 투쟁을 계속하는 자만이 '새 인간'이고 공산주의자라는 것이다. 여기에 참 휴머니즘이 있다는 것이다.

'새 인간'의 계급투쟁이 휴머니즘과 연결되는 또 다른 측면이 있다. 한반도 반쪽을 미 제국주의자가 점령하고 있는 한, 다른 쪽에 있는 옛 부르주아나 지주가 미 제국주의자와 결탁해 이제까지 이룩한 이북 사회주의 건설마저 뒤엎을 가능성이 있다는 것이다. 따라서 계급투쟁은 결코 중단되어서는 안 되고 수정주의적 휴머니스트 역시 되어서는 안 된다는 것이다. 결코 수정주의적 휴머니스트가 되어서는 안 되기에 계속해서 당에 속한 사람들을 혁명의식화하고 노동계급화해 '새 인간'을 만들어야 한다는 것이다. 공산주의자들은 노동자와 농민 등 모든 인민을 혁명화해 '새 인간'을 만들어 한반도에 참된 휴머니즘이 꽃필 수 있게 해야 한다고 주장한다. 김일성은 말한다.

사회주의와 공산주의를 일으키는 과정은 노동자, 농민, 인텔리겐치아를 포함한 사회 전 구성원을 혁명화는 과정이다.[74]

그런데 '새 인간'의 출현 없이는 사회주의와 공산주의는 불가능하다. 따라서 계속적인 혁명적 투쟁을 해낼 '새 인간'이 계속 요청되고 있다.

이북 공산주의자는 모든 사람이 공통적인 인간 본능을 가졌다는 서구 철학의 인간관을 배격한다. 인간 본성이 계급과 관계없이 공통된다고 믿으면 투쟁이 불가능하기 때문이다. 그러므로 그들은 모든 사람이 각기 자기의 계급적 배경이 표처럼 낙인찍혀 있다고 믿는다. 그렇다고 이 말이 개인은 태어날 때 가졌던 계급의 기원에 영향을 받아 그의 행동이 사전에 결정된다는 뜻이 아니다. 반대로 누구나 자기 계급의 위치를 후천적으로 전이시킬 수 있다. 즉, 이데올로기적 혁명이 가능하다는 것이다. 그러나 김일성은 인간 의식의 변화가 얼마나 어려운 것인가를 긍정한다. 그는 말한다.

사회주의의 물질적 기초를 놓는 것은 비교적 쉽다. 그러나 인간의 의식을 다시 구성하는 것은 매우 어렵다.[75]

프롤레타리아와 부르주아는 근본적으로 서로 적대적이다. 그 둘 사이에는 공통적인 성격이 없다. 그러나 부르주아가 사회주의적 변화를 받아들일 길은 열려 있다. 이러한 변화는 부르주아의 자연적 성향에 반대되는 것이다. 비록 어렵지만 그들을 변형시키는 일은 가능하다. 김일성과 그 일파는 일부 부르

---

74) Kim Il Sung, *Selected Works*, Vol. 4(Pyongyang: Foreign Languages Publishing House, 1972), p. 433.
75) 같은 책.

주아가 그 출생 가문 때문에 어쩔 수 없이 그 계급에 속해 있지만 후천적으로 그 계급에서 벗어나 혁명의 대열에 참가할 수 있는 가능성을 열어주기 위해 의식의 변화를 말하는 것이다. 이 변화의 가능성은 계급투쟁의 축소를 의미하지 않는다. 오히려 프롤레타리아와 부르주아 간의 투쟁은 양보할 수 없는 계급투쟁이다. 여기서 급진적인 계급투쟁과 계급 전이의 가능성이 둘 다 주장된 셈이다. 이런 '새 인간'으로의 변화는 힘들지만 그 가능성을 열어놓음으로써 부르주아계급의 전향을 유도하고 있다.

계급의 전향은 재교육의 과정을 의미하고 이념적인 재구성은 사상의 개혁이나 혁명화를 의미한다. 김일성은 계급 전향을 위한 주요 목표를 제시하고 있다. 그것은 사상의 개종인데, 곧 인간의 개조이다. 개인 개조의 첫 번째이자 기본적인 것은 이기주의, 개인주의를 뽑아버리는 일이다. 대체로 소시민이 갖고 있는 마음이 자기 자신만을 생각하는 개인적인 이기주의이다. 농부도, 인텔리겐치아도, 노동자도 아직 의식화되고 혁명화되지 않는 한, 개인주의적인 이기주의에 사로잡혀 있다. 오랜 봉건주의와 자본주의에 찌들어 있는 사람은 자기 목숨 하나를 부지하는 데만 관심을 기울이기 때문이다. 사람들은 대체로 개인주의적 이기주의에 물들어 있다. 따라서 '새 인간'을 만드는 것, 즉 혁명 의식을 가진 인간으로 개조하는 것은 이기주의를 뿌리째 뽑아버릴 때 가능하다. 김일성에 의하면 사람들을 혁명화하는 것은 사람들의 마음에서 부르주아적 개인주의와 이기주의를 뽑고 그 대신 공산주의적 의식, 즉 전체에 마음을 주고 모두를 염려하는 마음을 집어넣는 일이다.

혁명화한다는 것은 사람을 혁명적인 사람으로 바꿔놓는 것을 의미하는데, 이런 혁명적인 사람은 자기의 개인적인 이해를 희생하면서 당을 위해, 혁명과 대중을 위해, 인민을 위해 불이나 물을 두려워하지 않고 헌신적으로 싸우는 강한 의지를 가진 자이다.[76]

사상 개조나 이념적 혁명은 그것이 무엇을 의미하는지 아는 것만으로 끝날 수 없다. 김일성에 의하면 "혁명화의 문제는 혁명적인 실천을 통해서만 해결될 수 있다".[77] 마르크스-레닌주의의 진리는 한반도 혁명의 실천과 연계되어 있고 또한 그것의 실천적인 이데올로기를 낳았다. 그것이 곧 김일성의 '주체사상'이다. 그에게 있어 마르크스-레닌주의를 공부하는 것은 그것의 내용을 이론적으로 암기하는 것을 의미하지 않는다.

> 오히려 그것은 이 이론의 혁명적인 본질을 파악해 그 기초 위에서 과학적으로 보편타당성 있게 만들어, 일상적인 사건과 혁명적 투쟁의 경험들로부터 정확한 결론을 이끌어내어 그것들을 과업에서 이뤄져야 할 실천에 적용하는 것이다.[78]

김일성은 1956년부터 이상과 같은 구체적·실천적 적용에 관해 동료들을 격려했다. 마르크스-레닌주의를 이론적으로 배운 다음에는 한반도에서의 공산주의적 혁명의 특수성을 조사·분석해 한반도 혁명에 구체적으로 적용 및 실천하라고 동료들에게 강력하게 천거했다. "이것이 우리들의 문제를 실제적으로 해결하는 길이다"[79]라고 김일성은 단언한다. 이것을 위해 '새 인간'의 출현은 필수적이다.

김일성의 '새 인간'은 곧 주체의 사람이다. 김일성의 '새 인간'을 이해하기 위해서는 그의 주체사상을 알아야 한다. 김일성에 의하면 주체를 세운다는 것은 자기 나라의 실제적인 조건에 부합되도록 하되 주로 자기 자신의 노력

---

76) 같은 책, p. 434.

77) 같은 책, p. 439.

78) 「조선노동당 제3차 대회 중앙위원회 과업에 관한 보고서」, 1956년 4월 23일 자.

79) Kim Il Sung, *Duties of Literature and Arts in our Revolution*(Pyongyang: Foreign Languages Publishing House, 1972), p. 47.

에 의해 혁명과 건설의 모든 문제를 제 힘으로 해결하는 원리에 충실한 것을 의미한다. 이것이야말로 현실적이고 창조적인 입장인바, 이러한 입장은 교조주의를 반대하고 또 혁명운동의 경험을 자기 나라의 역사적 조건과 그 특수성에 맞춰 적용하는 것이다. 이러한 주체적 적용은 다른 사람들에게 의존하는 정신을 배제하고 자기 책임 아래에서 수행한다는 독립적인 입장과 태도를 나타내고 있다. 1972년 10월 이북을 방문한 일본의 한 기자와의 인터뷰에서 주체사상에 관한 질문을 받은 김일성은 다음과 같이 대답했다.

> 한마디로 주체란 혁명과 건설의 주인은 대중으로부터 나온다는 뜻이다. 다른 말로
> 하면 자기 자신의 운명의 주인은 자기 자신이며 자기의 운명을 개척해 나아가는 원
> 동력도 자기 자신 안에 있다.[80]

오랫동안 강대국들의 눈치를 보고 살았던 한민족에게 주체 의식은 실로 긴요하다. 더구나 미·소 강대국의 분단 정책으로 두 동강난 한민족에게 주체사상은 좋은 이미지를 심어주었음이 사실이다. 따라서 김일성의 주체사상 확립 운동은 이북 민중의 삶과 사고방식에 있어 근본적인 변혁을 가져다주었다. 그리고 이북 사회의 혁명 투쟁과 건설 사업에 굉장한 힘을 제공했다. 물론 김일성의 주체사상은 중공과 소련의 분쟁과 거기서 오는 정치적 갈등으로 생긴 어쩔 수 없는 제스처라는 비판을 받고 있으나 이북의 국제적 지위와 이북 주민들의 민족적 긍지를 세우는 일에 절대적인 공헌을 했음을 부인할 수 없다. 김일성의 말에 의하면, 주체사상의 확립으로 이북에서는 자기의 고유한 것들을 업신여기거나 외국의 것들을 무분별하게 삼키는 따위의 일이 사라

---

80) ≪근로자≫, 11월 호(1972년), 2쪽.

졌다는 것이다. 외국인에 대한 사대사상이나 아첨 따위 — 민족적 허무주의 — 그리고 교조주의 등이 당원들이나 인민에게서 제기되었다고 자신한다. 그 이후 이북을 다녀온 학자들의 보고서를 보아도 주체사상은 이북 사람들에게 심대한 영향을 끼쳤음이 사실이다. 정치에서의 독립, 경제에서의 자립, 국가 안보에서의 자립 국방 등은 주체사상의 구체화이다. 이북 공산주의자들은 주체사상이라는 혁명적인 깃발 아래에서 그들의 나라가 완전한 독립과 주권을 가지고 경제적으로 견고한 자립을 유지하며 강력한 자립 국방과 빛나는 민족문화를 가진 사회주의국가로 변화되었다고 주장한다. 이런 주체사상은 생사를 거는 투쟁과 계급 적대감에 의해 실현될 수 있다고 말한다.

이북 공산주의자들에 의하면 주체사상은 인간이 독립적인 삶을 사는 사회적 존재라는 사실을 확립하고, 따라서 인간이 독립성을 잃으면 그를 사람으로 인정할 수 없다는 것이다. 이것은 인간의 본성을 아주 분명하게 정의한 셈인데 물질적인 세계와 사람의 관계에서 사람과 다른 생물의 차이점도 분명히 정의한 셈이다. 독립성, 자립성이 모든 생물 가운데 유독 인간을 특출하게 만드는 것이다. 따라서 독립성을 무시하는 것은 인간 자신을 무시하는 것과 마찬가지이다. 인간의 역사란 인간이 독립과 자립을 위해 오랫동안 끌어온 투쟁을 통해 이어지고 있는데, 그 이유는 인간이 세계에서 가장 귀한 존재이고 또한 가장 강력한 존재이기 때문이다. 인간이 모든 것의 중심에 있고 모든 것은 인간에게 봉사해야 한다.

실로 김일성의 주체사상은 공산주의적 휴머니즘의 핵을 이루고 있다. 이북 언론, 잡지 등에 계속 나타나고 있는 바와 같이 김일성의 주체사상 자랑은 꼬리를 물고 있고 그것을 모든 인민이 학습하고 있으며 심지어 외국에서 그것을 배우러 온다고 크게 선전하고 있다. 그들은 김일성의 주체사상은 김일성이 얼마나 인민을 사랑하고 관심하고 있는가를 보여준다고 찬탄하고 감사

한다. 김일성은 인민이 주인이라는 대목을 반복하면서 강조한다. 그는 한민족이 외국의 강점이나 위협 아래 종살이하고 배고프고 고난받은 사실, 특히 일제의 핍박으로 인해 겪은 슬픈 사실을 상기시키면서 민중이 주인임을 역설한다. 주체사상은 이러한 때맞은 호소력을 통해 설득력 있게 이북 주민에게 퍼져나갔다. 그해 이북 기자나 저술가는 김일성이 자기 민족을 가난과 종살이에서 해방시킨 장본인이고 그가 지금도 민중을 사랑해 음식, 옷, 집을 제공해준다고 선전하고 있다. 여러 해 전 남북적십자대화를 통해 이북을 방문했던 한국 기자가 소개한 것처럼 어린이까지도 머리에 꽂은 꽃 등 장식품이 김일성의 하사품이라고 믿고 있을 정도로 김일성이 우상화되었던 것이다. 이른바 공산주의 제도로 먹을 것이나 입을 것, 심지어 학용품까지 배급제가 되니 모든 것이 김일성이 주는 선물로 둔갑했다. 어린이들의 머리가 세뇌될 수밖에 없을 것이다.

김일성은 주체적 인민과 주체적 나라인 이북과 반대로 한국은 미 제국주의자의 꼭두각시 노름을 한다고 비난했다. 그는 극심한 착취로 인해 한국 민중이 태산 같은 근심과 걱정 속에 산다고 비난했다. 한반도의 남반부 인민이 아직도 가난과 종살이를 면치 못하고 있다고 선전한다. 그들이 그렇게 된 배경은 미 제국주의자들 때문이라는 것이다. 미 제국주의자들이 소수의 부르주아와 짜고 민중을 억압하고 있기 때문이라고 주장한다. 이것은 곧 남반부 민중이 주체사상이 없기 때문이다. 남반부에 세워진 역대 정권들이 미국에 종속되어 민중의 아픔에는 관심이 없고 오직 미국에 아부하고 의존한 결과로 그런 불행한 처지로 전락했다고 비난한다. 한국 노동자의 열악한 노동 현장과 저임금을 문제 삼으면서 한국의 지도자들이 억눌리고 짓눌리는 민중의 아픔에는 무관심하고 오로지 미국에 아부만 하고 있다고 비난한다. 그렇기 때문에 이북 공산주의자들에게는 "혁명의 위대한 과업은 현 단계에서 한국 인민을 제국주의자들의 억압에서 해방시키고 민주적인 전선을 형성해 나라를 재통일하는 것"[81]이라고 김일성은 역설했다. 이것을 위해 이북의 공산주의자들은 한반도의 과거와 현재를 주체사상의 관점에서 연구해 주체적 시각으로 한국 민중을 해방시켜야 한다고 역설했다. 젊은이들을 혁명적인 전통에 따른 계급 교육을 통해 훈련시켜 주체의식을 분명히 가지도록 해 '새 인간'으로 등장시키고 민족해방운동에 동참하게 해야 한다는 것이다. 따라서 이북에서 발행되는 거의 모든 서적과 논문은 한국 민중을 위한 피비린내나는 계급투쟁으로 인민을 교육시키기 위해 정치, 경제, 문화 등의 제 활동이 그 일에 동원되어야 할 것을 주장하고 있다. 즉, 이북의 문화란 계급투쟁을 고취시키기 위한 도구에 지나지 않다. 김일성은 "이런 문화운동이 인민을 위한 참된 문화로서 사회주의적 노동자들을 섬기고, 또한 혁명적인 투쟁과 건설적인 과업에 적극적으로 공헌하는 전투적이고 혁명적인 문화"[82]라고 주장한다. 우리는 여기서 이북의 예술이 그토록 혁명적인 정치색을 띠는 이유를 이해할 수 있다. 문화적이면서 이데올로기적인 혁명은 인간 의식의 영역에서 자본주의를 깨끗이 제거시키기 위한 날카로운 계급투쟁인바, 그것은 결국 "모든 노동자들로 하여금 구식의 모든 이데올로기적인 속박에서 완전하게 자유하게 해 그들을 진보적인 노동자 계급의 이상, 즉 공산주의적 이상으로 무장"[83]시키도록 하기 위함이다. 공산주의적 이상을 가진 사람이 곧 '새 인간'이고 이 '새 인간'이 참 인민이기 때문이다.

만약에 마르크스-레닌주의를 통해 계속적으로 일반 대중의 계급의식을 일

---

81) Kim Il Sung, *Duties of Literature and Arts in our Revolution*, p. 59.

82) Kim Il Sung, *Report on the Work of the Central Committee to the Fifth Congress of the Workers' Party of Korea*(Pyongyang: Foreign Languages Publishing House, 1970), p. 72.

83) 같은 책, p. 73.

깨우고 주체 의식을 통해 이데올로기적 혁명을 강화시키지 않으면 부르주아적 관념이 다시 활개치고 따라서 노동자들의 혁명의식이 마비되면 결과적으로 사회주의 체제뿐 아니라 이미 얻은 혁명의 결실마저 모두 파괴될 것이라고 김일성은 생각했다. 이 때문에 그는 이념적·계급적인 싸움을 열정적으로 수행할 것을 결의했고 다른 모든 과업에 앞서 그것을 우선순위 과제로 삼았다. 부르주아와의 대결 의식을 소멸시키지 않고 있을 때 계급투쟁이 효과적으로 수행될 것이기에 노동자, 농민의 계급의식이야말로 김일성이 주장하는 '새 인간'의 핵심 구성 요소이다. 공산주의적 '새 인간'은 다른 어떤 성격의 사람이기에 앞서 계급투쟁적인 성격의 사람이어야 한다는 것이다. 그러므로 노동자와 농민이 다른 어떤 성격의 사람이기에 앞서 스스로를 부르주아와 대결해 투쟁하는 노동자계급, 농민 계급의식으로 확고하게 무장할 때 그들이 진짜 공산주의자로 바뀐다는 것이다. 계급의식 교육의 목적은 노동자와 농민이 "미국 제국주의자와 일본의 군국주의를 인민이 미워하는 마음을 심화시켜주는 것"이다. 그리고 "모든 인민을 이데올로기적으로 굳건하게 준비시켜서 미국 제국주의자들을 남반부로부터 몰아내고 민족의 통일을 위한 혁명적인 과업을 완전하게 수행하도록 싸우는 일이다".84)

이북에서의 인간은 혁명적 실천으로 단련된 사람이다. 혁명적인 실천이란 인간의 이데올로기적 의식을 재구성하는 하나의 강력한 수단이 된다. 그래서 이북 사람들은 계속적으로 혁명적 실천을 통해 교육을 받으면서 열렬한 실천적 투쟁의 과정에서 혁명가로 자랐다. 자연도, 사회도 재창조하면서 이른바 주체사상 교육으로 훈련을 받았다. 저들의 인간성을 계급적 성격으로 규정하는 한, 적대적 위치에 있는 계급과의 투쟁은 너무나 자연스러운 그들의 인간

---

84) 같은 책, p. 75.

성으로 발전되었을 것이다. 여기서 우리가 주의할 것은 이 인간성이 참된 휴머니즘을 위한 것이라는 저들의 주장이다. 김일성에 의하면 제국주의자들, 부르주아의 인간성은 본래의 인간성에서 이탈되었는데, 그들이 자기들의 행복만 추구하고, 자기들의 부에만 만족하고 있기 때문이다. 가난한 자를 착취하고, 약한 자를 억압해 행복을 누리고 부를 축적하는 저들의 본성은 비인간적이라는 것이다. 강한 자, 있는 자끼리만 희희낙락할 뿐, 오히려 없는 자, 약한 자의 가죽을 벗겨 먹는 부르주아야말로 금수와 같지 사람이 아니라는 것이다. 따라서 이러한 못된 것들에 대항해 미워하고 싸워나가는 자들은 의로운 자들이다. 눌리지 않고 저항하며, 꺾이지 않고 일어나는 혁명적 투쟁의 사람은 그래서 위대하고 참 인간적이다. 계급투쟁은 바로 이러한 참 휴머니즘을 위해 필수적인 것이다. 바로 이 때문에 제국주의자들이나 부르주아의 인간 보편성 주장은 무가치하고 오로지 계급의식을 지니고 혁명적인 투쟁을 하는 인간만이 참 휴머니스트가 된다는 것이다. 이렇게 만들어진 인간성이 곧 계급적 본성이라는 것이다.

계급적 본성이라고 일컬어지는 본성을 가진 사람은 눌린 사람을 그토록 사랑하기 때문에 인간을 억압하고 착취하는 자에 대항해 투쟁을 하지 않을 수 없다. 계급적 본성은 그래서 양면성을 지닌다. 하나는 사람을 향한 사랑이요, 다른 하나는 약한 자를 억압하고 착취하는 자에 대한 미움이다. 이북 학자인 김형일은 ≪근로자≫에서 「계급적 본성과 인간의 본성」이란 글을 통해 두 본성을 분석한 바 있다. 그에 의하면 마르크스주의자들은 인간에 관해 말할 때마다 언제나 그 인간의 사회와 계급의 관계를 염두에 둔다는 것이다. 그리고 인간의 본성에 관해 말할 때마다 계급적 본성을 전제한다는 것이다. 그리고 "프롤레타리아들은 계급적 본성과 인간의 본성이 통일되어 있다고 믿는다. …… 그들의 계급적 본성은 가장 위대한 인간의 본성이다"[85]라고 그는 결론내린다. 또 다른 이북 학자인 황영식은 역시 ≪근로자≫에 실린 「사회주의와 인간의 성격」이라는 글에서 보편적 인간성에 관한 도덕적 규범을 비판했다. 그에 의하면 보편적 인간이라는 원리는 강한 자와 지배자가 인민을 착취하고 억압하는 일에 악용되어왔다고 한다.[86] 역시 이북 학자인 강성만도 프롤레타리아의 미학에 관해 ≪근로자≫에 글을 발표하면서 아름다운 인간성은 당에 대한 충성심, 노동에 대한 사랑, 불붙는 투쟁 정신, 단순성, 겸손, 혁명적 낙관주의 등이라고 설명하고 있다.[87] 또 다른 이북 학자인 김상기는 인간의 정신을 '사회주의 애국심'이라고 불렀다.[88] 그는 또한 전체주의를 공산주의적 도덕성 중 하나라고 언급했다. 그의 논문은 '젊은이들을 위한 도덕교육'을 제창하고 있는데 거기에서 그는 그런 인간성을 주장하고 있다. 이러한 교육으로 훈련받은 이북 젊은이들의 인간성이 어떻게 변모되었는가는 자명하다.

이북 공산주의 사회에서는 자유, 평등, 진리 등의 문제가 계속적인 계급투쟁과 분리되어 생각될 수 없다. 평등성이란 각 개인이 그 얻을 수 있을 만큼의 돈이나 권력을 추구할 수 있는 동등한 권리를 가지고 있다는 것이 아니다. 부르주아는 프롤레타리아와 똑같이 평등해서는 안 된다. 부르주아에게 자유가 주어져서는 안 된다. 오히려 프롤레타리아독재가 부르주아에게 안겨져야 한다. 진리의 문제도 자유나 평등의 문제처럼 권력과 계급투쟁의 문제와 따로 생각될 수 없다. 진리는 계급적 성격이 있기 때문이다. 그런 까닭에 김일성은 계급을 초월하는 진리는 없고 그런 추상적인 진리는 인정할 수 없다고

---

85) 김형일, 「계급적 본성과 인간의 본성」, ≪근로자≫, 제13권(1963년), 13쪽.
86) 황영식, 「사회주의와 인간의 성격」, ≪근로자≫, 제9권(1964년), 24쪽.
87) 강성만, 「인간성, 문화, 그리고 아름다움」, ≪근로자≫, 제12권(1964년), 30쪽.
88) 김상기, 「젊은이들을 위한 도덕교육」, ≪근로자≫, 제9권(1963년), 9쪽.

단언한다. 진리는 대중을 위한 투쟁에서 온다고 김일성은 말했다.[89] 억압받는 인민을 위한 구체적·역사적인 투쟁에 참여함이 없이 진리를 추구하는 것은 강한 자를 위해 보호막을 만들어주는 셈이고 누가 적인가의 문제를 혼란시킬 뿐이다. 이북 공산주의자들이 관심하는 진리는 학술적 진리가 아니라 실천적인 진리로서 인민에게 자유를 제공하는 진리이다. 이런 이유로 김일성은 과학자, 기술자, 전문인, 예술인, 음악인 등의 삶은 계급투쟁에서 떠나 있어서는 안 된다고 언명했다. 어느 누구도 사회의 상황 밖에 서서는 안 된다. 학자도, 예술가도, 기술자도, 저술가도 그들의 지식과 전문성을 보통 사람들 위에 두는 것은 잘못이다. 그 모든 것이 민중을 위한 것이 되어야 한다. 이러한 김일성의 주장은 진리의 계급성과 일반 보통 사람들의 우위성을 전제로한 것이다.[90]

이북의 이데올로기는 계급투쟁과 대중을 연계시키려 노력하고 있다. 이두 가지 주제가 김일성 사상의 핵심에 깔려 있고, 그가 이끄는 당의 실천 저변에 있다. 권위를 행사하는 주권과 권한이 어디에서 나오는가? 한반도의 역사를 변혁시키기 위해 자연과 사회의 변혁을 추동하는 힘으로서 누가 일을 해야 하는가? 계급투쟁을 수행함에 있어 핵심인물은 누구인가? 등의 문제에 대한 대답으로서 오직 하나의 대답이 있을 뿐이다. '대중'이다. 이런 이유로 이북에서 발행되는 모든 정치적 문서가 대중에 대한 찬양으로 가득 차 있고 대중의 지도적 역할을 인정하고 있다. 정부의 권력을 가능하게 하는 것도 대중이요, 계급투쟁의 핵심 수행자도 대중이요, 사회와 자연의 변혁자도 대중이다. 우리는 여기서 기독교의 개인주의적 신앙과 공산주의의 대중 개념이 근본적으로 반대되는 개념이라는 것을 알아야 한다. 바로 여기에서 기독교와

---

89) Kim Il Sung, *Duties of Literature and Arts in our Revolution*, pp. 2~3.
90) 같은 책, p. 9.

공산주의가 어쩔 수 없이 대결할 수밖에 없는 기본적 차이점을 발견한다. 부언하면 양자의 대화가 이뤄지기 위해 공산주의가 '개인'의 차원을 이해하든지 아니면 기독교가 '대중'의 차원을 이해해야 할 것이다. 서로가 상대방의 다름을 이해하지 못하는 한, 서로는 영원히 만날 수 없을 것이다. 이북 공산주의에서 대중은 혁명의 전위부대이다. 대중이 혁명 부대이다. 김동규는 대중에 대해 다음과 같이 설명하고 있다.

> 문제를 혁명적으로 또 과학적으로 해결하는 길은 오직 혁명적 대중을 통해서만 가능하다. 대중이 우리들의 선생이오, 거울이다.[91]

이들 대중이 '새 인간'이다. 이북 공산주의자들에 의하면 대중의 뜻에서 나오지 않은 정책은 옳지도 않고 효과도 없다. 혁명의 모든 승리와 성취 그리고 나라의 건설이 대중의 정책을 수행하면서 마르크스-레닌주의를 고수한 결과, 즉 당이 대중의 뜻을 수행한 결과라는 것이다. 김송학은 ≪노동신문≫에서 "대중의 정책이 우리 당의 모든 활동의 기초이다"라는 글을 썼는데 거기서 그는 다음과 같이 말하고 있다.

> 대중의 정책이야말로 우리 당의 모든 행동의 견고한 기초이다. 대중은 우리나라의 역사적 발전에 있어서 대중의 결정적인 역할에 관한 마르크스-레닌주의의 원칙 위에 근거하고 있다.[92]

---

91) 김동규, 「당의 정책수행과 혁명적 정신」, ≪근로자≫, 제2권(1967년), 2~7쪽.
92) 김송학·정달곤, "대중의 정책은 우리 당의 모든 활동의 기초이다", ≪노동신문≫, 1965년 9월 18일 자, 2~3면.

모든 것의 근원에 민중을 두고 민중에게서 모든 힘과 정책이 나온다고 주장하는 이북 공산주의자들의 지도 방법은 실로 대중을 움직이는 설득력을 지녔음이 틀림없다.

그 때문에 "대중에게로 가라"라는 구호는 이북 사회에서 반복되고 있다. 이북 공산당의 간부들은 관료주의와 명령 위주의 행정에 대해 지속적으로 경고를 받고 있다. 민중을 위한 당, 민중을 위한 행정이어야지 관료적·위압적인 태도를 절대로 가져서는 안 되고 그러한 태도를 가진 관료는 악으로 규정되어 경고를 받는다. 김동규는 다음과 같이 지적한다.

> 관료적인 사무 처리 방법 그리고 대중에게 의존하는 것을 거부하는 자세를 가지고 자기의 '잔꾀'를 발휘해 대중에게 명령만을 내리는 것은 대중을 지도하는 당의 역할에 가장 해로운 것이다. 또한 대중을 위해 프로그램을 실시하기 위해 사람들을 조직하고 동원할 때도 역시 해로운 것이다.[93]

양형섭 역시 거의 비슷한 견해를 피력하고 있다. 그에 의하면 당의 일꾼들은 반드시 대중에게로 가야 한다. 그렇지 않으면 그들은 자신이 출생한 계급을 잊어버릴지 모른다. 그래서 당의 정신과 계급 정신을 멀리 떠난 자세에 빠져버릴 위험성이 있다는 것이다. 그는 계속해서 다음과 같이 말하고 있다.

> 대중에게로 가지 않는 노동자들, 노동자의 교육과정에 참여하지 않는 노동자들은 대중의 혁명적인 정신을 경험하지 못할 것이다.[94]

---

93) 김동규, 「당의 정책수행과 혁명적 정신」, 7쪽.

94) 양형섭, "우리는 당원들과 노동자들을 혁명화해야 한다", ≪노동신문≫, 1965년 9월 17일 자, 2~3면.

노동 현장의 구체적 현실을 붙들지 못한 자는 결국엔 관료주의와 주관주의의 오류를 범하게 된다는 것이다. '대중에게로'라는 구호는 한갓 입술의 구호가 아님을 여기서 알 수 있다. 구체적인 노동 현장에 대중이 있다는 사실을 전제할 때 '대중에게로 간다'라는 것은 대중과의 구체적인 만남이고 일치감과 동지 의식을 갖는 것이며 결합되고 뭉치는 것을 의미한다.

따라서 여기서 말하는 대중은 힘없는 군중이나 오합지졸의 군중이 아니다. 그들은 혁명적인 대중이다. 당이 배워야 하고 당이 그 뜻을 받들어야 할 대중은 계몽되고 의식화된 혁명적인 '인민'이다. 그러면 이들이 어떻게 해서 계몽되고 의식화되는가? 혁명적인 이념과 공산주의 이념으로 세뇌시켜야 가능하다. 그러면 누가 그 일을 하는가? 공산당이다. 이북 공산당이 아무것도 모르는 대중을 다시 만들어내어 그들의 계급의식과 혁명적인 정신을 고양시켜야 한다는 것이다. 앞에서 언급한 바 있는 김송학과 정달곤은 다음과 같이 주장한다.

우리(공산당)가 인민의 머릿속에 남아 있는 옛 생각의 모든 잔재를 제거해버리고, 그들을 공산주의 이데올로기로서 교육하며 그리고는 계속적으로 계급의식과 혁명적인 정신을 고양시킬 때만이 우리는 그들로 하여금 그들의 자의식적 열심과 창조적인 힘을 표현할 수 있게 하며 그때 성공적으로 혁명과 건설을 촉진할 수 있다.[95]

이렇게 되면 결국 대중은 당에게 이끌림을 받는 처지에 이른다. '모든 힘은 대중으로부터!'라고 공산주의자들이 외쳐대고는 있으나, 그 대중이 대중의 노릇을 하려면 당의 혁명적인 지도 노선에 복종해야 한다. 즉, 마르크스-

---

95) 김송학·정달곤, "대중의 정책은 우리 당의 모든 활동의 기초이다", 3면.

레닌주의에 철저한 대중이 되어야 한다. 따라서 '모든 힘은 대중으로부터'라는 구호는 '모든 힘은 당으로부터'라고 바뀐다. 여기에 공산당의 일당독재 이론의 근거가 있다. 프롤레타리아독재, 즉 인민대중의 독재는 결국 공산당 독재로 끝난다. 당의 유일사상(공산주의 사상, 마르크스-레닌주의, 김일성의 주체사상)에 민중은 절대복종을 강요받는다.

'유일사상'이란 말은 이북의 이념을 다룬 글 속에 자주 보이는 낱말이다. 예컨대 ≪근로자≫, ≪노동신문≫, ≪역사과학≫ 등에 자주 나온다. ≪근로자≫의 논설자는 다음과 같이 유일사상 확립의 필요성을 역설했다.

> 당의 유일사상 확립은 혁명가들과 공산주의자들의 최고의 의무이다. 가장 긴급한 과제이다. 우리가 당을 통해 의지와 행동의 완전하고 무조건적인 통일을 성취해 어떤 어려움과 방해물도 극복하고 혁명적인 투쟁을 승리로 이끌 수 있을 것이다.[96]

당의 절대적 유일사상의 필요성은 결국 이북에 개인숭배의 길을 터놓았다. 즉, 김일성이 절대적인 위치에 앉게 되었고 결국 김일성의 우상화로 변질되고 말았다. '모든 힘은 민중으로부터'가 '모든 힘은 당으로부터'로 바뀌더니, 결국 '모든 힘은 김일성으로부터'로 귀결되고 말았다. 여기에 이북 공산주의의 근본적인 모순이 드러난 것이다. 통일성이란 전체주의적 체계에서는 어쩔 수 없이 단일성을 띠게 된다. 이 단일성에는 절대성이 붙는데 이 절대적 단일성을 세우기 위해서는 한 사람이 등장할 수밖에 없다. 그리고 절대자 신을 제거한 사회에서는 한 사람의 절대자가 나오기 위해 그 주변은 단일 체제로 구축되고 그 사람은 우상화되는 것이다. 이러한 필연성의 과정을 김국진

---

96) ≪근로자≫, 제5권(1969년), 7쪽.

은 ≪근로자≫에서 다음과 같이 서술하고 있다.

당의 투쟁적 기능과 그 지도적 역할은 그것의 완전하고 무조건적·이데올로기적 유일
성에 의해서만 강화될 수 있다. 당의 이념적 통일은 다음으로 한 위대한 지도자가 당
의 우두머리로서 있을 때만 성취될 수 있다. 그러면 전체 당원이 지도자의 단일 지도
체제 아래에서 유일한 지도 정책으로서의 지도자의 혁명적 사상과 함께 하나의 유기
적인 몸처럼 움직여나간다. 만약에 지도자의 사상 외에 다른 어떤 사상이 존재한다
면 당은 일반 클럽 식의 조직처럼 끝장나고 말 것이다. 그때는 갖가지의 기회주의, 무
질서, 자유주의 등등이 부추겨지고 따라서 전체 당원의 강철 같은 일치와 단합이 성
취될 수 없을 것이다.[97]

이런 식의 김일성 아부파의 논리와 실천을 근거로 김일성은 우상의 자리
에 앉게 된다. 마치 소련에서 스탈린이 마르크스-레닌주의를 빙자해 개인 우
상화의 권좌에 앉은 것과 똑같이 김일성도 스스로 신의 자리에 오르게 된다.
1960년대 이후의 모든 글이 김일성 우상화 작업에 동원되고 있음을 본다. 어
떤 사람이 권력자를 중심으로 충성을 다짐하자고 앞장서면 다른 사람은 거기
에 따르지 않을 수 없다. '위대한 수령 김일성'을 만드는 일은 단일 체제인 이
북 사회에서 너무 쉽게 이뤄진 것이다. 양형섭의 다른 글을 읽어보자.

위대한 지도자에 대한 끝없는 충성은 우리의 혁명적 세계관의 핵심을 이루고 있다.
오직 위대한 지도자만이 역사 발전의 정당성과 우리 시대의 긴급한 요청과 노동계급
의 역사적 임무에 대해 다른 누구보다도 더 잘 알고 있다. 조선 인민은 지도자들 가운
데 제일 위대한 지도자를 모시고 있다.[98]

---

97) 김국진, 「김일성동지의 이론은 당의 지도이념이다」, ≪근로자≫, 제10권(1969년), 49쪽.

또 다른 우상화 추진자 이진현은 조선과 인민의 번영과 발전, 사회주의와 공산주의의 발전이 현명한 지도자 김일성을 떠나서 생각할 수 없는 것이라고 주장했다. 그러면서 김일성을 '위대한 혁명의 지도자', '뛰어난 마르크스-레닌주의자', '언제나 승리하는 강철 같은 지도자'라고 불렀다. 조선노동당 중앙위원회 기관지 ≪근로자≫ 논설자는 김일성을 우상화하기 위해 다음과 같은 요란한 칭찬을 하고 있다.

조선 인민의 혁명적 사업은 그들이 그들의 최전방에 우리의 위대한 지도자 김일성 동지를 얻은 다음에서만 승리와 영광의 길을 따라 전진하기 시작했다. 여러 조상 대대로 혁명적인 가족 안에서 자라신 천부적 혁명의 지도자 김일성 동지는 꿋꿋한 혁명의 폭풍우 속에서 기질이 단련되었다. 그가 나타나서 조국과 인민의 운명을 구체화하기 위해 우리의 혁명대열 앞에 섰을 때 우리의 인민은 생사의 기로에서 거의 목숨만 부지한 채 전멸의 위기에 있었다. 인민은 그들의 투쟁을 승리로 이끌 뛰어난 지도자를 갈망했다. 그는 인민이 따라가야 할 길을 해처럼 밝게 비추었으며 친히 험준한 가시밭길을 뚫고 인민의 혁명적 투쟁을 위대한 승리로 이끌었다.[99]

이북 노동당 기관지는 김일성에게 스탈린에 붙였던 칭호들, 특히 스탈린 집권 후기의 칭호들을 붙여서 불렀다. 김일성을 '빼어난 마르크스-레닌주의자', '우리 시대의 위대한 마르크스-레닌주의자'로 김일성을 칭했다. 그 외이북 정권의 각가지 공식 문서에도 김일성은 '천재적 혁명의 전략가'로 서술되고 '마르크스-레닌주의에 대가 없는 공헌을 한 지도자'로 묘사되었다. 또

---

98) 양형섭, 「혁명적인 세계관과 당 이념 교양」, ≪근로자≫, 제1권(1969년), 34쪽.
99) 사설, 「위대한 지도자 김일성동지의 현명한 지도 아래 있는 우리 인민의 혁명적 과업은 누를 수 없다」, ≪근로자≫, 제4권(1969년), 3쪽.

는 '전 세계 인민이 따라갈 길을 제시한 지도자'로, '국제 공산주의 운동과 세계혁명의 발전에 뛰어난 공헌을 이룩한 분'으로 소개되었다.[100]

김일성을 우상화하기 위해 김일성 유일사상을 창도해 그것을 '주체사상'이라고 이름 붙였다. 그것을 김일성주의(Kimilsungism)로 이름 붙이기도 했다. 1976년 11월 13~14일 일본에서 열렸던 '제9차 주체사상 민족과학 세미나'에 참석했던 사람들의 이름으로 발송된 '위대한 지도자 김일성 동지'에게 보내는 공개서한이 1976년 12월 4일 《평양 타임스(The Pyongyang Times)》에 다음과 같이 실렸다.

> 그 핵심 사상이 주체사상으로 된 위대한 김일성주의는 세계의 혁명적인 인민의 마음을 굳게 사로잡아서 우리 시대의 혁명과 건설의 지도적 원칙으로 봉사하고 있다.[101]

이쯤 되면 김일성 우상화는 그 극을 이룬 셈이다. 처음 김일성의 입으로 '모든 힘은 대중으로부터'라고 시작한 표어는 그 다음 '모든 힘은 당으로부터'가 되더니 결국엔 '모든 힘은 김일성으로부터'로 종결된 셈이다. 여기서 김일성 휴머니즘의 핵인 '새 인간'이념은 결국 김일성 자신과 일치되는 모순을 낳고 말았다. 이북 인민으로부터 하나님을 제거한 김일성은 인민대중을 절대자 하나님처럼 선전했고 그다음에는 인민의 당인 공산당을 우위에 올려놓았고, 이내 김일성 자신이 하나님의 자리에 앉게 된 것이다.

---

100) 이런 칭호들은 《노동신문》, 《근로자》, 《역사과학》 기타 각종 기관의 잡지와 신문 또는 단행본에 무수히 언급되었다.
101) 《평양 타임스》는 평양의 영자 신문이다.

5. 결어

마르크스주의는 스스로를 총체적 휴머니즘으로 이해하고 있다. 그런데 이 휴머니즘은 무신론에 근거하고 있다. 그렇기 때문에 마르크스주의 휴머니즘은 인간의 존재를 무신론적으로 고정시킨 셈이 되었다. 인간의 고귀성이 오랫동안 서양과 세계를 주도했던 전통적 기독교에 의해 무시되어왔다고 주장한 마르크스와 레닌 등은 사회주의와 공산주의의 이름으로 하나님 없는 휴머니즘을 세우기 위해 최선을 다했다. 그러나 사회주의와 공산주의의 정신이 스탈린의 개인 우상화로 인해 시들기 시작했다. 민중을 위한 사회주의의 휴머니즘이 결국 한 사람을 위한 체제로 바뀌자, 사회주의 체제 안에 사는 지식인, 젊은이 사이에 큰 저항이 일기 시작했다. 특히 동구권 마르크스주의 철학자들, 예컨대 샤프, 마호베츠, 가르다프스키 등은 사회주의 휴머니즘의 이상을 기초로 새롭게 반성하기 시작했다. 그들 모두는 마르크스의 '인간이 최고의 존재다'라는 주제에 철저했다. 마르크스 초기 작품의 명제를 근거로 동구 마르크스주의자들은 새롭게 공산주의 휴머니즘을 도출했다. 스탈린의 개인 우상화, 신격화가 비인간화의 근본임을 파헤치면서 참다운 공산주의 휴머니즘은 모든 사람을 행복하게 해주고 자유롭게 살게 하는 것이지 개인 독재에 희생물이 되도록 방치해서는 안 된다는 사실을 분명하게 논구했다. 그들에게 스탈린의 신격화는 민중 소외의 위협적 요소이다. 개인 독재자의 우상화는 소련과 동구권 안에서 무시무시한 절대적 힘을 발휘해 엄청난 소외와 비인간적인 결과를 빚었음을 저들은 분명히 보았다. 수많은 민중이 스탈린의 개인 신격화와 우상화로 인해 투옥되고 저주받고 죽는 아픔을 겪었다. 민중은 한 독재자의 희생물이 되었을 뿐이다. 소련의 공산주의 휴머니즘은 물거품처럼 되어버렸다.

이북에서의 김일성 우상화는 스탈린의 전철을 밟은 것이다. 김일성 우상화는 많은 이북 인민을 소외시키고 비인간화시켰다. 마르크스-레닌주의가 그토록 열심히 내세우려고 한 휴머니즘의 이상을 땅바닥에 곤두박질치게 만든 것이 김일성 우상화이다. 김일성이 신격화된 나머지 그의 말과 생각이 김일성주의로 명명되고 주체사상은 그의 것으로 선전되게 되었다. 물론 김일성의 사상과 이론이 마르크스-레닌주의의 이론과 실천에 현격한 공헌을 했다면 으레 그의 사상이나 이론을 김일성주의, 김일성사상이라고 불러줄 만하다. 그러나 그런 낱말 창작은 그의 독창적인 연구나 공헌 때문이 아니라 그를 이상화하기 위해 그의 측근 아부파가 만들어낸 것이다.

이북에는 실로 김일성의 개인 우상화를 거부·비판해 삶의 의미를 새로운 문제로 제기할 동구의 마호베츠 같은 사람이 요청되고 있다. 인간의 보람되고 아름다운 삶의 기본적 문제에 대한 대답은 우상화된 일인 독재에 의해서도, 당이라는 메커니즘을 통해서도 발견될 수 없다. 마호베츠가 분명히 제시한 대로 그 대답은 '대화'를 통해 찾아질 수 있다. 세계를 변화시켜 사람이 사람답게 살도록 하기 위해서는 우상화되고 신격화된 독재자나 전체주의적 체제에 의해서가 아니라 모두 똑같은 위치에서 상대방을 인정하는 '대화'로서만 비로소 가능하다. '나'와 '너'가 상하의 구별 없이 똑같은 인격체로서 존중하고 존경받을 때 아름다운 삶이 존재한다.

물론 김일성은 그의 여러 연설에서 그의 통치로 인해 이북 휴머니즘의 큰 업적이 이룩되었음을 자랑하며 호언했다. 1968년 9월 7일 이북 정권 수립 20주년 기념식에서 김일성은 이미 이북에는 억압과 착취가 제거되고 경제와 문화가 인민의 피눈물나는 투쟁으로 놀랍게 반전되어 물질적·문화적인 국민들의 생활수준이 꾸준히 나아지고 있다고 발표했다. 그날 그의 연설 내용을 보면 일인당 국민소득이 1946년도를 기준으로 1967년도에는 9배 성장했다

고 한다. 또 1949년도에 비해 4.4배 성장했다고 한다. 김일성은 다음과 같이
보고했다.

> 이제 우리나라에는 방랑자나 거지가 한 사람도 없게 되었다. 노동자는 먹을 음식 걱
> 정, 옷이나 집 걱정을 전혀 하지 않아도 되었다. 아이들의 교육 문제, 의료보험 문제
> 등도 완전 해결되었다. 모든 사람은 축복된 삶을 살 수 있게 되었다. 자기가 하고픈
> 대로 일하고 공부하며 살게 되었다.[102]

그는 그 보고에서 자기가 만든 사회주의사회를 자본주의사회와 비교하면
서 사회주의사회에 사는 이북 사람들이 더 잘산다고 자랑했다. 그에 의하면
그 사회주의사회 안에서는 더 이상 인간의 인간에 대한 착취가 없다고 한다.
사회주의사회는 휴머니즘적인 사회라는 것이다. 그는 자본주의사회는 소수
의 착취자와 억압자에게는 '천국'이지만 국민의 대부분인 피억압자와 피착
취자, 노동자에게는 '지옥'이라고 표현했다.[103] 김일성이 실제로 어느 정도
의 이북 국민의 삶이 '축복'된다고 말하는지 객관적으로 고찰하기 어려우나
이북에 다녀온 분들의 보고서를 종합할 때 배급제를 통해 최소한의 의식주
문제는 해결된 듯하다. 그리고 자본주의사회에서 농민이나 노동자가 당하는
스트레스는 받지 않고 사는 것도 사실인 듯하다. 어떤 분이 교수 봉급이 광부
봉급보다 적다고 말하는 것을 들은 적도 있다. 민중의 삶을 최대한 보장하기
위해 최대한 노력하는 사회라는 인상을 주고는 있다. 그러나 문제는 가르다

---

102) Kim Il Sung, *The Democratic People's Republic of Korea is the Banner of Freedom and Independence for our People and the Powerful Weapon of Building Socialism and Communism*(Pyongyang: Foreign Languages Publishing House, 1971), p. 30.

103) 같은 책. p. 73.

프스키가 주장한 대로 '주체적 정체성'이 없이도 보람되고 축복된 삶이라고 할 수 있겠는가? '부정(否定)과 초월'을 의미하는 '주체적 정체성'을 밑바닥으로부터 거부하는 '개인 우상화'가 존재하는 한, 진정한 휴머니즘으로 성립될 수 있을까? 인간이 인간을 억압하고 착취하는 것이 곧 우상화가 아닌가?

샤프 역시 이북 공산주의자들에게 그들의 사회주의국가가 소외라는 무서운 힘으로서의 권력 구조임을 경고할 것이다. 그러한 무서운 권력에의 의지가 인간을 신격화시켜 김일성을 우상화했을 뿐만 아니라 그의 아들 김정일 그리고 손자 김정은까지 권력의 계승자로 만드는 체제를 만들었기 때문이다. 이러한 철권 정치 구조 속에 어찌 휴머니즘이 있을 수 있겠는가? 실로 이북은 샤프가 제안하는 '사회행복주의'를 받아들여야 할 것이다. 김일성과 김정일의 사후에도 일인 독재의 공산주의가 지배하는 이북 사회에서는 마호베츠의 '대화', 가르다프스키의 '주체적 정체성', 샤프의 '사회행복주의'가 힘을 받는 날이 속히 와야 할 것이다. 아니면 진정한 인민의 행복의 나라의 기능을 할 수 없을 것이다.

제3장 마르크스주의자들의 메시아주의

제2장에서 마르크스, 레닌, 몇 사람의 동구권 마르크스주의자들의 휴머니즘과 비교하면서 이북의 휴머니즘을 다뤘고 이제부터 이북의 메시아주의에 대해 관심을 집중하고자 한다.

우선 '메시아주의'라는 술어의 개념 규정부터 하겠다. 그런데 개념 규정 시도 자체부터 문제인 것이 메시아주의가 너무 광범위하게 쓰이기 때문이다. 따라서 메시아의 여러 가지 개념을 하나의 단순한 범주로 묶어버리는 것은 부당하다. 비록 '메시아'란 술어가 일반적으로는 어떤 나라나 혹은 개인을 해방시켜 구원할 분으로 기대되는 구세주(救世主)로 지칭되고 있더라도, '메시아적(的)' 혹은 '메시아주의'라는 낱말은 아직도 그렇게 엄격한 틀 속에서 사용되지 않았기 때문에 어떤 공통적인 의미로 묶어 놓을 수 없는 것이 사실이다.

이 장에서는 '메시아주의'란 낱말을 목적을 지향하는 진술이 포함된 어떤 것으로 이해하는 것이 좋겠다. 메시아주의는 다음의 선언을 내포한다. 즉, 인간이 오랫동안 소망하고 노력해왔던 어떤 목적을 인간 스스로가 달성할 수 있다는 선언을 내포한다. 인간의 숙원인 모든 사회적 억압의 완전한 제거와 또한 인간이 그의 실존 안에서의 실제 모습과 그가 그의 본질에서 근본적으로 가지고 있어야 할 모습 사이의 구별의 종국적 제거가 인간 스스로의 능력으로 달성할 수 있다는 선언! 여기에 '메시아주의'의 내용이 있다. 그러므로 그런 위대한 임무를 추진하고 선동하는 행위자는 반드시 하나님, 즉 초월자에 의해 임무를 명령받은 신적 메시아를 일컫는 것이 아니고, 오히려 그런 목표를 달성하기 위해 인간이 세운 계획이나 실천을 가속시키고 추진하는 행위자를 일컫는다. 즉, 인간이 인간 자신의 메시아일 수 있다. 구체적으로 말해 '새 인간'이 자기 자신의 메시아일 수 있다. 메시아의 개념이 이토록 신적인 어떤 존재가 아니고 매우 인간적인 차원에서 이해되고 있음을 먼저 이해해야 할 것이다.

공산주의 자체의 종말론적 방향성이 이미 '새 인간'의 개념 규정에서 분명해진다. 공산주의에서 '새 인간'이란 공산주의자이다. 따라서 공산주의자는 이미 메시아주의적인 성격을 띠고 있다고 볼 수 있다. 공산주의란 비록 그것이 과거와 현재에 대해 설명하고 있기는 하지만 그럼에도 그것은 미래에 대한 프로그램이기 때문이다. 공산주의자들의 주장에 의하면 공산주의는 쉬지 않는 운동으로서 계속해서 인간, 자연, 그리고 사회의 미래적 완성의 성취를 위해 뻗어나가는 무엇이다. '미래적인 것(Eschata)'의 성취를 목표로 끊임없이 전진한다. 그래서 최후의 것, 종말의 것을 인간 스스로의 힘으로 달성할 수 있다고 믿고 나아가는 마르크스주의를 그런 의미에서 메시아주의 중 하나로 취급하려는 것이다.

이 장에서는 김일성이 목표하고 나아가던 최후의 것이 무엇인지를 살피고자 한다. 그것을 좀 더 깊게 이해하기 위해 이북 메시아주의의 기초가 되는 마르크스의 미래에 대한 견해를 알아야 한다. 그래서 제1절에서는 마르크스의 유토피아 사상을 다룰 것이다. 그리고 제2절에서 마르크스주의 철학자인 블로흐의 '희망'을 다루려고 한다. 그의 희망은 마르크스의 메시아주의를 현대어로 재해석한 것이고 기독교 사상에서의 희망의 내용을 재해석한 것으로서 기독교 메시아주의와의 비교 연구를 위해 꼭 짚고 넘어가야 할 대목이다. 그리고 제3절에서 김일성의 공산주의적 메시아주의를 다룰 것이다.

1. 마르크스의 유토피아

1966년 4월 노트르담 대학 심포지엄에서 마르크스주의 철학자 니콜라우스 로브코빅츠(Nikolaus Lobkowicz)는 마르크스의 모든 글 안에 메시아의 냄새가 물씬 풍긴다고 주장한 바 있다. 뮌헨 대학 교수인 로브코빅츠에 의하면 메시아주의란 "참 인간의 내재적 탄생을 위해 역사의 활발한 산파로서 봉사하려는 사람의 프로메테우스적인 태도"[1]를 의미한다. 여기서 마르크스는 프로메테우스적인 태도, 즉 신의 힘을 빌리지 않고 인간 스스로의 힘으로 역사를 창조하는 참 인간의 이상을 제시했다고 로브코빅츠는 보았다. 바로 이 프로메테우스적인 이상이 '새 인간'이다.

인간의 인간성이 인간의 노력의 결과라는 생각을 처음으로 품었던 헤겔에서도 이 프로메테우스적인 이상, 즉 '새 인간'이 분명하게 나타나지는 못했다. 헤겔은 항상 인간의 자기 창조 배후에 절대정신(세계정신)이 있어서 역사를 통해 발전하면서 인간이 처놓은 어떤 방해물에도 이 목적을 수행한다고 보았다.[2] 즉, 헤겔은 인간 자신만으로는 메시아가 될 수 없다고 본 것이다.

---

1) Nikolaus Lobkowicz, "Marx's Attitude Toward Religion," *Marx and the Western World*, ed. by Nikolaus Lobkowicz(Notre Dame: University of Notre Dame Press, 1967), p. 332.

2) 프리드리히 니트함머(Friedrich P. I. Niethammer)에게 보낸 헤겔의 유명한 편지들 참조.

초월자를 인간 노력과 성취 배경에 두고 있었다. 그래서 내재론자인 포이어바흐가 이 헤겔의 '정신'을 구체적이고 물질적인 인간으로 대체시켰다. 그런데 포이어바흐는 인간을 현재의 생물적인 인간의 본성과 일치시키면서 헤겔의 역사적 전망을 놓치고 말았다. 그래서 포이어바흐에 와서 프로메테우스적인 태도는 분명히 드러나지 못했다. 물론 포이어바흐는 헤겔의 이른바 '전진하는 괴물'[3])의 무거운 짐에서 자유롭게 된 헤겔의 최초의 제자였지만 그의 전진하지 못하는 인간은 결국 미래에 대해서는 소경일 뿐이었다. 그는 프로메테우스적인 메시아성(性)을 결여했다. 이 점에서 헤겔이나 포이어바흐 모두 인간의 메시아적 성질을 이해하지 못한 점에서 같다고 할 수 있다. 마르크스가 비로소 이것을 해냈다. 헤겔의 목적 — 인간의 자기 창조의 변증법적 목표 — 과 포이어바흐의 수단 — 급진적 내재주의 — 을 묶어 참 프로메테우스적·메시아적 기질을 성취할 수 있었던 사람이 마르크스였다. 마르크스의 인간은 내재적이면서도 분명한 내일로 나아가는 인간이다. 이것이 곧 '새 인간'이다.

일단 누구든지 '새 인간'을 창조하기 원하고 또 일단 이 '새 인간'이 인간의 노력으로만 나타날 수 있다고 믿는 한, 그는 어떤 초월적인 힘을 인정해서는 안 된다. 아니 그런 초월적 힘을 참지 못할 것이다. 바로 그 때문에 마르크스의 메시아적 성향에 근거한 무신론적 마르크스주의자는 필연적으로 전투적·반종교적이 된다. 인간이 삶과 역사를 넘어 좀 더 나은 미래의 희망으로 자신을 살찌우는 한, 그는 프로메테우스적인 행동을 위한 에너지와 결단을 결코 모를 수 없을 것이다. 그러기에 그가 진정 프로메테우스적인 메시아의 태도를 견지하려면 삶과 역사 안에서 있어야 한다. 로브코빅츠는 이렇게 설

Georg W. F. Hegel, *Briefe von und an Hegel: 1813-1822*, Bd. 2(Hamburg: Meiner, 1969), p. 88f.

3) J. Weiss & M. Hess, *Utopian Socialist*(Detroit: MI, 1960), p. 33.

명한다.

한편에서는 궁극적 구원에 대해서 과학 비슷한 확실성을 가지고 예언하고, 다른 한 편에서는 그 예언된 구원이 전적으로 인간의 행동에 의존하도록 만드는 마르크스의 종말론적 철학과 같은 철학은 무신론적으로 될 수밖에 없다.[4]

프로메테우스적인 사람, 즉 '새 인간'은 모든 꿈과 환상을 포기한다. 그는 초월에 대한 모든 희망을 믿는다. 프로메테우스적인 인간은 신의 개입이나 참견이 불가능하다고 믿는다. 그는 자연, 역사, 사회의 모든 법을 완전히 알 수 있고 따라서 조작할 수 있는 것이라고 생각한다. 오직 그러한 사람만이 궁극적인 구원, 즉 '공산주의적 혁명'을 이 땅 위에 실현시킬 수 있도록 결단할 수 있다. 한마디로 마르크스의 메시아주의는 종말, 즉 마지막 일을 세속 역사의 사건으로서 예언한다.

그렇다면 '공산주의 혁명'의 내용은 무엇인가? 첫째로 그것은 계급 없는 사회를 성취함을 목적으로 한다고 공언한다. 마르크스의 마지막 것, 최후의 것에 따르면 공산주의 사회는 프롤레타리아의 소멸이 특징이 될 것이라고 한다. 그것은 이미 1848년 「공산당선언」에서 암시되었다. 마르크스의 글을 읽어보자.

만약 프롤레타리아가 부르주아와의 투쟁 속에서 사정상 어쩔 수 없이 스스로를 계급으로 구성할 수밖에 없게 된다면, 또 혁명의 수단으로서 스스로 지배계급이 되고 그리고 그 자체로서 생산의 옛 조건들을 힘으로 일소시킨다. 그때는 프롤레타리아가 이들 조건과 함께 계급 적대감의 존재나 일반적인 계급들의 존재 조건들을 깨끗이

---

4) Nikolaus Lobkowicz, "Marx's Attitude Toward Religion," p. 334.

치워버리게 될 것이고, 그것으로 인해 한 계급으로서의 그 자체의 뛰어남도 제거해
버리게 될 것이다.[5]

이상의 마르크스 이론에 의하면 눌린 민중이 누르는 계급을 혁명으로 제
거했을 때 거기에 따라 계급 간의 적대 감정을 만드는 조건까지 없어지는 것
이므로 계급 자체가 없어질 것이라고 내다보고 있다. 이것은 곧 부르주아의
소멸인 동시에 프롤레타리아계급도 소멸된다는 것을 의미한다. 바로 이런 사
회가 공산주의 사회라는 것이다. 프롤레타리아가 소멸되는 시기는 모든 사회
가 하나의 그리고 생산하는 계급으로 동일성을 이루고, 도시와 지방 간의 차
이가 없어지고, 육체노동과 정신노동의 구별이 없어진 후에야 가능하다. 마
르크스에 의하면 계급이 없어지는 단계가 단순히 생산을 전체주의화하거나
협동화하는 것으로는 안 되고 생산의 모든 수단이 완전히 국유화되는 데서
가능하다는 것이다. 그의 논문 「땅과 토지의 국유화에 대하여(The Nationali-
zation of the Land)」에서 마르크스는 다음과 같이 쓰고 있다.

땅이 오로지 국가의 소유일 수 있다는 사실은 미래가 결정할 것이다. 토지를 연합된
농업 노동자들에게 주는 것은 사회 전체를 특수한 생산자 계급에게 바치는 것이다.
땅의 국유화는 노동과 자본의 관계에 있어 완전한 변화를 가져올 것이다. 그때만 비
로소 계급의 차이와 특권이 사라지게 될 것이다.[6]

계급의 구별을 없애는 데 마르크스가 그토록 깊이 관심한 이유는 민중을

---

5) K. Marx & V. Engels, *Selected Works*, Vol. 1(Moscow: Foreign Language Publishing House, 1951), p. 228.
6) K. Marx & V. Engels, *MEW*, Bd. 18(Berlin: Dietz, 1976), p. 62.

억압과 가난에서 해방시키는 것이 그의 궁극적 목표였기 때문이다. 땅이 개인의 소유가 되어 있어서 그 땅에서 노동하는 자는 삶의 보람을 느끼지 못한다. 땅의 소유주에게만 이익을 주는 결과가 된다. 그리고 땅의 소유주는 일하지 않는 화이트칼라(white-collar)가 되고, 일하는 자는 블루칼라(blue-collar)가 된다. 여기에서 소외가 생긴다. 가난이 생기고 착취와 억압이 생긴다. 따라서 마르크스가 목적하는 최후의 목표는 이 계급을 제거하는 일이다. 그것을 위해 땅의 국유화가 첩경이라는 것이다. 그는 1847년에 쓴 『철학의 빈곤(Misère de la philosophie)』에서 다음과 같이 주장했다.

노동하는 계급의 해방의 조건은 모든 계급을 없애는 일이다. …… 노동하는 계급은 그 발전 과정에서 옛 시민사회 대신에 계급들과 그들 간의 적대감을 제거한 협의회로 대체할 것이다. 그리고 거기에는 더 이상 정치적 권력이 존재하지 않을 것이다. 정치적 권력은 정확하게 시민사회 안에서의 적대감의 공식적 표현이기 때문이다.[7]

계급이 다 없어진 다음에는 결국 완전한 사회 동등성, 평등성이 올 것이라는 것이다. 마르크스는 선언한다.

논리적으로 불가능한 '계급들의 평등화'가 아니라 역사적으로 필연적인 계급들의 폐지가 국제노동자연맹의 마지막 목적이다.[8]

앞에서 분명히 밝혀진 대로 마르크스의 메시아주의는 공산주의적 동등성

---

7) K. Marx & V. Engels, *MEW*, Bd. 4(Berlin: Dietz, 1977), pp. 181~182.

8) Karl Marx, "Letter to Engels, March 5, 1869," K. Marx & V. Engels, *Selected Correspondence* (NY: International Publishers, 1942), p. 249.

과 평등성을 추구하고 있는데, 그것은 사람들 간의 모든 구별을 없애는 것이 아니고 사람들의 사회적인 지위에서 차별을 만드는 조건이나 구별을 없애자는 것을 전제하고 있다. 공산주의적 메시아주의는 사람의 출생 근거나 사회적 지위를 전혀 문제시하지 않고 누구나 공정하고 평등한 대우를 받는 사회를 모토로 내걸고 있다. 공동의 일을 결정하고 삶의 모든 좋은 것을 즐기는 일에서 동등한 기회와 자격이 주어지는 이상 사회를 마르크스의 메시아주의가 내걸고 있다. 마르크스의 이와 같은 종말론은 공산주의 혁명을 외치고 있는데 그러한 공산주의 혁명은 특권층이 사라지고 사회적 계층의 구별이 없는 계급 없는 사회를 성취할 것이라는 것이다.

지금까지 마르크스의 메시아주의와 그의 유토피아 사상을 다루었다. 그가 그러한 유토피아를 주장한 지 170년이 되고 또 소련을 비롯해 여러 공산주의 사회가 이룩되었으나 아직도 그런 메시아주의의 실현 소식을 듣지 못하고 있다. 그래서 마르크스의 유토피아에 대해 비판할 여지는 많다. 그러나 이 자리에서는 그의 논리에만 한정해 좀 더 깊이 그의 글을 분석하는 데 역점을 두고, 비판은 뒤로 미루기로 한다.

다음으로 마르크스의 메시아주의에 있어 중요한 요소인 노동을 살펴보자. 마르크스에 의하면 '성숙한 공산주의' 아래에서 인간은 '자유의 영역'에 이르게 되는데, 그 자유의 영역 안에서는 노동의 분리나 경쟁 관계도 없게 된다. 그러한 공산주의 사회가 이룩되면 "개인이 노동의 분리에 노예적으로 종속되는 일이 모두 사라져버릴 것이다".[9] 노동이 사회주의에서 공산주의로 이양되는 전 과정이 마르크스에 의해 그의 『자본론 III』에서 아름답게 묘사가 되었는데, 거기서 그는 필연에서나 또는 세속적인 고려 때문에 어쩔 수 없

---

9) K. Marx & V. Engels, *MEW*, Bd. 19(Berlin: Dietz, 1987), p. 21.

이 하게 되는 노동이 끝날 때만 자유의 영역이 실제로 시작된다고 서술하고 있다. 마르크스의 글을 좀 길게 인용해보겠다.

일의 본질상 자유의 영역은 실제적인 물질적 생산의 영역을 넘어 있다. 마치 야만인들이 그들의 필요를 충족시키고 그들의 삶을 지속시키고 또 재창조하기 위해 자연과 씨름하지 않을 수 없었던 것과 같이 개화된 사람도 그렇게 하지 않을 수 없다. 그는 모든 사회적 형성에 있어 그리고 모든 가능한 생산의 양식 아래에서 그렇게 하지 않을 수 없다. 이러한 그의 발전과 함께 육체적 필연의 영역이 그의 필요의 결과로서 확장된다. 그러나 동시에 이러한 필요를 만족시키는 생산력 또한 증가한다. 이 영역에서의 자유는 오직 사회화된 사람, 즉 동맹을 맺는 생산자들 안에 존재한다. 그래서 자유는 그들의 자연과의 교섭을 합리적으로 규제하고 그들의 공동 지배 아래 둔다. 그들은 결코 자연의 눈먼 힘에 의해 지배받지 않는다. 그리고 자유를 성취함에 있어 에너지를 최소한 소비하고 또 저들 인간 본성에 가장 알맞고 또 가치 있는 조건 아래서이다. 그러나 그 자유는 아직도 필연의 영역에 머무른다. 그것을 넘어서서 그 자체가 목적인 바 인간 에너지의 발전, 즉 참된 자유의 영역이 시작한다. 그러나 그 자유는 이 필연의 영역을 그 기초로서 가지고 있을 때만 꽃필 수 있다. 일하는 남자를 줄이는 것이 근본적으로 먼저 요청되어야 한다.[10]

마르크스는 노동이 필연의 조건에서 자유의 영역으로 이행하는 과정을 그리고 있다. 궁극적으로 이 이행 과정이 끝날 때가 올 것이라고 믿었다. 그때가 완전한 공산주의가 이룩되는 시기인데 그때는 인간이 자유의 영역에 도달한다는 것이다. '자유의 영역'에서 그가 말하려는 것은 인간의 노동이 어떤

---

10) Robert Tucker(ed.), *The Marx-Engels Reader*, p. 319f.

규정된 의무에 매여 행해지지 않는 사회를 의미한다. 그때 사람은 어떤 생산품을 얻기 위해 일하는 것이 아니다. 이미 정해지고 법적으로 규정된 생산 할당량을 채우기 위해 일하지 않는다. 자발적으로 하는 노동이다. 어떤 상이나 대가를 받기 위해 하는 노동이 아니다. 아무런 얽매이는 조건 없이 사회의 유익을 위해, 공동의 선을 위해 행해지는 노동이다. 실로 마르크스의 유토피아이다. 땅에서는 이룩될 수 없고 하늘에서만 이룩된다고 기독교가 믿는 내용들이 아름답게 그려져 있다.

이와 같은 마르크스의 메시아주의에 의하면 노동은 그 안에서 손으로 하는 육체노동과 정신노동의 적대성이 폐지된 그런 노동이다. 마르크스가 1846년에 발표한 『독일 관념론(Die deutsche Ideologie)』을 보면 이상과 같은 노동의 성격이 잘 드러나고 있다. 완전한 공산주의가 실현되면 각자는 육체노동과 정신노동을 같이 하게 되고 결코 그 둘 사이의 긴장이나 적대감이 없을 것이라고 마르크스는 주장한다.[11] 그리고 『독일 관념론』 이후 약 30년 뒤에 쓴 「고타강령비판(Kritik des Gothaer Programms)」(1875)에서도 "개인이 노동의 분리에 노예처럼 종속되는 것과 따라서 정신노동과 육체노동의 정반대 대립은 소멸되었다"[12]라고 그는 주장했다. 독일 관념철학이 인간의 정신노동을 높이 평가하고 육체노동은 종들이 하는 천한 것으로 만들었기에 마르크스는 독일 관념론을 부정하면서 그 철학이 평가한 가치를 완전 뒤집어놓으려고 시도했다. 형이상학에 빠져 있는 기독교 사상과 독일 관념론을 마르크스가 싸잡아 비판한 것은 계급의 차이를 심화시키고 노동의 분리를 만들어 약한 자, 노동자, 농민의 삶을 짓밟아 놓은 것이 바로 기독교와 관념론이라고 믿었기

---

11) K. Marx & V. Engels, *Gesamtausgabe*(Moscow & Frankfurt & Berlin: Mel Institute, 1927~1933), 1/5, p. 225.

12) K. Marx & V. Engels, *MEW*, Bd. 19, p. 21.

때문이다. 그래서 그는 그런 잘못된 생각을 완전히 뒤집어 땅에 뿌리박은 유물론을 기초로 다른 사상들을 무섭게 비판했다. 하늘에 근거를 둔 종래의 사상을 최하의 가치로 내려놓고 땅에 기초한 사상(실천)을 최고의 가치로 높였다. 그 결과 육체노동의 가치를 정신노동의 가치와 맞먹게 해 노동의 소외의 퇴치를 주장한 것이다.

이러한 생각은 아주 젊었을 때부터 마르크스의 마음을 사로잡고 있었다. 이미 1844년에 쓴 「경제학-철학 초고」에서 이렇게 말하고 있다.

> 공산주의적 노동에서는 오관(五官)뿐만 아니라 이른바 정신적 감각, 즉 실제적 감각들(의지, 사랑 등)이, 한마디로 말해 인간 감각, 즉 감각의 인간적인 것이, 그 대상에 의해, 즉 인간화된 본성에 의해 존재하게 된다. 오관의 형성은 이제까지 내려오는 세계의 모든 노동의 역사에서 만들어진 것이다.[13]

그는 한 예를 들어 알기 쉽게 설명하고 있다. 광산에 손을 댄 사업가는 오직 장삿속 시장 가치만 따진다. 그때 그 사람은 소유의 감각만을 발휘하게 된다. 그렇게 함으로써 그는 "광물의 아름다움과 그 특유의 본성"은 못 보게 된다.[14] 감각이 인간화되지 못했기 때문에 오관과 정신적 감각이 조화를 못 이뤄 오직 돈벌이 감각만 뛰어나게 된다. 이런 결과를 낸 것은 소유욕 때문이다. 자연의 광물을 자기 것으로 팔아 이익을 남기려는 소유욕으로 광물의 진면목을 보지 못하게 된다. 이런 것의 밑바닥에는 재산의 사유화라는 잘못된 제도가 있다. 고로 사유재산제도의 제거만이 인간의 모든 감각과 속성을 완전히 해방할 수 있다. 바로 그 때문에 공산주의적 노동자는 "모든 감각을 풍

---

13) Robert Tucker(ed.), *The Marx-Engels Reader*, p. 75.

14) 같은 책.

부하게 부여받은 부자"가 되고 그러한 "부자가 동시에 인간 삶의 활동들의 전체성을 필요로 하는 인간존재이다".15) 마르크스의 메시아주의는 완전히 자유로운 인간의 삶과 활동을 지향하고 있다.

혹자는 이 같은 마르크스의 유토피아 사상을 그의 젊었을 때의 이상, 아직 성숙하지 못한 때의 성숙하지 못한 견해라고 여길 수 있을 것이다. 그러나 그의 후기 작품을 읽어본 사람이면 그런 말을 할 수 없을 것이다. 「경제학-철학 초고」를 쓴 이후 23년이 지나 쓴 『자본론』에서도 마르크스는 똑같은 견해를 계속 표명하고 있다. 공산주의 제도에서 '단편적인 인간'은 '완전히 발전된 개인'으로 대체될 것이라고 하면서 "그러한 개인에게는 사회의 다양한 기능이 단지 활동의 선택적 형식에 지나지 않다"16)라고 마르크스는 주장한다. 그가 말하는 단편적인 인간이란 말할 것도 없이 소유욕에만 붙잡혀 한 가지 감각만 있는 사람이다. 전체를 함께 보고 느끼며 평가하는 능력을 결여한 사람이다. 공산주의 사회는 사유재산을 폐지하기 때문에 전체적으로 볼 수 있는 발전된 사람을 만든다는 것이다. 마르크스는 나아가 "분리된 개인이 전체적으로 발전된 개인에 의해 대체될 것이고, 따라서 노동자는 어떤 종류의 일도 원하는 대로 자유자재로 할 수 있다"17)라고 주장한다. 『자본론』을 쓴 지 8년 후에 쓴 「고타강령비판」에서 비슷한 견해를 견지하고 있는 것을 본다. "공산주의 사회의 좀 더 높은 단계에서는 개인이 다방면으로 발전한다. …… "18)라고 그는 예언하고 있다. 이상의 논거가 증명하고 있듯이 마르크스의 유토피아 사상은 청년기에서 중·장년기에 이르기까지 변함없이 계속되고 있고

---

15) 같은 책, pp. 75, 77.

16) Karl Marx, *Capital I*(NY: International Publishing House, 1967), p. 453.

17) 같은 책, p. 567.

18) K. Marx & V. Engels, *MEW*, Bd. 19, p. 21.

오히려 나이가 들수록 더욱 분명해지고 있다.

마르크스에 의하면 공산주의가 실현될 때 인간의 완전한 자유가 이뤄진다. 인간은 그가 원하는 것을 할 수 있다. 노동의 분리가 누구는 농부로, 구두장이로, 공장 노동자로, 등기 브로커로 만들었는데, 그런 노동의 분리가 공산주의 사회에서는 완전히 제거될 것이다. 『독일 관념론』에서 그는 공산주의 사회의 미래에 대한 그의 전망을 아래와 같이 분명히 밝히고 있다.

> 공산주의 사회에서는 아무도 어떤 절대적인 활동 영역만을 갖지 않고 그가 원하는 어떤 일에서도 일의 성취를 맛보게 되는데, 그런 사회는 일반적인 생산을 통제해 나로 하여금 오늘은 이것을, 내일은 저것을 할 수 있게 만들어준다. 즉, 아침에는 사냥을 하고, 오후에는 낚시를 하고, 저녁에는 목축에 꼴을 주고, 저녁식사 후에는 평론을 한다. 내가 사냥꾼이나 어부, 목자나 평론가가 되지 않고도 내가 하고픈 때 모두 할 수 있게 한다.[19]

이상 그의 진술은 결코 단순한 젊은 시절의 유토피아주의를 보여주는 것이 아니다. 이런 인상이 후기 작품에도 반복되고 있다. 마르크스의 말을 들어보자.

> 오늘의 분업 노동자는 한정된 개인이요 특별한 사회 기능을 가진 자인데, 이런 노동자는 충분히 발전된 개인에 의해 교체될 것이다. 그런 발전된 사람에게는 그가 행하는 여러 가지 다른 사회적 기능이 단지 활동의 여러 양태들로서 선택의 가능성이 있는 것들이기 때문이다.[20]

---

19) K. Marx & V. Engels, *Gesamtausgabe*, p. 22.
20) Karl Marx, *Capital I*, pp. 512~514.

각 개인의 자유로운 발전이 모든 사람의 자유로운 발전의 조건으로서 목표가 되어 있음이 마르크스의 메시아주의에서 드러난다. 마르크스는 「공산당선언」에서 "공산주의 사회는 그 안에서 각 개인의 자유로운 발전이 모든 사람의 자유로운 발전을 위한 조건이 되는 연합체이다"[21]라고 선언했다. 결국 공산주의가 지향하는 최종 목표는 사회 전체의 자유로운 발전이다.

마르크스의 종말론은 매우 구체적·역사적·사회적이다. 그의 공산주의 혁명에 대한 전망은 세상적·역사적이다. 그가 보고 있는 미래는 지금은 억압받고 착취당하는 프롤레타리아의 미래이다. 그렇기 때문에 그의 전망은 언제나 세상적·역사적인 민중과 연결되어 있다. 프롤레타리아는 오직 세상적·역사적으로만 존재할 수 있다. 따라서 공산주의가 프롤레타리아를 위하는 것이라면 어쩔 수 없이 세상적이요, 또한 역사적이다. 오늘의 역사에 이르기까지 흩어져 있는 개인이 그들의 활동을 이 세상 속에서 역사적으로 확장시켜 감에 따라 그들과는 다른 어떤 세력에게 점점 더 구속되고 얽매여 온 것은 경험적으로 확실한 사실이다. 그러기에 이러한 이방적인 세력을 뒤집어엎는 것이 경험적으로 세상 속에서 또 구체적 역사 안에서 이루어져야 한다. 공산주의 혁명을 통해 현존의 사회질서를 뒤엎어버리고 또 그 사회를 존속시키는 사유재산제도를 폐지하는 것 모두가 세상적·역사적이다. 이렇게 되면 독일의 부르주아적 이론가들을 좌절시키게 된다. 그리고 그때 개인의 해방의 역사가 세상-역사로 바뀐 만큼 성취된다. 개인의 참된 지적인 풍부함은 전적으로 그의 참된 세상-역사와의 연결의 풍부함에 달려 있다. 마르크스는 개인의 역사를 세상-역사 안에서 해석하고 있다. 개인은 혼자 존재하는 것이 아니고 연결되어 있는 존재, 즉 사회적이요 세상적인 존재이기에 역사가 세상-역사가 될

---

21) Harry B. Acton, *The Illusion of the Epoch: Marxism-Leninism as a Philosophical Creed*(London: Cohem & West Ltd., 1962), p. 233.

때 참된 자유와 해방이 성취된다는 것이다.

오직 그때만 흩어진 개인들이 여러 가지 국가적이고 지역적인 방해물들로부터 해방
되고, 전 지구의 이 모든 측면의 생산(인간의 창조)의 물질적이고 지적인 생산과 실제
적으로 연결이 된다. 우주적 종속, 개인들의 세상적·역사적역사적 협력이라는 자연
스러운 형태는 공산주의적 혁명에 의해 이러한 세력들을 지배하고 의식적으로 관장
하게끔 바뀔 것이다. …… 22)

지금 흩어진 개인들로서 눌림받은 프롤레타리아의 유토피아는 구체적·물
질적인 어떤 것을 지향하고 있고 그것이 가능하기 위해서는 세상적·역사적
이어야 한다는 결론이다.

실로 마르크스는 그의 유토피아에 대해 하나의 구체적인 패러다임을 제시
했다. 그것은 곧 공산주의적 사회인데 거기서는 인간을 소외시키는 사유재
산, 분리 노동, 계급의 극복이 가능하고, 따라서 지구상의 모든 생산품을 물
질적으로 즐긴다. 이렇게 해서 인간의 모든 활동이 계속해서 더욱 풍부하게
발전된다. 그런 사회 안에서는 공산주의적 노동자 — 이들은 정신적·육체적 노
동에 참여해 일하는 모든 사람을 의미하는데 — 는 모든 감정을 풍족히 부여받은
부유한 자가 될 것이다. 그러한 공산주의 사회에서는 협동적인 부의 모든 샘
이 풍부히 넘쳐흐를 것이다.

이제까지 마르크스의 메시아주의를 그의 저서들을 통해 살폈다. 그의 유
토피아가 오늘날 공산주의 사회에서 그대로 이루어졌는가? 그 이유에 대한
연구는 이 책의 범위를 넘어선다. 이상과 현실은 너무 다르다는 사실을 되새

---

22) K. Marx & V. Engels, *Gesamtausgabe*, pp. 25~27.

기면서 다음 절로 넘어가야 하겠다.

2. 블로흐의 희망

스스로 마르크스주의자라고 주장하는 블로흐의 '희망의 철학'을 통해 마르크스주의적 메시아사상은 더 분명하게 분석되고 정의되었다. 동독에서 서독으로 이주한 뒤에도 마르크스주의에 충실했던 블로흐에 의하면 마르크스주의적 메시아사상은 그 역사적·논리적 기원을 종교의 희망 속에 있는 혁명적 요소에 두고 있다. 블로흐의 '희망'이란 술어는 급진적(근본적) 기대를 의미한다. 그 기대는 오늘과 내일의 현실성 사이에 있는 손짓하는 지평선 위에서 배회하는 기대이다. 블로흐는 희망의 핵심적 개념이 성서를 통해 세상에 나타났다고 말한다.[23] 희망은 종교가 인류의 발전을 위해 공헌한 매우 중요하고 분명한 요소이다. 희망은 과거의 갱신을 요구하기보다 또는 오늘의 영구화를 시도하기보다 완전히 새로운 삶을 실현하는 것을 열망한다. 블로흐는 이것을 다음과 같이 설명하고 있다.

이 유토피아적이고 급진적(근본적)인 새로움(novum)은 이미 있었던 어떤 것, 발생했던 어떤 것, 그리고 단순히 잃어버렸던 어떤 것을 다시 살려 새롭게 하는 것과는 전혀 다르다. 뿌리·열매의 가능성으로 볼 때 새것과 갱신의 접합은 단 한 가지 가능성을 얻는데, 즉 마지막이 첫째와 접합하는 것을 생각할 수 있는 가능성이다. 그러나 나타나는 것 자체의 뿌리는 이미 있었다가 지나가버린 황금시대 혹은 지상의 파라다이스의 과거 실제(혹은 조망까지도)가 아니다. 왜냐하면 그 뿌리는 지금 나타난 것대로는

---

23) Ernst Bloch, *Man on His Own*(NY: Herder & Herder, 1971), p. 76.

결코 꽂힌 적이 없다. 그리고 결국 새로운 삶의 시작(incipit vita nova) ─ 궁극적 삶의 시작(incipit vita ultima)까지도 ─ 은 이미 비쳐진 시작에 도달하지 않는다. 반대로 그것은 시작의 끝을 의미하며 또한 그것의 의문, 수수께끼, 불확실성에의 끝장이다.[24]

블로흐에 의하면 철학적인 탐구에 있어 가장 중요하고 의미 있는 진술은 "S is S"(S는 Subject로 주어를 의미함) 또는 "S is P"(P는 Predicate로 술어를 의미함)가 아니고 "S는 아직 P가 아니다"라는 진술이다. 그 때문에 철학의 시초에 적용되는 보편적 공식은 "S는 아직 P가 아니다"인데, 그것은 어떤 주어도 이미 자기에게 적합한 술어를 갖고 있지 않다는 것을 의미한다고 블로흐는 주장한다.[25] 존재란 닫히고 고정된 정지 상태인 이미 규정된 조직이 아니라 미래로의 가능성이 열려 있는 역동적 과정을 나타낸다. 그래서 현실성은 언제나 어떤 새로운 것이 되어가는 길 위에 있는 것이다. 블로흐의 '새로운 삶의 시작' 개념은 특별히 모든 것 속에 있는 불확실한 존재(existere)의 술어를 의미한다.

그것은 아직도 발견되지 아니한 본질의 어떤 것에 만들어질 술어, 즉 그것의 아직 현존하지 않는 유일자(unum), 진실자(verum), 선한 자(bonum)로 만들어진 술어를 의미한다. 이러한 자극과 코스에서 희망은 움직인다.[26]

인간의 의식은 현재의 '있는 것'의 실재적인 특징을 파악할 뿐만 아니라 또한 미래의 '아직 있지 않은 것'도 포함시키기 위해 그 지평선을 넓힐 수 있

---

24) 같은 책, pp. 83~84.
25) 같은 책, p. 90.
26) 같은 책.

기 때문에 인간은 희망하는 존재로서 존재하고, 항상 확대되어가는 가능성을 전망하는 존재로서 존재할 수 있으며, 미래에 이러한 가능한 목표를 달성하기 위해 현재에서 창조적·혁명적인 행동을 할 수 있는 존재로서 존재한다. 따라서 희망은 이미 존재하는 현존 사실의 한 장면이기보다 오히려 아직 나타나지 않았던 것을 열망하는 인간 의지의 성취이다. 억압하고 착취하는 권력이 인간을 억압하고 종으로 삼아 고통을 주고 좌절시키고 죽게 할 때, 희망은 이러한 현재의 환경과 성향에 만족하지 않는 인간의 잿더미 속에서 영원히 솟아오른다. 그래서 희망은 늘 미래에로 열려 있는 가능성이기에 이미 있는 오늘 속에 갇히지 않을 뿐 아니라 그것을 박차고 나오는 용기와 힘을 준다. 바로 이러한 힘이 종교의 근원에 있다고 블로흐는 보고 있다.

블로흐는 종교들의 역사가 그것을 보여준다고 한다. 모든 큰 종교가 특출한 사람에 의해 창설되었다는 사실이 그것을 증명한다는 것이다. 어떤 종교 운동도 이름 없는 개인, 이름이 숨겨진 사람에 의해 창설되지 않았다. 모든 종교의 창설자는 분명히 밝혀져 있다. 고대 바벨론, 이집트, 가나안, 인도, 중국 등의 종교에는 창시자 개인이 꼭 있다는 것이다. 그런데 시간이 흐를수록 이 위대한 창시자의 업적이 신화와 전설에 휩싸이게 되었다는 것이다. 그래서 창시자의 이름이 신화나 전설의 이름이 된 것인데, 사실은 창시자로서 구체적 개인이 존재했다는 것이다. 그들은 모두 민중의 오늘의 아픔을 극복하고 내일의 희망을 보여주는 자였다. 전통적인 관습과 옛 종교의 비인간화된 모습에 대항해 과감히 새로운 것을 창도할 때 민중은 그의 주위에 오게 되고 따라서 종교가 시작되는 것이다. 이런 분명한 희망의 기치를 든 창시자가 어느 종교에나 초기에 반드시 있다. 종교의 창설자는 그들 자신의 인간성을 종교적인 신비의 영역으로 계속해서 투사했기 때문에 종교사는 종교적 초월의 발전적 인간화를 보여주고 있다. 원시인들은 신성한 영역을 사람이 아닌 전적 타자로, 공포의 대상으로, 두려운 놀라움으로, '거룩한 무서운 신비(myste-rium tremendum)'로 경험했다. 그러나 종교 창시자가 계속해서 자신을 거룩한 신비의 영역으로 투사함으로써 종교현상의 경험은 인간 초월의 영역으로 발전하게 된다. 그래서 물활론적인 용기 없는 자연종교의 신들은 가나안에서 인간의 미래를 약속하는 구약의 야훼 하나님께 자리를 양보한다. 그리고 신약에 와서 신인(神人)의 동일성을 대담하게 선언한 예수 그리스도의 계시 안에서 출애굽(Exodus)의 신은 더욱 인간화된다. 블로흐는 이처럼 자연종교의 신에서 구약 종교의 신, 그리고 신약 종교의 신으로 발전하는 과정을 종교적 초월이 점점 인간화되는 과정으로 해석했다. 종교적 초월의 영역인 신비는 결국 인간에게 희망을 주는 소식과 직결된다고 블로흐는 주장한다.

> 한쪽에서는 창설자들의 종교적 신비 안으로 점증하는 자기투영과, 다른 쪽으로는 참 메시지, 기적의 성육화한 심연, 즉 기쁜 소식의 면, 둘 사이의 기능적인 연결 고리가 있다.[27]

신비에로의 자기투영은 초월에 의존하고 이 "초월은 결국 가장 강력한 희망, 전 세계를 전적인 완전성에 연결시키는 희망 전체(totum)의 초월임을 증명한다".[28] 블로흐의 예리한 분석에 의하면 종교의 초월성은 초세계적·저세상적인 것이 아니고 어디까지나 현세계적인 것으로, 구체적 인간의 소원과 희망을 표시하는 것이라고 한다. 그래서 그는 경전들의 영역, 초세계적 해석을 뒤집어 땅 위의 구체적 민중의 희망과 연결시켜 해석한다.

그에 의하면 창설자의 인간성이 종교적 신비의 영역에로 점진적으로 투사

---

27) 같은 책, p. 151.
28) 같은 책.

되는 과정에서 구약성서는 종교의식의 발전이라는 면에서 급진적 비약을 이뤘음을 보여준다. 모세는 가나안 종족이 믿던 화산의 신을 반항과 탈출의 정신으로 변형시켰다는 것이다. 그의 하나님 야훼는 가나안이라는 미래의 땅으로 약속된 목표를 성취시켜주는 희망의 하나님(Deus Spes)이다. 완결되고 고정된 선으로서 재가(裁可)된 오늘날의 세계 창조의 신(Deus Creator)을 넘어서고 있다. 블로흐는 구약성서의 '창조의 하나님' 개념도 유치한 단계로 본다. 즉, 오늘에 만족하고 오늘의 현상 유지를 도모하는 사람들의 하나님이라는 것이다. 그러기에 오늘에 만족하지 못하고, 오늘의 아픔을 겪던 이집트에 있던 이스라엘 민중은 창조주 하나님 개념을 넘어 탈출의 하나님, 반역의 하나님을 찾게 되었다고 한다. 고대 중동 지방의 점성학이나 기타 미신적 신들은 역사적으로 보면 현상 유지적인 성격을 지녔다. 그러나 야훼 하나님은 움직이는 역동적 하나님이고 미래의 하나님이다. 그의 자칭 이름인 '나는 스스로 있는 자니라'가 그것을 말해준다는 것이다.[29] 블로흐의 말을 들어보자.

시초부터 모세의 야훼는 반복적으로 우리를 깜짝깜짝 놀라게 하는 자신의 정의를 준다. 그의 정의는 모든 정지한 사고를 무의미하게 하는 것이다. "하나님은 모세에게 이르시기를 나는 미래에 있을 자이다"(출 3:14)라고 했다. 여기서 율법적인 자료나 바알에 관한 자료들이 후에 삽입된 것과는 구별해 저토록 급수 높은 메시아적 정의가 얼마나 늦게 원래 경전에 삽입되었는가 하는 것은 문제가 되지 않는다. 비록 그것이 언어와 사고 양쪽에 다 복잡하게 나타나기는 해도 그 의미는 어떤 제사장들의 문서에서가 아니라 원초적인 출애굽 정신에서 나오기 때문이다.[30]

---

29) 출애굽기 3장 14절에 있는 이 구절의 시제는 현재나 미래로도 해석이 가능하다. 블로흐는 "I Shall Be Who I Shall Be"라고 했다.

30) 같은 책, p. 172.

모세의 야훼 하나님은 고대 종교에서 흔히 볼 수 있는 신, 즉 그 신을 예배하는 의식을 통해 현금(現今)의 사회질서유지를 보장받을 수 있는, 그런 눈에 보이는 자연의 신이 아니라, 눈에 안 보이는 정의의 주(主)로서 억압받는 종들과 함께 싸워주시는 미래의 하나님, 희망의 하나님이다. 이 야훼 하나님의 이름 '나는 미래에 있을 자이다'가 제사장적 문서가 아니라 원초적인 출애굽 징신에서 나왔다는 사실에 주목해야 한다.

그러나 불행히도 이와 같은 미래의 하나님, 탈출의 야훼가 제사장들의 현상 유지, 안일주의에 빠져 화석화되었다고 블로흐는 분석한다. 모세의 종교나 율법이 가졌던 급진적 자산들이 보수적인 제사장들의 편집에 의해 사장되었다. 이들은 성서에 억압적이고 비겁한 내용을 추가시켜 야훼 하나님, 탈출의 하나님의 모습을 지워버렸다. 그러나 모세 신앙의 전복을 꾀하려는 시도들은 유대교적·기독교적인 전통, 즉 메시아 대망 사상을 없애지 못했다고 블로흐는 생각했다. 이스라엘의 예언자들이 사회 불의를 고발하고 출애굽-광야의 이상의 새로운 실현으로 온 국민을 불러일으키는 동안 욥기나 전도서 같은 지혜 문서는 제사장 전통의 율법주의적 창조자 하나님 사상에 대항해 좀 더 급진적인 반항을 나타내보였다. 블로흐에 의하면 욥기는 특히 반야훼적인 감정을 폭발시키고 있는데, 그것은 불의로부터의 탈출을 옹호하고 있을 뿐 아니라 하나님 자신으로부터의 탈출을 선언하고 있다. 즉, 야훼 하나님이 약속한 땅 가나안을 위해 야훼를 포기하는 것이다. 그래도 욥의 반역은 부분적인 반역이다. 아직 거기에는 고난받는 사람들이 야훼의 구원의 손길을 기대하면서 하늘을 향해 열정적으로 도움을 청하고 있는 모습이 담겨 있기 때문이다. 그러나 묵시문학의 메시아주의는 추방 이후 유대주의의 의식화된 하나님에 대해 완전히 거부하고 있다.[31] 묵시문학 문서들은 제사장들의 편집본에 나타난 율법주의적 창조주 하나님 사상을 아주 막연한 초월적 차원으로 밀어넣음으로써 그 나름의 구원의 희망을 추방하고 출애굽의 야훼로부터 새롭게 인간화된 신으로 바꿀 수가 있었다. 그 신은 전적으로 새로운 시간의 영역인, 민중이 그토록 열망하고 기대하는 하나님 나라의 우주적 통치자요, 민족적 혁명가인 두려운 메시아이다.

블로흐에 의하면 이러한 메시아적·묵시문학적 사상의 정황 속에서 신약 경전들이 '기쁜 소식'을 전하고 있는데, 그 기쁜 소식은 예수가 신의 메시아요, 하나님의 아들이요, 인류의 구세주라는 것이다. 그러므로 예수의 교훈은 전적으로 종말론적이다. 그리고 그의 도덕적 선언은 중간 윤리를 보여주고 있는데, 그것은 믿는 자들로 하여금 이제 바야흐로 오고 있는 하나님 나라의 도래를 준비하기 위해 세워진 것이다. 블로흐는 "예수는 전적으로 종말론적이다. 그리고 그의 사랑처럼 그의 윤리는 그의 나라와의 관계에서만 이해될 수 있다"[32]라고 주장한다. 이것의 근거로 "그러므로 깨어 있으라. 집주인이 언제 올는지, 혹 저물 때일는지, 밤중일지, 닭 울 때일지, 새벽일지, 너희가 알지 못함이라"라는 마가복음 13장 35절의 예수의 말씀을 인용한다. 블로흐가 보기에 예수는 국가 혁명을 일으켜 이스라엘의 다윗 왕조를 회복시키는 데 일차적인 관심을 두지 않았다. 예수는 모든 현재의 세계 질서, 심지어 예루살렘 성과 그 안의 성전까지 포함해 모두 파괴시키고 하나님의 의로운 왕국의 전혀 새로운 시대를 탄생시키는 일을 궁극적 목표로 보았다. 바로 이 때문에 유대교 제사장 계층이 이 자칭 메시아를 제거하기 위해 로마 정부와 짜고 전에 볼 수 없었던 반응을 그에게 보였다. 그것은 곧 그의 십자가 처형이었다. 자기들의 안정을 뒤흔들고 완전하게 파괴시키려는 이 혁명가를 그들은 그대로 놔둘 수 없었던 것이다. 그래서 블로흐는 예수의 십자가를 그리스도께서

---

31) 같은 책, p. 176.
32) 같은 책, p. 189.

인류의 죄악을 속(贖)하기 위해 자발적으로 하나님께 드리는 사랑의 제사라고 보지 않는다. 오히려 그것은 지배 세력과 그 시대에 도도히 흐르는 관습에 반항한 한 반역자가 현상 유지, 안보 유지라는 정책적 차원에서 순교당하는 하나의 파국이다. 블로흐는 그것을 다음과 같이 표현하고 있다.

> 그것은 사랑스러운 한 반역자의 보상이고 그의 파국이다. 살아 있는 생명들을 위해 새 하늘과 새 땅을 설교했던 한 사람의 파국이다. …… 관습과 지배 세력에 대항해 싸우던 한 반란자가 십자가 위에서 죽었다. 그는 골칫거리를 만드는 자였고 가족과 유대도 끊은 자이다(마 10:34~37, 12:48). 그는 애굽에서의 탈출을 묵시적으로 이끈 마지막 호민관이었다.[33]

블로흐는 예수를 모세와 비교한다. 나아가 예수는 반역자요 순교자로서 제사장 전통의 율법주의적 야훼를 전파하지 않았고, 그 대신 억압하는 주인인 신들에 의해 인간의 자유가 억압당하는 데 대항해 정면으로 맞섰던 신적인 메시아로서 자신을 선포했다. 블로흐는 예수를 마르키온(Marcion)과 같은 기독교 이단사의 전통에 놓는다. 지배자에게 아부하고 현상 유지에 급급한 기성종교에 반대해 뛰쳐나갔던 이단들과 같은 계열에 예수가 서 있다는 것이다. 심지어 예수는 에덴동산에서 창조주 하나님의 권한을 반역으로 빼앗으려 했던 뱀의 재현으로까지 묘사하고 있다.[34] 신의 고압적·억압적인 율법에 반대해 인간의 창조성을 구가한 고대의 반야훼적 사탄의 재현이라는 것이다. 바로 이 점에서 예수는 인간의 발전을 도모하기 위해 제우스의 신에 대항한 용감한 프로메테우스의 모형이라는 것이다.[35] 예수는 이성적인 로고스를 상

---

33) 같은 책, p. 187.
34) 같은 책, p. 195.

징한다. 이 로고스는 사람들에게 신의 명령을 멸시하라고 가르친다. 그래서 스스로 최상의 신처럼 되라고 격려한다. 야훼도 아니고, 제우스도 아니고, 바알도 아닌 신, 즉 사람 자신이 되라고 가르친다. 이러한 로고스의 상징이 예수라는 것이다. 초대교회에 있어 예수 그리스도의 생, 죽음, 부활, 승천, 긴박한 재림 등은 그렇기 때문에 급진적인 새로운 삶의 시작(incipit vita nova)을 구성하고 있다. 그 안에서 성도들은 "옛 사람을 그 행위와 함께 벗어버리도록" (골 3:9) 도전받고, "보라 내가 만물을 새롭게 할 것이다"(계 21:5)라고 선언하신 영광을 받으신 주님의 혁명적인 메시지에 자유롭게 응답하기 때문이다.

블로흐는 구약에서 급진적 전통과 보수적 전통이 서로 엇갈려 발전한 것처럼 신약과 기독교 운동의 역사도 비슷한 진보와 보수의 변증법적 상호작용이 있었다고 분석한다. 한편에서는 사제적 교회의 정치권이 하나님 나라가 땅 위에 곧 도래할 것이라는 희망을 시간과 장소를 넘어서는 초월적 하늘에 대한 소원으로 바꿔버림으로써 예수의 혁명적인 복음을 거짓으로 만들었다는 것이다. 블로흐는 아래와 같이 논구한다.

그들(사제들)은 기독교 신앙을 취해 민중의 아편으로 조제한 자들이고 인간의 무한한 가치, 즉 성서가 인간에게 가르친 그 가치를 취해 초월로 내던진 자들이다. 초월 저쪽 아주 멀리 던져버려 아무도 그것을 먹을 수 없고 또 땅의 무가치한 것들을 상하게도 할 수 없다. 그들은 초세상적인 상품들의 정당한 분배를 세상의 상품들의 부당한 분배에 대한 보너스로 줘서 그것으로 털 깎인 양들을 위로한다. 그들은 우리에게 적당한 것이라고 널리 선전된 것들을 초월에 정박시킴으로써 이 세상 안에서 우리의 지금 삶을 충실하게 이끌지 못하게 만들었다. 우리 앞에 놓인 길은 사제들에게 연결되고는 있으나 사람을 신앙인으로 만드는 믿음으로 인도하지는 않는다.[36]

---

35) 같은 책, p. 198.

그러나 다른 한편에는 급진주의적인 이단들의 역사가 있다. 마르키온(1~2세기)과 몬타누스(Montanus, 2세기)로부터 시작해 카타리(Cathari, 12~13세기), 발도파(Waldenses, 12세기), 알비파(Albigenses, 12~13세기), 요아킴파(Joachim-ites, 12~13세기), 자유정신형제단(Brethren of the Free Spirit, 13~15세기), 후스파(Jan Hussites, 16세기), 재세례파(Anabaptist, 16세기), 계시파(Illuminati, 16세기), 토마스 뮌처(Thomas Müntzer, 15~16세기) 등 그 이후 근대에 와서 빌헬름 바이틀링(Wilhelm Weitling, 1898~1871)과 같은 종교적 사회주의자들과 러시아의 지복천년왕국설 주창자 등이 있었다. 마르크스의 '기독교 사회원리'에 대한 비판을 요아킴 디 피오레(Joachim de Fiore, 1135~1202)의 급진적인 유토피아주의에 적응시키면서 급진적인 이단들이 옳다고 마르크스는 결론 내린다. 이에 대해 블로흐는 다음과 같이 말한다.

마르크스의 비판은 교회에 적중된다. 지난 1800년간 교회의 모습을 사회적인 평가로나 교회 안에서의 잣대로도 마르크스의 비판은 온당하다. 그리고 만약 요아킴 디 피오레가 알비파, 후스파, 전투적 재세례파와 함께 돌아온다면 이러한 교회 비판을 너무나 잘 이해했을 것이다. 그리고 그들 자신이 직접 수세기간 성직자들의 행태를 살피면서 교회의 횡포를 조금만 나열해도 저들의 교회 비판이 옳다는 것을 이해할 수 있었을 것이다. 요아킴파는 당대 기독교 사회원리를 비판하는 데 앞장섰는데 사도 바울 이후 기독교는 계속 수천 번씩 조정하고 절충하면서 당대의 계급사회와 어깨를 나란히 했기 때문이다. 그러한 기독교에 있어 땅에서의 구원 실천은 그 자체 죄들의 목록표일 뿐이다. 기독교의 사회원리는 하나에서 열까지 모두 죄의 목록을 나열하고 있는 것이다. 이런 죄의 나열을 통해 공포를 일으키고 인간의 목을 죈다. 이렇게 되니 "존재는 공포와 노예로 전락되고 초월에의 약속으로 위로를 받는다. 이것이

---

36) 같은 책, pp. 203~204.

바로 마르크스가 비판하고 요아킴이 침 뱉은 기독교의 사회원리들이다".[37]

블로흐는 이상의 사회원리는 예수의 원래적인 기독교의 것이 아니라고 주장한다. 그 본래의 사회원리는 사회적·혁명적이어서 계급사회에서는 이단적인 것으로 받아들여질 수밖에 없는 것이라고 알려준다.[38] 예수의 교회의 원초는 교회 교권주의적인 어떤 것과는 처음부터 달랐다는 것을 복음서는 알려준다. 제사장이나 높은 관원과의 계속적인 갈등을 야기한 예수의 가르침을 통해 보이는 본래적인 교회는 계급적인 사회에서 이단자로 취급받았다. 블로흐는 교회의 교권주의적 반동의 권세를 부정하고 고발하면서 원초적 기독교가 가진 희망의 종말론을 높이 평가한다. 이 세상 이후 종말의 희망이 아니고, 이 땅 위에서 긴박하게 오고 있는 약속의 나라에 대한 희망 속에서 혁명적인 요소를 발견한다. 블로흐의 메시아주의는 초대 기독교 신앙의 혁명적인 메시지에 뿌리를 둔 급진주의적 이단 정신 속에 서 있다고 할 수 있다. 물론 블로흐는 유대교-기독교 전통 안에서의 이단 운동에 대해 긍정적인 평가를 내리고 있지만 유신론적 메시아주의를 오늘날의 사회에서 인간의 인간화 발전을 위한 효과적인 방법으로서는 거절한다. 종교 창설자의 인간성이 종교적 신비의 전적 타자성에로 점진적으로 자기투영한 것은 결국 인류가 모든 신 개념들의 인간적 참 본성을 올바로 인식하도록 요청한다. 20세기 들어와서는 더 이상 인간이 신의 초월적 신비 속에 갇혀 있지 않게 되었다. 인간은 출애굽의 야훼 하나님으로부터 탈출하도록 도전받고 있고, 각자의 유토피아를 위해 신을 포기하도록 도전받고 있다. 블로흐에 의하면 하늘 위에 존재한다

---

37) 같은 책. p. 204.

38) Ernst Bloch, *Das Prinzip Hoffnung*, Vol. 3(Frankfurt am Main: Suhrkamp Taschenbuch, 1974), p. 1511.

는 신, 하늘의 별들 뒤에 거하는 인격적인 창조주요 지배자는 이제 근본적인 공동체의 이론과 실천으로 바뀌어야 한다는 것이다. 여기서 말하는 근본적인 공동체란 모든 신을 포기한 무신론적 공동체로서 땅 위에서의 값진 행복이 약속된 것이다. 블로흐의 말을 들어보자.

세상의 위대한 주인이 있는 곳에는 자유의 공간이 없다. 하나님의 자녀들의 자유를 위한 공간마저도 없다. 거기에는 왕국의 흔적도 있을 수 없다. 왕국의 유토피아는 신적인 창조자나 하늘의 하나님이라는 전제도 다 쓸어버린다. …… 하나님의 존재란 미신인데 신앙이란 하나님 없는 하나님의 메시아적 왕국을 믿는 믿음이다. 고로 무신론은 종교적인 유토피아의 적은 아니다. 무신론이 아니면 메시아주의를 위한 자리가 없다.[39]

미신적인 이미지들, 예컨대 하늘의 보좌라든가 인간 밖에서 움직이는 거룩한 영의 움직임 등을 인간의 의식에서 제거하더라도 미래의 가능성을 향해 넓게 열려 있는 문턱이 인간에게 주어져 있다는 것을 우리는 느낀다. 그러므로 인간이 모든 신적인 개념을 다 버린 후에도 인간을 미래로 계속 불러내는 역동적·전위적 공간을 만날 수 있다. 이것이 우리로 하여금 미래에 잠재해 있는 가능성을 향해 달려가게 하고 그것을 실현하려는 창조적인 행동을 하도록 충동한다.

블로흐의 무신론은 인간의 무한한 가능성을 막는 어떤 초월적 가정도 모두 거부한다. 이것이 인간의 창조적인 행위를 못하도록 막기 때문이다. 블로흐의 마르크스주의 무신론 해석에 의하면 무신론은 허무주의를 극복시키는

---

39) Ernst Bloch, *Man on His Own*, pp. 161~162.

데, 전위적 미래 공간의 '아직 오지 않음'을 주장하기 때문이다. 블로흐의 무
신론적 메시아주의는 유신론적 종교적 성취에서 미래를 이미 소유했다는 확
신과 신 없이 오지 않은 미래의 성취를 위해 잡지 못한 채 달려가고 있는 마
음 사이에서 중재하고 있다. 블로흐의 무신론적 메시아주의는 앞으로 올 가
능성의 실재가 결정이 되지 못한 상태이기 때문에 전체와 무, 실망과 실현,
허무와 성취, 혼돈과 왕국 등은 인간의 손에 달려 있다. 사람에게 미래가 주
어진 것이다. 천당과 지옥을 앞에 놓고 사람이 저울질해 한쪽을 택하게 만들
었다. 이것은 인간에게, 인간의 결단과 의지와 행위에 이 세상의 운명이 달렸
다는 것을 의미한다.

블로흐에 의하면 결국엔 미래가 모든 것을 얻을 수 있는 가능성을 인간에
게 주었다는 것이다. 인간과 자연, 개인과 사회, 인간의 본질과 인간의 존재
사이의 모든 모순을 완전하게 풀어버리는 그런 미래가 인간에게 주어졌다는
것이다. 만약 이 모든 것이 성취되면 죽음은 인간 자신과 자신의 환경의 전체
승리 안에 함몰될 것이다. 인간의 삶의 과정 속에 들어오지 않은 '아직 살고
있지 않은' 분야가 아직도 살지 않은 삶의 미발전의 힘을 구성하고 있기 때문
에 존재의 핵심은 죽음과의 관계에서 타협하지 않고 받아들이지 않으며 치외
법권적으로 서 있다. 죽음이 삶의 표면적 껍질을 깨버리긴 하지만 전혀 혼동
되지 않는 미래의 유토피아를 약속하는 이 내적 핵심에 결코 영향을 주지 않
는다. 이렇게 해서 세계의 마지막 완성에서 인간 역시 완전한 완성품으로서
존재한다.[40] 우리는 여기서도 블로흐의 무신론이 유물론적이 아님을 보게
된다. 블로흐는 종교 제거의 필요성을 역설한 것이 아니라 거꾸로 교회와 같
은 구조의 필요성을 말하고 있다. 그의 유토피아는 그러한 구조를 꼭 필요로

---

40) Ernst Bloch, *Das Prinzip Hoffnung*, p. 1298f.

한다. 그가 거부한 것은 반동적이고 비(非)본래적인 교권주의지 종교의 본질은 아니다. 비록 교회가 그 외적 구조 유지를 위해 권력에 아부하고 눌린 자를 외면하는 반동적인 성격이 있음에도 인생의 궁극적인 물음, 즉 '어디로', '왜' 등의 형이상학적 질문이 오늘의 교회 권력이 이러한 절실한 문제에게 주고 있는 초월적·신화적인 대답보다 교회 안에 좀 더 오래 지속된다.[41] 전 세계에 걸쳐 공산주의가 완전히 성공하는 날에는 경제적인 문제가 하찮게 여겨질 것이고 그때는 본질적인 질문이 인류의 좀 더 나은 미래의 발전을 위해 핵심적인 중요성을 띠게 될 것이다. 따라서 교회와 같은 구조는 필요하게 된다. 생산력이 전체적으로 잘 조직되어 시민의 필요를 만족시켜주는 사회 안에서는 교회와 같은 구조가 있어야 이상과 같은 인간적·형이상학적인 문제가 상담과 봉사를 통해 해결된다. 인간 정서의 문제가 순화되고, 인간 실존의 우정과 사랑의 측면이 새삼 강조되며, 그들의 삶을 희망과 용기 속에서 어떻게 이끌고 갈지를 가르치는 교회와 같은 기구가 꼭 필요하다. 유토피아라고 불리는 완전하게 지어진 건물은 항상 미래의 가능성에 열려 있는 하나의 변형된 교회를 포함하고 있다. 블로흐는 다음과 같이 주장한다.

이것이 급진적이고 정통적인 양면을 가진 새로운 삶을 이해하는 유일한 길이고 또한 가장 정확한 이론 경제학의 질서와 온전함이 정치적인 신비주의와 연계되고 또 그것에 의해 합법화되는 유일한 방법이다. 사유의 영역이 철폐될 때 모든 부러진 가지는 제거되어 협력적인 사회로 넘어온다. 그러나 참된 사적인 영역과 사회적으로 제거할 수 없는 모든 영혼의 문제는 전보다 더 넓게 어렴풋하게나마 나타난다. 빌딩의 꼭대기(그것은 사회주의로 하여금 정직하고 깨끗해질 것을 요구하고 있는데)에서는 그런 문제가 교회와 연계될 것이다. 그때 교회는 필연적으로 그리고 우선적으로 사회주의

---

41) Ernst Bloch, *Man on His Own*, pp. 142~143.

지향적인 교회가 되어 계시의 새 내용을 접하게 될 것이다. 다른 무엇도 공동체를 위한 공간을 계급 없는 질서를 따라서 비폭력적 질서 안에서 창조할 수 있다. 그 공동체란 사회 위에 그리고 공산주의적 선(善)을 따라 철저히 조직된 사회 경제 위에 자유롭게 스스로 택한 공동체이다.[42]

블로흐의 분석에 의하면 어떠한 발전적인 과정도 자동적으로 인간이 희망하고 있는 성취를 가져다주는 것은 아니다. 미래는 왕국의 성취로 인도할 수 있다. 그러나 동시에 혼돈과 절망에 굴복할 수도 있다. 미래의 가능성은 현실에 관한 한, 이미 고정된 어떤 것이나 불가피한 어떤 것은 하나도 없다. 모든 것은 인간이 그의 실천적·혁명적인 활동을 통해 어떤 쪽을 선택해 성취하려고 노력하는가에 달려 있다. 비록 종교사가 마르크스주의에서 절정을 이룬 발전의 패턴을 "인간의 존엄성을 위해 초기 혁명적 부르주아에 의해 기도되었던 것의 유산"으로 나타낸다고 하더라도, 이 발전의 내면은 역사의 어떤 미래 시점에서의 급진적인 간섭의 가능성을 배제하지 않는다.[43] 그러므로 혁명적인 사상의 발전을 그 최초의 시작에서 그것의 가장 강렬한 표현인 마르크스의 철학까지 추적하는 일과 혁명의 모든 개념이 어떤 의미 있는 내용이 있다는 것을 부인하는 것과는 별개이다. 미래에 대한 가능성에 대한 인간의 지각과 급진적 간섭은 지난 몇 세기를 통해 점차 분명해졌다. 그런데 인간의 발전적 해명은 전체적 개념을 부정하지 않는다. 그렇기 때문에 블로흐에 의하면 사회적 억압, 자연의 재난, 인간의 소외 등을 정복하려는 인간의 근본적 시도를 통해 이 세상에 새로운 가능성이 나타난다고 한다. 그 가능성이란 모든 사람이 어렸을 때부터 막연히 기억하고 있으나 아무도 충분히 실현하지

---

42) 같은 책, pp. 40~41.

43) Ernst Bloch, *On Karl Marx*(NY: Herder & Herder, 1966), pp. 21~22.

못한 나라, 즉 최종적으로 오고 있는 '가정(home)'에 대한 전망이다.[44] 여기서 블로흐의 메시아주의가 분명히 드러났다고 할 수 있다.

3. 김일성의 메시아주의

한반도에서의 새로운 인간의 창도를 외쳤던 김일성은 그 새 인간으로 하여금 새로운 미래를 세우는 일을 하도록 기대하고 있었다. 그의 '새 인간'은 인간 혼자의 힘으로 이상적인 사회, 즉 유토피아 사회를 건설할 수 있다고 믿었다. 그가 세운 새 인간은 종교의 힘, 하나님의 이름을 빌리지 않고 한반도에 새로운 미래, 즉 공산주의 사회를 건설하려는 타오르는 욕망을 가지고 있는 자라고 했다. 인간이 오늘의 삶과 역사를 넘어 좀 더 나은 미래를 희망하면서 스스로 결단하고 프로메테우스적인 행동을 할 수만 있다면 새로운 미래가 열릴 것이라고 생각했다. 새 인간이라는 이상은 김일성의 메시아주의적 이상의 실현에 연결되어 있다. 인간의 구원과 해방을 전적으로 인간의 행동에만 의존시킨 마르크스의 종말론적 철학의 추종자가 바로 김일성이었다.

김일성과 그의 추종자들은 마르크스의 메시아주의로 무장하고 결정되지 않은 미래를 향해 쉬지 않고 혁명의 봉화를 들어야 한다고 외쳤다. 김일성은 '계속 전진, 계속 돌격'이 그 시대의 표어라고 외치며 이북을 지휘했다. 그래서 "착취하는 계급과 제국주의가 완전히 제거되고 사회주의와 공산주의의 위대한 사업이 각 나라와 전 세계에서 모두 성취될 때까지" 계속적인 혁명을 부르짖었다. 임춘봉이 이를 증언한다.[45] 실로 이북 마르크스주의자들의 불

---

44) Ernst Bloch, *Das Prinzip Hoffnung*, p. 1628.
45) 임춘봉, "혁명의 계속은 사회주의의 완전한 승리를 위한 필수조건이다", 《노동신문》,

붉은 희망은 공산주의 사회를 세우는 일이다. 저들의 말에 따르면 "공산주의 사회는 모든 사람이 행복하게 일하고 사는 사회"이다.[46] 김일성은 이북 주민에게 "우리는 지금 한 새로운 사회 속에서 살고 있다. 여러분 자신들은 노동당 대회에서 자랐고 교육받은 새로운 사람들이다"[47]라고 말했다. 김일성은 이북 민중이 새 인간이 되었으니 이북 공산주의 사회를 한국, 나아가 전 세계에 실현하기 위해 계속적으로 혁명을 수행할 것을 격려하곤 했다.

한반도는 오랫동안 이른바 봉건주의에 물들어 살았기 때문에 아직 봉건주의 잔재가 배어 있고, 이 봉건주의 잔재를 없애지 않고 남겨두면 또다시 부르주아적 사상과 정책이 되살아날 것이 거의 확실하다고 하면서 혁명적인 투쟁을 계속하도록 독려하는 글이 신문지와 잡지를 뒤덮었다. 봉건주의적 잔재와 부르주아적 잔재가 깨끗이 청산되고 공산주의 사회가 완전히 성취될 때까지 계속적인 혁명적 투쟁이 계속되어야 한다고 ≪근로자≫의 사설은 거의 매 호마다 이 혁명의 계속성을 강조하고 있다.[48]

우리의 당은 이곳에서 사회주의 체제가 승리한 이후 계속적인 혁명의 원리를 잘 지켜왔다. 이 점에서 김일성 동지는 모든 당과 인민을 잘 지도해 하나의 과업을 해결하고 또 다음의 과업을 성취하게 하고, 하나의 개혁으로부터 다른 개혁으로 옮아가는 생각을 증진시켜 계속적인 진보와 계속적인 혁명의 마음을 발전시켰다.[49]

1969년 11월 1일 자, 2면.

46) Kim Il Sung, *Selected Works*, Vol. 3, p. 49.

47) 같은 책, p. 40.

48) 사설, 「사회주의 기초가 닦아진 후에도 혁명은 철저히 수행되어야 한다」, ≪근로자≫, 1969년 1월 15일 자, 10~17면.

49) 사설, 「우리는 혁명을 계속시켜야 한다」, ≪근로자≫, 1965년 11월 20일 자, 3면.

이 글처럼 계속적인 혁명의 필요성이 김일성에 의해 주창되었고 또 시행되었다. 이 혁명의 지속을 위해 새 인간의 이상이 강조되었던 것이다. 완전한 '공산주의 혁명'에 대한 믿음은 개인 각자가 '혁명적인 낙관주의'를 소유하고 있을 때만 유지될 수 있다. 과거가 아니라 미래를 사랑하고 혁명의 궁극적 승리를 흔들림 없이 믿는 일은 공산주의 혁명에 본질적인 것이다. 혁명적 투쟁은 때로 역경을 만나고 그 길은 멀고 험난하다. 그러나 미래를 사랑하는 사람들은 마지막 결과를 안다. 김일성은 이렇게 단언한다.

혁명가들은 자신들의 안일한 삶을 위해 싸우는 것이 아니고 찬란한 미래를 위해, 즉 다음 세대를 위한 행복한 삶을 위해 싸운다.[50]

김일성에게 있어 미래를 사랑하는 것은 미래를 위해 투쟁하는 것을 의미하고 또한 "미래를 위해 오늘 투쟁하는 것은 공산주의의 승리를 위해 싸우는 것을 의미한다". 따라서 "새로운 것을 사랑하는 인민, 또한 앞에 놓인 것을 사랑하는 인민은 확실히 공산주의자가 될 것이다".[51]

이북의 메시아주의는 현실화될 수 없는 추상적인 이상이 아니다. 그것은 구체적·물질적인 이상인 공산주의 사회이다. 그 구체적 미래인 공산 사회 안에서는 계급의 구별, 억압, 착취가 더 이상 존재하지 않게 된다는 것이다.

공산주의자는 공산주의 사회를 이룩하려는 이상을 품고 그 이상을 현실로 바꾸기 위해 무섭게 싸우는 그런 종류의 사람이다.[52]

---

50) Kim Il Sung, *Selected Works,* Vol. 3, p. 50.
51) 같은 책, p. 51.
52) 같은 책.

이러한 사람들이 새사람들이다. 김일성에 의하면 이북에 있는 공산주의자들은 이러한 새로운 것과 미래를 사랑하는 새로운 타입의 남자와 여자이다. 김일성에 의하면 메시아사상의 수행은 바로 이들에 의해 행해지는 것이다. 김일성은 말한다.

우리나라 안에서 이룩된 사회주의 체제는 우리 인민에 의해 얻어진 가장 위대한 혁명적 이득이다. 우리가 착취와 억압에서 자유로운 사회주의 체제를 일으켰고 그 체제 아래에서 인민이 권력의 주인이기 때문에 인민은 행복할 수가 있고 우리나라는 번영하고 발전할 수 있다.[53]

공산주의 혁명가들은 미래의 새로운 것을 사랑하기 때문에 새로운 것의 승리를 위해 옛것에 대항해 언제나 힘차게 싸운다. 새로운 것, 즉 미래를 사랑하는 남·여 인민은 보수적·소극적일 수 없다. 그들은 오늘에 만족하고만 있을 수 없다. 오늘의 현상을 계속 넘어서기를 원한다. 그들은 좀 더 나은 미래를 향해 계속 앞으로 나아가기를 원한다. 다음에 인용할 김일성의 글을 통해 그의 메시아주의가 이북 인민의 삶에 얼마나 깊은 영향을 주었을 것인가를 짐작케 한다. 그는 다음과 같이 선언한다.

혁명은 어렵고 복잡한 과업이다. 혁명을 수행하기 위해, 즉 옛것을 제거하고 새것을 창조하기 위해 여러분은 많은 어려움을 극복하고 준엄한 시련을 거치지 않으면 안된다. 만약 여러분이 어려움에 직면할 때마다 용기를 잃어버리고 비관적으로 되며 좌절한다면 여러분은 혁명가가 될 수 없다. 항일 투쟁에 참가했던 독립군들은 말할 수 없는 시련과 고통을 겪으면서 싸웠으나 그들의 삶은 늘 유쾌했고 혁명적 낙관주

53) 같은 책, p. 49.

의로 가득 차 있었다. 혁명가들은 적들이 저들을 첩첩이 에워쌀 때도, 잡혀서 투옥이 되었을 때도, 교수대에 오를 때도 조금도 낙심하지 않았다. 그 이유는 그들이 행하는 일의 정당성에 자신을 가졌고 결국 공산주의와 밝은 미래의 승리를 확신했다는 데 있다. 이것이 미래를 사랑하는 한 혁명가의 태도이다.[54]

　이상의 김일성의 연설은 이북이 지향하고 있는 메시아주의를 잘 보여주고 있다. 미래, 즉 내일의 공산주의 사회의 '필연적인 승리'가 김일성의 메시아주의 이데올로기 속에 핵심적 요소가 되어 있음을 본다. 이것은 마르크스의 진보와 발전 교리에서 보는 것과 같다. 이와 같은 김일성의 메시아주의는 인민의 무수한 자발적 노력을 전제하고 있다. 이북 주민 전체를 이 같은 메시아주의로 이끌어서 엄청난 노력을 기울이게 했다. 김일성은 '희생'이란 결코 무가치한 것이 아니라고 강변한다. 메시아주의를 위한 희생은 필수적임을 강력히 주장한다. 이러한 김일성의 메시아주의를 그의 추종자들은 그대로 받아 모든 사람에게 그것을 선전하고 있다. 예를 들어 신창선은 미래를 위한 투쟁에서 죽는 일이 최고의 명예라고 말한다. 그의 말을 들어보자.

　혁명가들에게는 공산주의 깃발을 높이 들고 투쟁의 대열에서 죽는 일이 최상의 영예이다. 그 깃발을 들고 가던 자가 죽었을 때 다른 사람이 그 깃발을 들고 투쟁 전선에 임한다.[55]

　이북의 메시아주의는 사람들로 하여금 죽음까지도 무릅쓰게 만든다. 실로 저들의 메시아주의에 의하면 혁명에 적극적으로 참여함으로써만 참 삶의 의

---

54) 같은 책, p. 51.
55) 신창선, 「혁명적 낙관주의 이론」, 《근로자》, 1968년 8월 30일 자, 33면.

미를 발견한다. 열렬한 공산주의 혁명가들은 침체와 게으름을 참지 못한다. 오히려 그들은 계속 전진하면서 투쟁하고 또다시 전진하고 투쟁한다. 태만과 보수성을 지닌 옛 생각이나 스타일을 혁명가들에게서는 흔적도 찾을 수 없다. 개인적인 욕망과 사치만을 추구하고 방종하고 개인주의적이고 이기주의적인 삶의 흔적 역시 저들에게는 없다. 혁명가들은 새사람들로서 혁명적인 낙관주의를 지닐 뿐이다. 새 인간들이기 때문에 옛 삶의 스타일을 집어던졌고, 새 옷, 즉 새로운 사회주의적 삶과 생각으로 갈아입었다.

김일성 메시아주의의 목표 중 하나는 새 프롤레타리아를 조직하는 데 있었다. 이북에서는 이른바 상류계급이나 지식인은 '착취계급'으로 규정되었다. 그들 대신 새 사회에서는 노동자계급이 주인계급이 되었다. 인민의 프롤레타리아화(化) 운동은 당연히 계급 없는 단일 사회를 요청한다. 가장 핵심적인 사람은 노동자이고 그들이 나라의 주인인바, 그 어떤 상류계층도 존재할 수 없다. 그렇기 때문에 계급투쟁은 필연적이다. 계급 없는 단일한 사회, 즉 노동자 프롤레타리아가 지배하는 사회를 만들어서 일하지 않고 놀고먹는 계층, 얼굴이 창백한 화이트칼라 계층이 없어져야 한다. 이것을 성취하기 위해 이북 공산당은 계급투쟁을 고취했다. 이런 결과로 일단은 사회주의사회가 이룩되었으나, 계속되어야 할 계급투쟁이 또 남아 있다. 이북 공산당 정책에 의하면 사회주의 시기에도 계속되어야 할 계급투쟁은 다음 두 가지이다. 첫째는 외부의 적대 세력과 아직도 내부에 남아 있는 이전 착취계급의 잔재가 상호 연대하는 것에 대항해 싸우는 일이고, 둘째는 노동자 자신들의 의식 속에 남아 있는 옛 생각에 반대해 싸우는 일이다. 비록 사회주의국가가 되었으나 의식의 변화는 시간이 걸린다. 그렇기 때문에 이북 공산주의 지도층은 노동자의 의식이 완전히 바뀔 때까지 혁명을 계속할 것을 고취하고 있다. 이것이 이북에서 계급투쟁이 계속되어야 함을 역설하는 이유이다.

김일성의 메시아주의는 이북의 완전한 해방에 만족하지 않는다. 그의 밝은 미래에 대한 꿈은 한국의 해방까지를 포함하고 있다. 실로 김일성의 글 속에는 그의 불붙는 소원이 한국을 미제에서 해방시켜 조국을 사회주의 체제 아래 통일하는 것임이 누누이 강조되고 있다. 1965년 1월 8일 자로 미국 워싱턴 D.C.에 있는 '한국문제연구소(The Korean Affair Institute)' 소장에게 보낸 김일성의 답서 속에 그의 이 열망이 잘 표현되고 있다.

> 남과 북으로 한반도가 갈라짐으로 인해 셀 수 없는 불행과 아픔을 당하고 있는데 특히 남반부에 사는 인민에게 극심하다. 우리 조국의 분단이 끝나고 재통일이 이룩되지 않는 한 모든 인민의 번영을 기대할 수 없고 남반부의 인민은 그들의 비참한 상태에서 구원을 받을 수 없다. …… 우리나라의 재통일은 더 이상 연기될 수 없는 긴급한 민족적 과제이다. …… 우리나라의 재통일에 있어 기본적인 방해물은 미국의 제국주의자들인데 그들은 한국을 군사적으로 강점하고서 국내문제에 간섭할 뿐 아니라 나라를 계속 분열시키는 정책을 수행하고 있고 한반도 전체에 대한 침략적 정책을 펴고 있다. …… 한국으로부터 모든 외국 군대를 철수시키는 일이 재통일의 문제를 해결하는 데 우선적으로 요청되고 있다.[56]

남북한을 통틀어 사회주의국가를 세우자는 목표가 김일성의 메시아주의 안에 흐르고 있었다. 사실 한국의 자본주의가 존속하는 한, 그것은 외적인 적대 세력으로서 이북에 남아 있는 옛 봉건 잔재와 결합할 수 있다는 염려에서도 김일성은 한국의 사회주의화를 크게 부르짖고 있는 것이다. 신창선은 이러한 김일성의 입장을 지지하면서 더욱 분명하게 해설하고 있다. 즉, 노동자

---

56) Kim Il Sung, *For the Independent Peaceful Reunification of Korea*(NY: International Publishers, 1975), pp. 102~103.

로 하여금 미제와 일제에 대해 불타는 듯한 미움을 일으켜야 한다고 선동한
다. 그 무서운 미움으로 미제를 한국에서 몰아내야 조국 통일이 가능하고 따
라서 사회주의·공산주의 국가가 세워질 수 있다는 것이다. 현재는 북반부에
세워진 선진 사회주의 체제를 열렬히 사랑하면서 그것을 더욱 잘 발전시키
고, 한걸음 나아가 "공산주의의 밝은 내일을 위해 투쟁해야 하고 또한 그 미
래에 대한 확신을 가지고 그것의 성취를 위해 우리의 최선을 다해야 한다"[57]
라고 신창선은 외쳤다.

　김일성은 자신의 메시아주의를 한국과 비교하면서 한국의 것을 거짓 유토
피아주의라고 비난했다. 그에 의하면 한국에는 이북의 진짜 유토피아주의와
는 정반대인 가짜 유토피아주의가 판을 치고 있다는 것이다. 한국의 지배계
급은 국민에게 설교하기를 가장 안정되고 행복한 삶은 자기들의 이상을 던져
버리고 현재의 조건에 스스로를 적응시키면서 일시적 쾌락을 찾는 것이라고
속이고 있다는 것이다. 이런 방식으로 저들은 노동하는 사람들의 혁명적 의
식을 둔감하게 하고 젊은이들을 썩게 만들려고 시도한다고 비판한다. 한국
지배계급의 그러한 시도로 인해 한국의 젊은이들과 민중은 미래를 잃어버리
고 절망하고 있다는 것이다.

　한국에는 미래가 없다고 김일성은 외쳤다. 이 미래를 빼앗는 것이 지배계
급일 뿐 아니라 종교도 한몫을 크게 담당하고 있다고 그는 종교를 비판했다.
림훈은 「사회주의와 종교」라는 논문에서 종교가 가난한 노동자의 아편이요
지배계급의 착취 수단이라고 분석하고 있다.[58] 그에 의하면 한국 교회는 지
배계급과 미국의 패권주의자들에게 이용되어 민중의 혁명적 의식을 마비시
키고 계급투쟁을 못하게 만들어 참된 미래를 빼앗고 있다고 비난했다. 참된

---

57) 신창선, 「혁명적 낙관주의 이론」, 31~36면.
58) 림훈, 「사회주의와 종교」, ≪근로자≫, 1963년 11월 16일 자, 27면.

미래 대신 거짓 미래인 '하늘'로 사람들을 인도하기 때문이라고 교회를 비판한다. 매주 교회 강단에서 들리는 기독교적 사랑은 착취자와 억압자만을 도와줌으로써 저들만이 세상에서 즐거운 삶을 살도록 한다는 것이다. 그러는 가운데 수많은 민중은 가난과 억압의 고통 속에 신음하고 있다는 것이다. 결국 한국 교회는 이 세상에서 민중의 고통에 아랑곳하지 않음으로 민중의 한을 풀어주지 못할 뿐 아니라 저들의 한을 초세계적인 초월로 인도함으로써 이 세상에서의 혁명적 투쟁을 마비시키는 결과를 초래한다고 비난한다. 그러니 착취자와 억압자는 자기들에게 대항하고 저항하는 세력이 종교에 의해 잠잠하게 되니 천만다행일 수밖에 없다. 바로 이 점에서 지배계급과 종교는 한패거리가 된다는 것이다. 즉, 기독교의 초월적 메시아주의는 전적으로 강한 자의 이용물이 되고 만다. 이 점에서 전통적인 한국 교회의 초월적 메시아주의가 이북의 공산주의 메시아주의에 의해 가혹하게 비판되고 거부되고 있다. 마르크스 당대의 유럽 기독교 비판과 너무나 닮은 내용을 여기서 본다.

한국의 철학 역시 부르주아 철학으로 이북 프롤레타리아 메시아주의의 무서운 비판을 받고 있다. 이북 철학자 김철희는 이북에서 권위 있다는 학술 잡지 중 하나인 ≪역사과학≫에서 '한국에서의 부르주아 철학'의 성격을 분석했는데 그의 결론 부분만을 인용한다.

남반부에서 유행하고 있는 철학은 남반부의 자본주의사회의 어두움과 죽음의 한 표현이다. 그런 철학은 인민을 적극적인 방향으로 격려하지 않는다. 오히려 희망을 잃게 하며 죽음을 보여줄 뿐이다.[59]

---

59) 김철희, 「남반부에 퍼져있는 부르주아 철학의 특성과 반동성」, ≪역사과학≫, 제2호(1960년), 61쪽.

한국의 철학 역시 종교와 같은 기능을 한다는 것이다. 즉, 철학은 그 시대의 산물인데, 부패하고 타락한 자본주의사회의 모습을 그대로 반영한 것이다. 이 실존철학은 인민 속에, 특히 젊은이들 속에 비관주의를 심어준다고 한다. 이 철학으로 인해 젊은이들의 의식이 둔화되고 마비되어 결국 보수화되고 만다. 착취자들의 착취의 도구로서 실존철학은 안성맞춤이라고 비판한다. 문제는 사회가 어두워지고 죽음의 그늘이 덮인 때일수록 젊은이들이 시대의 표징을 읽고 그런 어두움과 죽음을 가져오는 사회적 모순을 파헤쳐 제거해야 하는데 실존주의는 그 반대의 일을 한다고 비판한다. 1960년대의 글 속에 실존주의 철학 비판이 눈에 많이 뛴다. 김해균이나 이주석은 ≪근로자≫를 통해서 실존철학을 '죽음의 철학'이라고까지 극언한다.[60] 한국 사회가 죽어가고 있기 때문에 거기서 나온 철학이라는 것이다. 또 다른 의미로 혁명 의식을 마비시키는 철학이라는 것이다. 이북 철학자 안덕평은 실존철학과 같은 부르주아 철학이 비이성주의와 신비주의를 지지하고 있다고 비꼰다.[61] 비이성주의와 신비주의는 종교가 가진 특성이 아닌가? 따라서 종교가 인간의 혁명 의식을 마비시키는 것처럼 실존철학도 혁명 의식을 마비시키고 있다. 이런 철학은 인민을 수탈하고 지배하기 위해 부르주아에게 아주 필요한 것이다. 이런 철학이 한국에 유행하는 것은 한국 사회의 모습을 여실하게 보여주고 있다는 것이다. 결국 민중의 희망은 보이지 않고 지배자와 착취자만이 날뛰고 있는 현실을 보여주는 것이라고 분석한다.

김일성에 의하면 부르주아 사회 체제에서는 대중에게는 밝은 미래가 없다고 한다. 그러한 사회 안에서는 참된 민중의 메시아주의가 꽃필 수 없기 때문

---

60) 김해균, 「실존주의 문학의 성격」, ≪근로자≫, 제10권(1963년), 33쪽; 이주석, 「남반부의 사회적 상황과 실존주의」, ≪근로자≫, 제8권(1967년), 56쪽.
61) 안덕평, 「부르주아들의 철학사상」, ≪근로자≫, 제8권(1967년), 56쪽.

이다. "착취와 억압이 제거되고, 제한되지 아니한 발전의 기회가 모든 인민에게 열려 있는 체제에서만 인민은 아름답고 선한 것을 바라보게 되고 그때 적극적인 흐름이 사회 전체에 뒤덮인다"[62]라고 김일성은 언급한다. 한마디로 이북의 메시아주의만이 인민에게 희망을 준다는 요지이다. 이 사회주의 체제를 통해서만 착취와 억압이 사라질 수 있기 때문이라는 것이다. 공산주의적 메시아주의만이 한국을 살릴 수 있다고 공언한다. 바로 이 때문에 이북 공산주의자들은 한국 대중에게 이상적인 사회를 주기 위해 최선을 다하고 있다고 외치고 있다. 그들의 목표는 하루속히 한국에 "모든 인민이 잘 먹고 잘 살고 장수하는 사회, 그리고 거기에는 처진 자나 게으른 자가 없이 모두가 적극적·헌신적으로 일하는 사회, 그리고 모든 인민이 한 가족처럼 조화롭게 단결되어 사는 사회를 건설하는 일이다".[63] 김일성이 말하는 이런 사회는 곧 공산주의 사회라는 것이다.

김일성은 자신의 메시아주의의 밝은 내일을 호언장담하는 한편 한국에 대해서는 무자비하게 비난한다. 그에 의하면 "남반부의 인민은 미국의 패권주의자들과 지주와 자본가의 잔인한 착취로 인해, 그리고 각 계층에서의 경제적 도탄으로 인해 말할 수 없는 불행 속에 살고 있다는 것이다". 특히 "미국의 패권주의자들은 남반부의 경제를 철저하게 뒤흔들어 놓아서 인민은 말할 수 없는 고통을 겪게 하고 따라서 남반부 전체를 온통 테러와 독재의 도가니로 바꿔놓아 산지옥을 방불케 한다"[64]라고 김일성은 주장한다. 이북은 파라다이스로 향해 전진하고 있는 반면 한국은 점점 생지옥이 되어간다는 것이다. 이러한 결과는 바로 한국에 미국 패권주의가 식민지정책을 부식(扶植)한

---

62) Kim Il Sung, *Selected Works,* Vol. 3, p. 183.

63) 같은 책, p. 207.

64) 같은 책, p. 402.

결과로서 이에 편승하고 아첨하는 한국 정권 지배자들의 매국적 정책 때문이라는 것이다. 그렇기 때문에 한국의 현 상황을 변화시키고 민중을 배고픔, 가난, 억압에서 구하는 유일한 길은 "미국 군대를 몰아내고 민족의 통일을 성취하는 일이다".[65]

결국 김일성 메시아주의의 핵심에는 미군의 한국 철수의 방법적 전략이 숨어 있다. 민족 통일이 남북한 전체 민족의 살길인데 그 통일을 방해하는 것이 미군이요, 현재 한국의 자주독립을 방해하고 나아가 식민지적 지배를 통한 경제적 착취 역시 미군의 주둔 때문이라는 것이다. 소수의 권력자와 지배자 및 재벌만 살찌게 하고 민중은 수탈당하는 오늘의 체제를 가능케 한 것이 미군이기 때문에 미군을 빨리 몰아내야 한다는 것이다. 이북의 밝은 미래가 위협받지 않고 발전하기 위해서만이 아니라, 한국 자체를 밝은 사회로 만드는 길도 미국의 패권주의가 없어져야 가능하다고 보고 있다. 이제 끝으로 김일성의 말을 인용하겠다.

우리의 혁명은 중단되지 않는 전진을 요구한다. 우리는 하나의 혁명적인 과업이 달성되었다고 해서 만족할 수 없다. 우리는 한 혁명 과업이 끝나면 또 다른 혁명 과업을 세우고 그것을 성취하지 않으면 안 된다. 우리가 이미 얻은 승리는 좀 더 큰 내일의 승리를 위한 준비 단계로서 좀 더 큰 발전을 위한 기초로서 봉사한다.

북반부에서의 사회주의 건설의 완성은 우리 과업의 종료를 의미하지 않을 것이다. 거기에는 조국 통일의 과제와 남반부의 산업국유화로 토지개혁과 같은 민주적인 개혁을 수행하는 과업이 남아 있다. 남반부에서 민주적인 혁명의 과업이 성취된 다음에는 사회주의를 세우는 과업이 계속되어야 하고 사회주의 건설이 이룩된 다음 우리나라는 장차 공산주의로 이행해야만 할 것이다. 이러한 모든 일이 착실하게 수행될

---

65) 같은 책, p. 403.

때만 세계혁명에서 우리의 의무를 완수했다고 말할 수 있게 될 것이다. 이런 이유 때문에 북반부에서의 공산주의 교육은 조국의 재통일의 과업과 연결되어 늘 시행되어야 한다. 우리는 북반부에서의 사회주의 건설이 조국의 재통일의 보증이라는 생각을 강조하지 않을 수 없다.[66]

이상에서 길게 인용된 김일성의 말에서 그의 메시아주의의 요체를 읽을 수 있다. 그것은 매우 구체적·역사적이다. 그의 메시아주의는 민족주의적이다. 조국의 통일을 이루고 사회주의 또는 공산주의 조국을 이룩하려는 그의 의지가 분명히 나타나 있다.

4. 결어

앞에서 차례로 살펴본 대로 마르크스, 블로흐, 김일성의 메시아주의는 구체적·역사적이다. 그들 모두 이 땅 위에 구체적·역사적인 목표를 설정하고 있다. 그들 모두 모든 사회적인 억압을 완전히 제거하고 계급 차별을 깨끗이 없애는 것을 소망했고 그것을 위해 노력했다. 시대와 공간이 그들이 처한 상황에 따라 달랐기에 그것을 추구하는 방법의 차이가 있기는 했으나 세 사람이 추구한 내용은 매우 비슷했다.

마르크스는 헤겔의 변증법적·역사적 목표를 포이어바흐의 유물론적 내재적 수단과 조화시킴으로써 메시아주의의 방향을 설정했다고 할 수 있다. 마르크스의 메시아주의는 종교에 대해 무관심한 태도를 갖게 했고 종교의 미래

---

66) Kim Il Sung, *Duties of Literature and Arts in our Revolution*, p. 79.

에 대한 주장을 진지하게 받아들이는 것을 거부하게 했다. 마르크스가 보기에 기독교의 종말론은 민중의 구체적 희망, 즉 땅 위에서의 역사적·구체적인 목표에 대한 소원을 만족시키지 못하는 것이다. 아니 기독교의 종말론은 민중이 땅 위에서 구체적인 소원이 만족되지 못하는 데서 생긴 것이라고 마르크스는 비판한다. 이것을 극복하기 위해 마르크스의 무신론적 메시아주의가 태동되었고 그것은 그의 추종자 속에서 무신론적 투쟁을 일으켰다. 이른바 그의 공산주의 혁명을 통한 새 인간 창조를 원하는 사람은 누구나 인간의 행동에 전적으로 의존해야 하는데, 그것은 공산주의 혁명이 역사적·구체적이기 때문이다. 마르크스에게 있어 땅 위에서 역사적·구체적인 구원을 얻으려는 자는 누구나 비역사적 도피주의나 신의 개입에 근거한 모든 유신론적 근거를 논리적으로 배격해야 한다는 것이다. 이처럼 마르크스는 기독교의 초현세적 메시아주의를 정면으로 부정하고 역사적·구체적인 현세적 메시아주의를 제창했다.

다른 한편, 블로흐는 마르크스의 메시아주의가 종교 발전의 논리적·역사적 결과를 나타내고 있다고 논증하고 있다. 종교의 창시자들은 그들의 인간성을 초월자에 계속 투사함으로써 모든 신적 개념에서 참된 인간성을 발견해야 한다고 그는 주장한다. 즉, 종교의 초월성에서 인간의 현실성을 찾아야 한다는 것이다. 20세기에 와서 인간은 인간을 출애굽시킨 야훼 하나님으로부터 탈출(exodus)하도록 도전받고 있다고 블로흐는 선언한다. 이제 인간은 자기의 유토피아적 왕국을 위해 하나님을 버리도록 도전받고 있고 모든 신 개념을 포기하도록 도전받고 있다는 것이다. 이제 인간은 종교 창시자들에 의해 미래로 투사된 그들의 인간성 안에서 희망의 내용을 찾아내야 한다. 비록 인간 위에 그리고 인간을 넘어선 모든 신들이 인간 의식에서 제거되었을 때라도 거기는 아직 계속적으로 전진하는 출발점이 완전하게 남아 있다. 그 출발점은 인간으로 하여금 미래의 성취를 희망하도록 손짓하고 미래에 있는 희망찬 가능성을 실현하기 위해 창조적인 행동을 하도록 만든다. 블로흐의 이른바 '아직도 존재하지 않는 것(not yet being)'이란 개념은 이와 같은 전위적 장소(topos)를 넓게 열어놓고 종교적 성취의 '모든 것(all)'과 허무주의적 절망의 '무(nothing)' 한가운데서 매개하고 있기 때문에 오직 인간의 실천만이 역사적 발전의 미래 과정을 결정할 수 있다는 것이다. 전체냐 무냐? 성취냐 절망이냐? 실패냐 성공이냐? 왕국이냐 무질서냐? 이러한 양자택일은 인간이 중심 추를 어디에 두느냐에 달려 있다. 블로흐는 인간의 실천에 미래의 메시아주의를 걸고 있으면서도 이것을 종교의 발전 과정에서 도출하고 있다.

마르크스와 블로흐는 마르크스주의적 메시아주의가 종교적 주체의 종합적 발전의 한 구성 요소인가 아니면 종교의 계속적인 존립에 대한 정반대의 적인가에 대해 서로 일치하지 않은 견해를 표명한다. 그러나 양자는 가장 핵심적인 점에서는 일치하고 있는데, 그것은 인간의 희망을 오로지 인간의 행동에 둠으로써 인간 밖의 어떤 추상적·초인간적 실재의 간섭 가능성을 완전히 배제하고 있는 점이다. 두 사람 모두 민중의 미래를 탐색함에 있어 매우 역사적·구체적이다. 그들에게는 사람만이 희망의 목표를 성취해야 한다는 것이다. 그렇지 않을 때 유토피아는 영원히 이 땅에 이뤄질 수 없을 것이다. 인간이 땅 위에 이상적인 사회를 건설할 수 있다. 그 이상적인 사회란 곧 공산주의 사회라고 그들은 주장한다.

바로 이 점에서 김일성은 마르크스나 블로흐의 충실한 제자이다. 김일성은 인간 자신이, 인민이, 민중이 한반도에 공산주의 사회를 일으킬 수 있다고 믿고 있다. 이런 사회의 건설은 초인간적 실재의 초월적 힘을 완전히 배제시키고 오로지 인간의 힘을 통해서 가능하다고 그는 선언한다. 특히 그가 종교의 가치를 하나도 고려하지 않은 점에서는 블로흐보다 마르크스의 입장을 따르고 있다고 할 수 있다. 김일성에게 기독교란 공산주의적 혁명에 관한 한, 전혀 도움이 안 되는 것으로, 오히려 반혁명적인 것으로 간주되었다. 이른바 인민 해방을 위한 역사적 진군에 있어 기독교는 저항적·반동적인 세력으로 이해되었다.

실제로 해방 직후 이북 기독교의 주류는 아직도 사회에 대한 적극적인 태도를 갖지 못한 상태였다. 소수의 진보적 그룹이 존재하긴 했으나[67] 대체로 초세상적·종말론적인 신앙을 견지했다. 당시 기독교의 메시아주의는 공산주의자들이 보기에 추상적·비역사적이라고 생각되었음이 틀림없다. 따라서 기독교의 메시아주의는 사회혁명이나 인간 해방 운동에 전혀 공헌을 하지 못할 뿐 아니라 오히려 반동적이라는 것이다. 실제 민족의 해방과 독립 이후 한국 기독교는 민족을 위해 일할 수 있는 방법과 내용을 생각하기도 전에 공산주의가 이북의 정권을 잡았기에 해방 이전의 초세계적·비역사적 신앙과 신학을 반성할 기회가 없었다. 일제의 혹독한 압제에서 초역사적으로만 달음질했던 기독교의 메시아주의가 새로이 민족의 독립과 안전을 위한 공헌의 길을 모색하기도 전에 무신론적 공산주의를 접한 이북 기독교는 무조건적인 반공산주의가 되었고 따라서 양자의 대결은 무서울 정도로 심화되었던 것이다. 그래서 실천이나 이론에서 공산주의의 메시아주의와 기독교의 메시아주의는 극과 극을 달리고 있었다.

기독교의 메시아주의가 추상적·비역사적인 데 반해 김일성의 메시아주의는 구체적·역사적이었다. 민중의 구체적인 삶에 호소하고 응답하는 내용이었다. 김일성의 메시아주의가 보여주는 밝은 미래는 구체적인 사회주의사회로서 그 안에서는 억압과 가난이 해소되고 인간의 자유가 충분히 보장되는

---

67) 민경배, 『한국기독교회사』(서울: 기독교서회, 1972), 341쪽 참조. '기독교사회민중당'이 창당되었다.

그런 사회이다. 김일성의 구체적 종말론의 내용은 계급 없는 사회, 강제되지 않는 노동, 궁극적으로는 민족의 재통일 등인데 이러한 구체적 메시아주의는 민중이 간절히 소망하는 것이었다. 이런 구체적인 메시아주의에 민중이 어떻게 응답했는지는 자명하다. 물론 그것이 이후에 기대 밖의 허상과 실의로 바뀌었다고 비판받았으나 그들이 내세운 밝은 미래의 청사진은 너무 구체적이었기에 기독교의 추상적인 메시아주의와는 큰 대조가 되었다. 물론 기독교의 종말론은 그 나름의 영원한 진리를 가지고 있다. 그러나 이북 민중을 사로잡기 위해 민중에게 생기는 구체적인 문제의 해결을 위한 메시아주의가 필요했다. 이북 기독교가 이에 대한 대처를 전혀 시도하지도 못했을 때 공산주의 메시아주의가 등장했다. 이로 인해 기독교는 속수무책으로 거부되고 결국 낙오되고 말았다.

그런데 놀라운 것은 1973년부터 김일성은 기독교가 민중 해방을 위한 자원을 가지고 있음을 인정하기 시작한 것이다.[68] 또한 한국 기독교는 1970년대에 들어오면서 독재 정권인 박정희 정권에 정면으로 도전하기 시작했다. 특히 유신헌법이 가결되고 박정희의 영구 집권 체제가 이룩되면서부터 한국 기독교는 이에 무섭게 저항했다. 이러한 사실을 김일성이 알게 되면서부터 기독교가 단지 저세상적·초월적인 메시아주의만 있는 것이 아님을 알게 된 것 같다. 이북 기독교 연감은 한국 기독교의 반정부투쟁을 찬양하면서 기독교가 인민을 해방시키는 자원과 에너지를 갖고 있음을 서술했다. 1973년부터 기독교에 대해 적극적인 평가가 있었던 것은 그해 5월 일단의 한국 기독교인들이 역사적인 성명서를 낸 데도 기인한다고 본다. 그 성명서의 한 부분은 다음과 같다.

---

68) 『조선중앙년감』(평양:조선중앙통신사, 1974), 261쪽.

우리 민중은 시련과 고통을 당해 왔고 사회의 혼돈과 경제적 결핍을 겪어 왔으며 특별히 참혹한 6·25전쟁과 그것의 결과로 정치적 독재에 시달려왔다. 이제 인간적인 공동체가 회복되는 것이 우리 민중의 열렬한 희망이다. …… 한국 민중의 한 구성 부분인 기독교 공동체는 일어나서 오늘의 상황에 대해 소리 높여 외쳐야 하고 메시아적 왕국의 하나님의 계획에 어쩔 수 없이 순종해야 한다.[69]

우리는 여기서 한국 교회가 구체적으로 민중의 아픔에 응답하려는 새로운 자세를 발견한다. 이 성명서가 말하는 메시아적 왕국은 구체적인 한반도 안에서의 나라이다. 즉, 억압, 착취, 가난이 없어지고 정의와 자유가 다스리는 나라를 의미한다. 그 나라에서는 독재와 불의가 사라지고 참 자유와 평화가 엮인다. 이제 더 이상 기독교 종말론은 초세계적·반민족적인 메시아주의가 아님을 이 성명서가 보여주었다. 그것은 구체적으로 한반도 안에서 한민족이 가지는 이 세상 안에서의 희망의 성취를 의미한다. '여기, 지금' 세워져야 할 메시아 왕국이다. 기독교 메시아주의는 초월적인 어떤 것이 아니라 지금, 여기, 구체적인 역사 안에서 이행되어야 하는 어떤 것이다. 우리는 여기서 김일성의 메시아주의에 응답할 수 있는 기독교의 메시아주의를 본다. 이것을 안 김일성이 한국 기독교 안에서의 민중운동, 민중신학을 환영하면서 기독교를 인정하기 시작했다고 본다.

---

69) Harold Hakwon Sunoo, *Repressive state and resisting church: The politics of CIA in South Korea* (Missouri, Fayette: Korean American Cultural Association, 1976), p. 5.

제4장 마르크스주의에 대한 기독교적 응답

우리는 이제까지 이북의 무신론, 휴머니즘, 메시아주의를 살폈다. 마르크 스주의 국가 중 하나인 이북의 사상, 특히 김일성의 사상이 마르크스와 레닌 및 그 후계자들의 사상을 답습하고 있음을 보았다.

중요한 문제는 기독교가 이와 같은 이북의 무신론, 휴머니즘, 메시아주의 에 대해 어떻게 응답해야 하는가에 있다. 김일성은 인간의 해방이라는 명목 으로 무신론을 주장했고 그것이 곧 인간주의요 메시아주의라고 선언했다. 한 국 기독교인은 이에 대해 분명한 대답을 준비해야 한다. 같은 핏줄인 한민족 이 한반도에서 평화롭게 살기 위해 불원간 통일을 이룩해야 하는 절체절명 앞에 우리는 서 있다. 통일 후에 만날 이북 메시아주의에 대해 한국 기독교는 어떻게 처신해야 하는가를 진지하게 고민하고 대처하지 않으면 안 된다. 앞 에서 본 것처럼 이북에서 전통적인 기독교의 내용과 형태가 거의 전멸되다시 피 한 것은 김일성의 잘못된 독재정치가 그 기본에 있기는 하지만 더 깊이 생 각하면 당대의 교회가 이북 민중을 위한 사회적·역사적인 역할을 제대로 하 지 못해 이북 인민의 전적인 지지를 받지 못한 것을 솔직하게 인정해야 한다. 이북 교회가 초월적인 신앙 때문에 민중의 지상에서의 행복과 평안을 위해 투쟁하지 못하게 되었다는 비판을 교회가 분명하게 인식하고 통일 후 이북에서는 기독교가 인민의 지상에서의 행복한 삶에 크게 공헌함으로써 이북 인민의 이 땅 위에서의 평화적이고 행복한 삶을 위해 크게 공헌한다는 칭찬을 받도록 해야 한다.

이는 김일성이 이북을 통치할 때 이북 교회의 신앙 형태가 인민의 구체적인 삶에 전혀 공헌하지 못했다는 말인데, 어디에서 잘못되었는지를 알아야 한다. 실로 이북 공산주의자들의 주장처럼 이북 기독교가 인간을 해방시키는 데 공헌하기는커녕 오히려 기독교 신앙이 인민의 삶을 쪼들리게 하지는 않았는가? 당대 기독교 신학과 신앙이 과연 반민중적·반민족적이었는가? 기독교가 믿는 하나님이 지상에서 눌리고 아파하는 백성의 희망이 되지 않았다는 것이 사실인가? 기독교 메시아주의는 인간 해방과는 거리가 먼 것이었는가? 이상과 같은 물음에 대해 민족 통일을 바라는 한국 기독교는 분명하게 대답하면서 통일 후 이북에서의 기독교의 내용을 확실하게 준비해야 한다.

제1절에서 전통적인 기독교가 대체로 무산대중 계급의 소원에 응답하지 못한 역사적 사실을 언급할 것이고, 제2절에서 한국 개신교의 역사를 통해 서양 선교사들의 전통을 이어받은 한국 교회가 어쩔 수 없이 민중의 아픔에 깊이 참여하지 못했음을 서술할 것이다. 제3절에서 마르크스주의의 기독교 비판에 적극적으로 대처하기 위해 예수의 값진 복음을 적극적으로 해석하려 한다. 제4절은 마오쩌둥의 공산주의가 중국을 점령할 당시의 중국 교회가 어떻게 대처했는가를 고찰함으로써 한국 교회가 통일 후 교회를 어떻게 이룩할 것인가에 도움을 주려 한다. 제5절에서는 성서가 보여주는 하나님의 이스라엘 민중 해방의 역사와 짓눌린 갈릴리 민중을 위해 그들의 억압자에 대항해 싸우시던 예수의 십자가 죽음 그리고 할례받지 못한 이방인을 수용해 이스라엘 백성과 똑같이 하나의 공동체를 이룩한 바울의 사역을 소개하려 한다.

1. 전통적 서구 기독교와 무산대중

초기를 제외하고 거의 대부분의 경우 기독교는 가진 자의 편에 섰음을 기독교의 역사가 서술하고 있다. 서구 기독교는 부자의 편에 섰고 착취하는 자를 옹호했다. 따라서 서구 기독교는 가난한 자와의 관계가 편치 못했다. 베버가 그의 명저 『기독교 윤리와 자본주의 정신(Die protestantische Ethik und der Geist des Kapitalismus)』에서 분명하게 암시하는 것처럼 기독교와 노동자계급의 관계는 부드럽게 이어지지 못했다. 리처드 토니(Richard H. Tawney)의 말을 빌려 표현하면 "마르크스가 19세기 프롤레타리아에게 행한 것을 칼뱅은 16세기 부르주아에게 했다".[1] 토니의 이 말은 서구 개신교의 창시자 장 칼뱅(Jean Calvin)은 당대 신흥하는 부르주아에게 그들의 역사적 임무를 다하기 위해 신학적인 인식을 제공했다면, 19세기 마르크스는 부르주아에게 착취당하는 노동자에게 혁명의 무기를 주었다는 것이다. 이 평가를 이해하기 위해서는 3세기라는 시간적 격차를 전제해야 할 것이다. 그러나 토니의 분석이 제시하는 것은 개신교와 프롤레타리아의 상면(相面)이 처음부터 이뤄질 수 없었다는 점이다.

물론 개신교 안에서 종교적 사회주의 운동이 일어났다는 사실을 모른 채 덮어둔 것은 아니다. 서구 개신교에는 약한 자, 눌린 자, 없는 자에 대한 관심이 있었다. 그것이 종교적 사회주의 운동을 일으켰고 발전되기도 했다. 개신교 안에서 처음으로 기독교를 노동자계급의 시각으로 해석하는 시도가 있었다. 종교개혁자들의 사회적·정치적인 메시지를 통해 혁명적인 목소리, 보수

---

1) Richard H. Tawney, *Religion and the Rise of Capitalism*(Gloucester, Mass.: Peter Smith, 1962), p. 112.

적인 목소리 모두 들을 수 있다. 예컨대 루터의 경우를 보더라도 그가 전통적인 교회에 항의한 점에서는 혁명적이라고 볼 수 있으나, 농민전쟁을 일으킨 사람들에 대해 반대하고 지주의 편을 든 것을 보면 보수적이라고 분석할 수 있다. 이처럼 개신교와 프롤레타리아계급의 관계는 이론적으로 밀접할 수 있을 것 같으면서도 실제로 서로 경원하는 모습을 본다. 일반적으로 말해 양자의 관계는 만족스럽지 못했다. 종교개혁 초기부터 오늘에 이르기까지 그러한 만족스럽지 못한 관계가 계속되고 있다고 해도 과언이 아니다. 특히 개신교와 프롤레타리아계급의 관계 악화는 18~19세기 개신교의 신학적인 요소에서 구조적으로 기인한다고 말할 수 있는데, 당시 개신교 신학은 대체로 다음 세 가지 경향이 있었다. 즉, 자유주의, 정통주의, 경건주의이다.

잘 알려진 바와 같이 자유주의적 개신교는 신앙보다는 도덕성에 중요성을 두었다. 대체로 종교를 문화 일반의 틀에 가두고, 윤리나 이성의 차원에서 종교를 해석했다. 신앙의 초월성을 제거하고 단지 유한성에다 기독교를 세운 셈이 되었다. 한정된 조직 속에서 종교를 이해하려고 했다. 이러한 자유주의적 신앙은 당대의 부르주아적 정신과 일치하는 것이었다. 현상 유지에 모든 가치를 고정시켜 거기에 만족하고 빠져버린 신학 체계가 된 것이다. 오늘을 그대로 인정하고 거기에 안주하려는 부르주아적 정신이 신학자들의 마음을 지배했고 그 결과는 초월적 신앙을 부정하고 현세의 도덕성과 문화를 긍정한 인간주의와 현세주의에 빠지게 되었다. 당대 기독교인이 이러한 분위기에서 나온 개신교 신학과 신앙을 프롤레타리아로 받아들일 수 없었던 것이다. 그런 신학과 신앙은 오늘을 즐기는 가진 자들의 것이지, 오늘에 고통당하고 소외받는 사람들의 것일 수는 없다. 그러므로 18~19세기의 자유주의 신학은 프롤레타리아와 만날 수 없었다.

이와 반대로 정통주의 개신교는 유한성에 스스로를 가두는 특성을 지닌 부르주아적 정신에 항거해 좀 더 큰 힘을 발휘했다. 예컨대 기적, 영감, 창조 세계의 시작과 종말 등의 개념에서 나타난 것처럼 정통주의는 유한한 세계의 벽을 깨고 새로운 실재의 가능성을 지시하고 있다. 이것은 곧 유한한 현재를 고수하려는 부르주아 정신을 거부하는 것을 의미한다. 또한 개신교 정통주의가 반부르주아적인 이유는 자본주의 시대 이전의 경전인 성서에 온전히 기초하는 데 있다. 정통주의는 자본주의 정신이 아니라 성서적 전통에 뿌리박고 있다. 그렇다고 해서 부르주아 정신과의 대결에서 승리할 수 있을 만큼 강력하지는 못했다. 진정 개신교 정통주의가 '오직 성서'라는 주제를 고수해 밀고 나갔다면 충분히 부르주아적 정신을 극복하고도 남았을 것이다. 정통주의 기독교가 그 훌륭한 성서의 변혁적인 개념들을 가지고도 구체적인 현실 문제와 연결시키지 못했다는 것이 매우 아쉽다.

경건주의적 개신교는 정통주의적 개신교보다 이전의 자본주의적 전통을 고수했다고 할 수 있다. 경건주의는 자본주의 정신을 결정적으로 반대하고 거부하는 요소를 지니고 있다. 하나님과의 수직적 관계는 인간이나 사회와의 평면적 관계를 상대화시켜버릴 수 있기 때문이다. 경건주의는 하나님의 뜻이라고만 믿을 때는 오늘을 언제라도 거부할 수 있다. 그런 점에서 자본주의적 정신에 반기를 들 수 있는 추동력과 열정이 있었다. 하지만 부르주아 정신에 승리할 수 없었다. 그리고 결국 부르주아 정신에 의해 다소 한정된 셈이다. 그것은 특히 현실도피라는 점에서 드러났다. 경건주의가 자본주의적·부르주아적인 정신과 야합함으로써 개인적인 종교성이 형성되었고 그것은 이기적인 개인성을 낳았다. 그런 종교성은 오히려 부르주아적 정신에 이용되었다. 경건주의가 신비적 초월로 도피해 현실을 외면하는 동안 세계는 악마들의 밥이 되었던 것이다. 결국 경건주의는 이 세상을 버린 셈이고 이 땅을 하나님의 통치에서 떼어낸 셈이 되었다.

결론적으로 말해 18~19세기 개신교는 대체로 부르주아 사회의 정신에 적응한 것 같다. 그래서 한창 대두되는 노동자계급 운동의 기대와 소원에 응답할 수 없었다. 자유주의도, 정통주의도, 경건주의도 새로이 등장하는 프롤레타리아와 만날 수 없었던 이유가 바로 이것이었다.

이제 개신교와 프롤레타리아계급이 왜 서로 만날 수 없었는지 프롤레타리아의 성격을 고찰함으로써 파악하려고 한다. 둘이 만날 수 없었던 것은 각기 상대방의 특수한 체질을 이해하지 못했기 때문이다. 양자가 지향하는 바가 서로 달랐기 때문이다. 프롤레타리아의 특수한 성격을 대체로 서너 가지로 나눠 고찰하겠다.

첫째, 노동자계급 운동은 계급 문제, 즉 대중 문제를 앞에 내세운다. 이것은 개인적인 차원의 문제와 반대되는 것이다. 개신교는 개인의 영혼 구원에 정열을 쏟기 때문에 대중의 전체적인 영역의 문제를 이해하지 못한다. 틸리히의 지적대로 개인화·내면화된 종교란 "개인을 고립시켜 하나님과 세상의 관계를 하나님과 개인 영혼의 관계로 줄여버린다".[2] 다음 절에서 좀 더 깊이 논구하겠지만 틸리히의 분석은 한국 개신교의 경우 아주 적중하고 있다. 100여 년 전 한국 개신교 신앙은 대체로 개인화·내면화된 것이었다. 그렇기 때문에 대중적인 문제, 전체적·사회적인 문제를 제대로 볼 수 없었다. 한국 개신교가 개인적인 내면의 신앙만 고집하고 있었기 때문에 서구 기독교처럼 프롤레타리아의 문제를 보지 못했던 것이다. 억압받고 눌림받는 대중은 그 역사적 의무를 개인으로서가 아니라 계급으로서, 그룹으로서, 전체적으로 수행한다. 가난하고 소외된 민중은 개인적으로는 그들의 문제를 해결할 수 없다. 힘없는 민중이기에 대중으로 움직여야 문제를 해결한다. 저들의 문제는 개인

---

2) Paul Tillich, *Der Protestantismus als Kritik und Gestaltung*(Hamburg und Münich: Siebensten, 1966), p. 110.

적·영적으로 해결될 수 없는 것이다. 바로 이런 이유에서 개인화·내면화된 개신교는 민중과 역사적인 상면을 할 수 없었던 것이다.

둘째, 프롤레타리아계급의 운동은 '물질적'이다. 그들이 제기하는 문제는 구체적인 물질의 문제이다. 그러니 개신교가 프롤레타리아의 유물론을 이해할 수 없었던 것이다. 하나님과 세계의 객관적·물질적인 관계를 단순히 하나님과 영혼의 관계로만 축소한 개신교이기에 세계 안에서 일어나는 역사적인 구체성을 간과할 수밖에 없었다. 개신교는 피조(彼造)된 세계의 물질성을 물질적으로 파악했어야 했다. 그러나 개신교는 자신의 관념론의 노예가 되어 세계를 물질적으로 파악하지 못했다. 영과 육을 적대적으로 갈라놓은 그리스 이원론이 기독교 사상을 오염시켜 개신교 세계관에 그대로 반영되었다. 영혼과 육신, 물질과 정신의 이원론적 관념주의는 결국 부르주아의 사회적·경제적인 안전을 도모하는 데 공헌했을 뿐이다. 즉, 못 가진 사람, 굶주린 사람의 우선적인 문제는 물질적인 것인데 개신교는 그들의 영혼에만 가치를 두고 물질적인 조건에는 아랑곳하지 않았다. 가진 자는 배가 부르니 물질적인 문제가 급한 것을 모르거니와 못 가진 프롤레타리아는 제일 긴급한 것이 물질인데 이 물질을 악으로, 부차적인 것으로 여겼던 개신교는 결국 프롤레타리아의 소원에 응답할 수 없었다. 영육 이원론에 사로잡힌 개신교는 민중의 물질적 문제를 해결하기는커녕, 민중으로 하여금 못살게 만든, 즉 물질을 착취한 부르주아계급의 편에 서는 결과를 빚고 말았다. 즉, 물질적으로 착취하는 계급을 도운 셈이 되었다.

이러한 잘못된 그리스 이원론은 개신교로 하여금 성서의 진리를 외면하게 했다. 성서는 인간의 영적인 면과 물질적인 면 모두 관심하고 있다. 성서의 메시지가 선포하는 것은 전인 구원이다. 육과 영 모두 참 생명을 얻는 것을 제시하고 있다. 성서는 몸이 감옥이 아니라 '성전'(고전 3:16)이라고 선언하고 있다. 성서는 결코 이원론 입장에서 육신을 가볍게 보지 않는다. 따라서 영혼만 구원하고 육신은 파멸 상태에 버려둔다는 것은 성서의 하나님이 용납하지 않는다. 신구약을 통해 계속 경고하는 하나님의 메시지는 피조물 세계가 불의한 인간에 의해 억압되고 짓밟히고 있다는 사실과 이것을 방지하기 위해 교회, 즉 하나님의 부름받은 사람들의 책임이 크다는 사실을 담고 있다. 개신교가 인간의 영과 육의 전인적 구원을 외면하고 오로지 영혼 구원이라는 편도를 달림으로써 물질적인 곤궁과 억압 속에 있는 민중의 아우성을 못 듣고 말았다. 개신교가 비참한 프롤레타리아의 육신을 파멸 속에 버려둔 채, 눈을 하늘로만 향하고 있는 사이 민중의 영혼을 사로잡은 자들은 마르크스주의자들이었다. 실로 역설이 아닐 수 없다. 인간의 영혼만 귀중히 여겨 영혼을 구원한다고 떠들던 교회가 끝내 민중의 영혼을 구원하지 못하고 공산주의자들에게 빼앗기고 말았다. 물질적인 가치가 최고라 떠드는 유물론자들에게 인간의 영혼이 정복되고 말았으니 이 어찌 모순과 역설이 아닌가!

개신교는 이 역사적 실패에 대해 솔직히 인정하고 참회해야 한다. 영육을 가르는 기독교 이원론이 영혼을 구원하지 못했음을 솔직히 인정해야 한다. 이러한 가운데 오히려 유물론자들이 민중의 영혼을 빼앗았음을 직시해야 한다. 개신교가 주장한 이원론은 부르주아에게 영적이 아닌 물질적으로 이용되었다. 즉, 가진 자들은 이미 배가 불렀기 때문에 물질적 고통은 모르니 자연히 마음과 영혼의 문제에 관심하게 된다. 그러한 영적 관심은 그들에 의해 착취당해 가난하게 된 이웃에 대해서도 그대로 적용된다. 가진 자가 자기들의 물질적 풍요로 인해 물질적으로 고통받는 가지지 못한 자들의 문제를 물질적으로 해결하지 않고 영적으로 해결하려 하니 문제가 더 꼬일 수밖에 없다. 더구나 부르주아가 기독교인이라면 그들의 신앙은 프롤레타리아에게 받아들여질 수 없다. 부르주아의 이원론적 신앙이 기독교에서 나왔다고 할 때 기독교와 프롤레타리아의 만남은 절대로 이뤄질 수 없는 것이 아닌가!

셋째, 프롤레타리아계급 운동은 오늘을 극복하고 내일로 웅비하려는 창조적 긴장을 전제로 한 역사적 초월의 문제를 제기한다. 오늘 고통당하는 자들은 오늘을 극복하고자 한다. 고통의 오늘을 넘어 희망의 내일을 바라보면서 오늘을 그나마 살아갈 수 있다. 오늘 아무것도 없는 자들은 내일을 기대하고 생명을 부지하는 생을 이어갈 수 있다. 이 내일은 역사 밖의 초월이 아니다. 세상 밖의 유토피아가 아니다. 가난한 프롤레타리아는 지구 위, 역사 속에서 오늘과 다른 내일을 바라보는 것이다. 여기에 창조적 긴장이 있다. 이것이 역사적 초월이다. 프롤레타리아는 창조적 긴장을 통해 지속적으로 오늘을 극복하려고 투쟁한다. 이에 비해 개신교는 전통적인 형이상학적 초월이나 역사적 내재주의에 빠져 있기 때문에 프롤레타리아의 역사적 초월 운동에 응답할 줄 몰랐다. 억눌린 자, 착취당한 자, 가난하게 사는 노동자·농민 계급의 특성은 미래에 대한 기대감인데 개신교는 그러한 기대감을 이해하지 못했다. 다만 기독교는 그들의 역사적 초월을 바꾸려고 노력함으로써 저들 삶의 창조적 긴장을 무너뜨리고 의식을 마비시켜 종교적인 나약한 인간으로 전락시키는 데만 공헌했다. 그리고 그 결과 억압하고 착취하는 자를 이롭게 했다. 여기서 기독교가 가진 자의 편에 섰다는 비판을 받는다. 기독교가 역사적 초월을 이해하고 받아들이지 않는 한, 프롤레타리아계급 운동을 이해할 수 없고 그 결과는 민중에게 외면당하는 신세가 될 것이 자명하다. 기독교가 이 세계를 정복하고 뭇 영혼을 모두 얻으려면 민중의 역사적 초월 운동을 그 뿌리부터 이해하고 그 운동에 적극 참여해야 할 것이다. 개신교는 땅 끝까지 이르러 증인이 되어야 한다. 그러기 위해 눌리고 억압받고 가난한 민중에게 뿌리내려야 한다. 그 길은 역사적 초월 운동을 떠나서는 열리지 않는다.

이상 세 가지 특성을 지닌 프롤레타리아계급과의 관계를 맺지 못한 개신교는 엄밀한 의미에서 기독교 경전인 성서의 원리에 충실하지 못했다고 비판받는다. 그뿐만 아니라 '기독교의 원리'에 대해서도 불충실했다고 틸리히는 지적한다. 틸리히에 의하면 "기독교의 원리는 종교적인 자만성, 교회의 교만성, 세속의 자기 만족성에 대해 예언자적 심판을 내리는 것인데 …… 그것은 근대사회의 프롤레타리아의 상황에 대해서도 낯선 것이 아니다".[3] 틸리히가 생각하는 기독교의 원리, 즉 예언자적 심판은 기독교의 프롤레타리아계급과의 관계에서 반드시 고려되어야 하는 것이다. 예언자적인 심판의 원리는 인간의 불행한 상황에 그대로 적용되어야 했다. 프롤레타리아를 착취하고 억압하는 부르주아의 교만에 대해 기독교 원리가 강력히 적용되었어야 했다. 그러나 불행하게도 기독교는 자기의 원리에 충실하지 못했다. 근대 개신교의 반프롤레타리아적 발전은 개신교가 그 본래의 정신에서 이탈한 결과 중 하나이다. 이러한 현상은 또한 한국 교회의 모습이기도 하다. 본래의 기독교원리에 충실해 계속 개혁하려는 몸부림 없이, 오직 과거와 오늘에서 단꿀을 빨고 있는 기독교는 어쩔 수 없이 반프롤레타리아적이 되지 않을 수 없는 것이다.

기독교는 교회와 사회를 다스리는 하나님의 주권에 대한 선포로서 등장했다. 개혁을 부르짖고 일어선 개신교의 메시지는 교회와 사회에 위기의식을 심어 교회와 사회의 현 상태를 반성하게 해 개혁을 위한 대안을 모색하도록 했다. 그 결과는 교회 개혁을 도모하는 사람들과 서클을 만들어냈다. 실로 기독교의 근본적 태도는 보수적이 아닌 개혁적이었고 반복적이 아닌 창조적이었다. 개신교가 그 본래의 개혁 정신과 예언자적 자세를 견지했다면 프롤레타리아와의 관계는 대단히 밀접하게 되었을 것이다. 없는 자, 약한 자, 가난한 자는 항상 오늘의 부정적인 것들, 부족한 것들을 바꿔야 하고 답답한 오늘

---

3) 같은 책, pp. 97~98.

을 좀 더 나은 미래로 개선시켜야 하기에, 오늘을 넘어서 창조적 삶을 살아야 하는 동력을 심어주어야 한다. 500여 년 전 루터, 칼뱅 등의 종교개혁이 성공을 거둔 이유는 바로 그 개혁성에 있었다. 그러나 안타깝게도 개신교는 프롤레타리아를 만나는 지점에서 실패했다. 예수가 개혁에 성공하고 프롤레타리아와 만날 수 있었던 것은 기존의 부르주아인 유대교를 향해 날카로운 비판을 가하면서 새로운 개혁을 죽음으로써 부르짖었기 때문이다.

여기까지 서구 개신교와 프롤레타리아가 서로 만나지 못한 이유를 살폈고, 다음으로 한국 개신교와 민중의 관계를 살피고자 한다.

2. 한국 개신교와 대중

1884년 9월 20일 미국 장로교의 첫 선교사 호러스 알렌(Horace N. Allen)으로부터 서구 개신교의 공식 한국 선교가 시작되었는데 그것은 프롤레타리아와의 관계라는 차원에서는 불행한 시작이었다. 앞에서 논의한 대로 근대 서구 개신교는 부르주아 정신으로 점철된 나머지, 고통당하는 대중의 아픔을 이해하지 못하고 그들의 고통에 참여하지 못했는데 바로 그런 개신교가 이 땅에 들어오게 된 것이다.

물론 그보다 여러 해 전 만주에서 복음을 받은 몇 분이 있었다. 장사를 위해 만주를 왕래하던 서경조, 서상윤 등이 1867년 만주에서 세례받은 역사적 사실만 보더라도 복음이 주체적으로 한국 대중에 의해 수용된 것이다. 그리고 1882년에는 『누가복음』과 『요한복음』이 조선어로 출간되었다. 이러한 사실은 서양, 특히 미국 개신교가 이 땅에 들어오기 전 한국 교회가 이미 시작되었음 입증하고 있다. 최초의 주체적·자발적인 복음의 시작은 민중 속에서 시작되었다. 이 주체적 개신교 선교 운동은 외부의 도움 — 미국과 기타 외국 교회의 선교사 파송 — 이 없었더라도 비록 속도는 늦었을망정 진정한 민중 종교로 뿌리내리면서 건실하게 민중 속에서 자랐을 가능성이 있었다. 그러나 불행하게도 강대국인 미국 교회가 강대국의 정치적 입김을 뒤에 가지고 이 땅에 선교를 시작함으로써 한국 개신교는 민족의 교회요, 민중의 교회로 뿌리내리지 못하고 말았다. 이에 대한 역사적 배경을 설명하겠다.

때는 이조 말 봉건 체제가 붕괴되면서 민중 의식이 싹튼 시대이자 한반도를 둘러싼 중·소·일 등 열강이 세력다툼을 하던 시기였다. 이때 조선은 일제의 마수에 서서히 먹히고 있었다. 그리고 이른바 미국과 일본의 가쓰라·태프트협정(1905)에 의해 일본이 조선을 강점할 수 있는 양해각서가 만들어졌다. 미국이 필리핀을 점령하는 것을 눈감아주는 대신 일본이 조선을 점령하는 것을 양해하는 내용의 두 나라 합의가 이뤄진 것이다. 미국은 그 이전인 1882년 조선과 수교를 맺었고, 이후 2년 만에 알렌이 선교사로 들어왔으며, 그 다음 해 언더우드와 헨리 아펜젤러(Henry G. Appenzeller)가 선교사로 서울에 들어왔다. 양국은 처음에 매우 우호적인 관계였다. 예컨대 언더우드 선교사 등은 일본군이 왕후 민비를 살해했을 때 고종을 권총까지 차고 보호했을 정도였다. 일본에 반대해 민족의 편에 섰던 것이다. 그러나 가쓰라·태프트협정 이후 얼마 안 되어 이어진 을사늑약(1905) 이후부터는 한민족에게 미국 정부는 더 이상 우호적이 아니었고 따라서 선교 정책도 비우호적으로 움직였다. 고종을 보호하고 의술로 생명을 살리는 미국 선교사들에게 조선 정부와 국민은 뜨거운 사랑을 보냈다. 하지만 을사늑약 이후 선교사들이 일본 편으로 기울어지기 시작했다. 그것은 이른바 '정교분리원칙'에서 드러났다. 민족의 독립과 자주를 외치는 조선 기독교인들에게 철퇴를 가하는 일본 제국주의정책에 대해 선교사들은 정교분리원칙을 조선 기독교인들에게 설교함으로써 일본에게 협조했던 것이다.

미국과 일본이 음흉하게 손잡고 추진하던 약소국 식민지화 정책에 선교사들도 내용을 알았는지 확인할 길은 없으나 그들도 서서히 본국의 정책을 뒤에서 협조하기 시작한 셈이다. 미국 선교사들은 1901년 9월에 열린 선교사들의 모임인 장로회 공의회에서 「교회와 정부 사이에 교제할 몇 가지 조건」을 발표함으로써 그들의 선교 정책에 정교분리원칙을 분명히 했다. 조선 기독교인들의 민족적 긍지를 기독교 신앙 속에 집어넣고 주체적 한민족 교회로 키워주려는 생각은 추호도 없었고, 오로지 신앙을 비민주화·비역사화함으로써 조선의 초기 기독교인들로 하여금 민족의 아픔을 외면하게 했던 것이다. 이러한 선교 정책 때문에 을사늑약 체결 때와 같은 중대한 기회에 조선 교회가 입장을 밝히지도 못했고 그 후에도 국권 회복에 적극적으로 참여하지 못했다. 미국 선교사들의 신학이나 신앙은 앞에서 살펴본 대로 권력을 가진 자의 편에 유리하게 이용되었을 뿐, 권력 없고 착취당하는 약소국인 조선 기독교인들에는 전혀 도움을 주지 못했다. 선교사들이 자국의 이익을 우선시하면서 피선교지 조선 민중을 최우선하는 일을 하지 않았음이 확실하다.

1907년대를 전후로 일어났던 이른바 '대부흥운동'은 실제로 일본에게 나라를 빼앗긴 민족의 울분이 내연되어 일어났던 운동인데, 이러한 민족적인 염원을 당시 선교사들은 이해하지 못했다. 오히려 그들의 서구적 신앙이나 신학이란 이름으로 당시 교인들을 비민족화·비역사화하는 방향으로 몰고 갔을 뿐이다. 당시 평양에 주둔하고 있던 선교사 윌리엄 블레어(Wiliam N. Blair)의 다음 말이 그것을 증명하고도 남는다.

우리 선교사들은 조선 교회가 일본을 미워하는 생각을 회개할 뿐 아니라 하나님을 거역하는 모든 죄에 대해 똑똑한 깨달음을 가져야 될 줄 안다. …… 우리는 국가 사

정에 상심한 사람들이 마음을 돌이켜 주님과의 개인적인 관계에 성의를 두어야 한다고 느낀다.[4]

이 글에서 명백히 나타난 것처럼 선교사들이 주입시켰던 신앙이란 일본에 대한 미움을 제거하고 오로지 주님과의 개인적인 관계만을 갖게 하는 것이다. 그것은 그 시대 민족의 핵심적인 문제를 외면하는 신앙이었다. 그것은 바로 2년 전 체결한 미국과 일본이 조선과 필리핀 약소국들을 침탈하는 비밀조약에 결과적으로 협조한 꼴이 되었다.

당시에 의식 있는 성도들은 민족문제에 깊이 개입하고 있었다. 감리교 목사 최병헌 같은 분은 종교와 정치가 나뉠 수 없음을 천명했다. 또한 을사늑약에 가담한 매국노들에 대한 암살 계획에 참여한 전덕기 목사를 중심으로 몇 분의 기독교인이 있었다. '신민회 사건'이라고도 하고 '105인 사건'이라고도 하는 정치적 비밀결사 투쟁에 가담한 지도자들은 거의 기독교인들이었다. 일본에 나라를 빼앗긴 원통함을 온 민족이 표출하고 있었고, 조선 기독교인들 역시 같은 민족의 피가 흐르고 있어 똑같은 울분을 터뜨리고 있는 때 선교사들은 의도적으로 민족문제를 교인들의 의식에서 지우기 위해 노력했다. 기독교신앙을 일본에 저항하는 힘을 빼버리는 아편으로 이용했다면 옳은 해석이 아닐까! 혹시 선교사들이 미국의 비밀조약을 미리 알고 암암리에 미국 정부에 협조해 기독교 신앙을 구체적인 민족의 역사와 전혀 상관없는 영적·초월적인 신앙으로 바꿔놓은 것은 아닌지 실로 의심스럽지 않을 수 없다.

이미 1905년 이후 조선을 삼키기 시작한 일본은 서울에 있는 일제 총감 이

---

4) William N. Blair, *The Korean Pentecost and the Sufferings Which Followed*(Edinburgh: Banner of Truth Trust, 1977), p. 42; Nak-chun Paek, *The History of Protestant Missions in Korea 1832-1910*, p. 369에서 재인용.

토 히로부미(伊藤博文)를 시켜 조선 기독교에 대해 정교분리원칙을 지키도록 강요하기 시작했다. 이런 강요를 미국 선교사들을 통해 시행했던 것이다. 이 토 히로부미는 감리교 선교사 메리먼 해리스(Merriman C. Harris)에게 "정치 상 일체의 사건은 본인에게 맡기고 금후 조선에 있어 정신적 방면의 계몽, 교 회에 관해서는 원컨대 귀하 등이 책임을 맡아주시오. 이렇게 해야 참으로 조 선 인민을 유도하는 사업은 비로소 완전하게 이룰 것이요"라고 설득했다.[5] 총독부의 정교분리원칙이 성서적·도덕적 원칙이 아니라 제국주의의 야욕을 성취하려는 음모가 그 밑에 깔려 있음을 선교사들은 익히 알고 있으면서 이 에 순순히 응하고 말았다. 1910년 조선을 일본이 완전 합병할 때까지 5년 동 안 미국 선교사들은 미국과 일제의 정치적 마술에 빠져 있었다고 말함이 옳 을 것이다. 조선이 일본의 식민지로 변하고 있는 것을 보면서도 미국 선교사 들은 모른 체했다. 아니 그들은 일본의 한반도 침략 전술에 결과적으로 협력 한 셈이다. 조선의 순진한 교인들에게 정교분리를 강력히 외쳤고, 민족의 원 통한 현실에서 그들을 외면시킴으로써 일제가 이 땅을 짓밟는 데 미국 선교 사들이 길을 터준 셈이 되었다.

이러한 분위기에서 양심적인 일부 조선 기독교인들과 타 종교인들은 자 결, 시위 등으로 일제에 항쟁했다. 무력한 한민족 가운데 그래도 기독교가 가 장 강력한 전국적 조직을 가지고 있었다. 비록 지금에 비하면 소수였으나 전 국에 흩어져 세워진 조직과 서양 문물을 접해 좀 더 진보적이었고 깨인 기독 교인들을 가진 교회가 일제에게는 큰 위협이 아닐 수 없었을 것이다. 민족적 인 애국 운동 조직을 가졌고 서구의 열강들로부터 온 선교사들이 있으니 선 교사들이 양심적으로 그리고 용감하게만 행동했더라면 세계 여론에 호소해

---

5) 같은 책, p. 370.

적어도 합방만은 피할 수 있었을 것이다. 일제는 이런 가능성을 알고 있었기에 미국 선교사들에게 회유책을 쓰도록 만든 것이 아닌가? 이토 히로부미는 특히 외국 선교사들과 깊은 교분을 가짐으로써 일제의 조선 침략을 눈감도록 유도했다. 미국 북장로교 선교부 총무 아서 브라운(Arthur Brown) 같은 이도 이러한 일제의 유도에 넘어간 사람이다. 어떤 선교사들은 일제의 정책에 깊이 말려들어 일제를 전폭적으로 지지하고 나선 경우도 있었다. 일본의 조선 통치는 다른 나라의 조선 통치보다 훨씬 낫고 또한 조선인 스스로 조선을 다스리는 것보다 낫다고 주장하는 선교사도 있었다. 이 정도로 선교사들의 머리와 마음이 침략자 일본에 기울어져 있었다. 이런 머리와 마음을 가진 선교사들에게 성서의 예수의 진리가 담겨질 리 없다. 성서가 계속해서 말하는 약한 자 편에 서신 하나님의 역사와 지상에서 십자가를 지시기까지 눌린 자의 자유를 위해 싸우신 예수 그리스도의 복음이 미국 선교사들의 신앙과 신학에 존재하지 않았다. 이와 같은 선교사들의 잘못된 신앙과 신학이 한국 교회에 들어왔기에 한국 교회는 그 이후에도 민족의 교회로서 성숙하지 못했다.

물론 선교사 중 조선인 편에 서서 싸운 분도 몇 분 있었다. 프랭크 스코필드(Frank W. Schofield) 선교사 같은 분이다. 그는 납세 거부 운동 등을 선동하면서 민족의식·항일의식을 고취시켰다. 그런데 이러한 현상은 1919년 3·1운동 이후부터이다. 그리고 그 운동을 지지한 선교사들은 지도급이 아닌 일반 선교사들이었다. 조선인들이 독립을 외치다 일제의 총칼에 쓰러지는 현장을 보고 분개해 선교부에 편지를 보내 일제를 비판하곤 했다. 그러나 때는 이미 늦었고 지도급의 정책 책임자들은 일제의 눈치를 보기에만 바빴다. 그래서 민족의 항일운동에 가담한 선교사들은 선교 본부에 의해 소환되었다.

3·1운동 전야까지 한국 교회 지도자들 중 대부분이 독립운동 참여를 기피하거나 꺼렸다. 이런 현상은 전적으로 미국 선교사들의 잘못된 정교분리 가

르침 때문이었다. 한 예로 오화영 목사가 신모 목사를 방문해 독립운동에 참여할 것을 권했을 때 거절의 첫째 이유가 신앙인으로서 정치에 참여하지 못한다는 것이었다. 이 모두가 선교사들의 복음 증언에는 '조선 부재'가 사실이었음을 말해준다. 다시 말해 조선 민족을 진정으로 사랑하는 마음이 없는 선교였다. 영과 육을 가진 구체적 인간으로서 대접하지 않은 증거이다. 하나님의 이름으로 미국의 선교를 돕고, 일본의 식민지정책을 도왔을망정, 개돼지 취급받는 한민족의 처참한 모습은 외면했던 것이다. 1923년 발행된 『조선예수교장로회 사기』라는 장로교 총회 공식문서 안에 "선교사들이 조선 교회를 같은 사람 취급하거나 형제같이 여기지 아니하고 야만시하여 노예시하고 있다. 선교사들이여! 성신으로 시작하였다가 육체로 마치겠느냐? 속히 회개할지어다"라고 기록된 것을 본다. 이 짧막한 비난이 공식 문서에 올라 있는 것만 보더라도 선교사들은 조선 민족이 부재한 선교 사역을 했다는 짐작을 하고도 남는다. 선교사들이 얼마나 한국 교회를 무시했는지 이른바 선교부를 따로 두고 1982년도까지도 인사권과 재정권을 제 마음대로 휘둘렀다는 사실을 보아도 알 수 있다.[6]

한국을 위해 순교의 각오로 복음 증언에 임했던 선교사들의 최초의 선교정신은 존경하지만 일단 이 땅에 들어와 권력에 아부하면서 한민족을 무시한 백인의 교만과 우월감이 한국 교회 100년사에 알알이 배어 있음을 인정하지 않을 수 없다. 조선의 애국자 안창호가 평양 거리에서 선교사를 구타한 이유역시 "조선 신도들을 노예처럼 대접"[7]한 데 있는 것을 보면 외국 선교사들의 선교 현장에서의 조선 부재 사실을 실감한다. 이때가 1905년인 바, 을사늑약이 맺어진 그 해의 사건은 선교사들이 이미 한민족 편에 서 있지 않았음을 여

---

6) 홍성현, 「Mission Consultation 보고서」(1982년, 경주).
7) 윤진헌, 『한국독립운동사』(서울: 이담북스, 2010), 452쪽.

실히 증명하고 있다.

또 다른 관점에서 고찰하면, 당시 조선 기독교인 가운데 선교부의 선교 정책에서 벗어나 독자적으로 민족적 교회를 이룩하려는 운동이 있었다. 선교사들의 신학과 신앙으로는 민족의 소원에 응답할 수 없음을 깨달은 몇몇 조선 기독교인들이 1905년 서울에 독립된 교회를 창설하고 첫 예배를 드렸다. 이 예배에 언더우드 선교사가 참석했다. 그 예배에서 조선 기독교인들은 따로 편집한 찬송가를 불렀는데 예배에 참석한 언더우드는 "기독교적인 데가 없고 무정부주의적이다"라고 혹평했다.[8] 이것은 그가 한국적·민족적인 독립된 교회를 원하지 않았음을 보여준다. 사실 언더우드 선교사는 당시 조선 기독교인들이 원하고 왕실 역시 원해서 모든 교회를 통합하는 안이 나왔을 때 그것을 '비현실적'이라고 거절한 장본인이다. 한국 교회를 창건했다고 말할 수 있는 언더우드가 에큐메니즘 정신이 없었을 뿐 아니라, 자신을 피선교지 민족과 동일시하려는 정신을 갖지 못한 것만 보더라도 한국 교회의 미래는 어느 정도 비관적으로 정립되었다고 할 수 있다. 바로 이런 이유 때문에 만주에서 세례받은 선조들에 의해 한국 교회의 창건이 주도되지 못한 것이 원통하게 생각되는 것이다. 차라리 처음 제3세계 선교사들이 들어왔었다면 하는 아쉬움이 있는 이유가 여기에 있다. 늘 눌려만 살아서 순종적이고 때로는 굴종적으로 보이는 조선 사람들에게 그리스도의 사랑으로 대하기는커녕 존경만을 받고 싶어 하고 교만했던 백인 선교사들은 조선인들의 성숙을 두려워한 나머지 우민 정책을 쓰기까지 했다. 그것이 곧 네비우스 정책(The Nevius Plan)이다. 조선 기독교인들을 수준 높은 신학으로 훈련시키지 않았던 것이다. 기껏 자기들의 것을 번역해주는 것이 고작이었다. 신앙고백만 하더라도 자주

---

8) Horace G. Underwood, *Underwood of Korea*(Seoul: Yonsei University Press, 1991), p. 205.

적·민족적인 신앙고백이 나오도록 유도하지 않고 하필이면 인도에서 채택해 쓰는 '12신조'를 옮겨 왔던 것이다. 한국 기독교인들의 신앙고백이나 신조가 만들어지지 않았다는 사실에서 미국 선교사들의 신앙과 신학이 어떤 것이었는지 잘 드러나고 있다. 국제회의에서도 선교사가 조선인 대신 '코리아'의 명패를 달고 행세했다. 성숙하고 유능한 기독교 지도자들을 키울 생각을 안 하고 자기들이 모든 좋은 자리를 독차지했던 것이다. 총회장, 학장, 노회장, 심지어 당회장 자리까지 선교사들이 꿰차고 앉았다. 이러했기에 일본의 조선 침략에 항의조차 못하고 오히려 일본에 아부하면서 한민족의 입을 막는 데 급급했던 것이다.

이토록 잘못된 신앙과 신학을 가르치고도 그것이 최고, 최상의 신학이요 신앙이라고 조선 기독교인들은 착각하고 있었고 선교사들은 가르친 내용에서 추호의 가감도 허락하지 않았다. 한국 보수 신학의 기초를 마련한 새뮤얼 모펫(Samuel A. Moffett) 선교사는 1919년 "조선의 모든 선교사가 죽고 모든 것을 축소한다 하더라도 형제들이여! 40년 전에 전한 그 복음 그대로 전파하자. …… 변경치 말고 그대로 전파하라. …… 다른 복음을 전하면 저주를 받을 것이다"라고 말했다.

선교사가 전해준 것이 정통이고 다른 것은 이단이라는 것이다. 침략자 일본을 정당화하고 피압박자 한민족의 아픔을 외면한 그 알량한 선교사의 '복음'이 정통이라니! 어처구니없는 망언이다. 그런 복음은 성서에 없다.

선교사들의 잘못 전한 '복음'때문에, 그리고 그 선교사의 말을 하나님 말씀처럼 그대로 변경 않고 따른 결과는 한국 교회가 해방의 격동기, 남북한 분단 시기, 6·25전쟁, 4·19혁명 등의 역사적 수난 한가운데서 예언자적 사명을 다하지 못하게 만들었다. 1945년 일제에서 해방되었으나 한반도는 남과 북으로 분단되었다. 이 분단의 와중에 한국 교회는 분단이 진행되는 민족의 불행한 역사를 분별하는 능력을 잃었다. 정교분리원칙에 오랫동안 세뇌되었던 교회 지도자들은 나라가 분단되고 가족들이 이산되는 현장을 보면서도 회복을 위해 전혀 공헌할 수 없을 정도로 둔감해졌던 것이다. 한국의 신학자와 목회자는 광복을 맞이하면서 선교사들이 잘못 가르친 신앙과 신학 속에서 아둔해진 나머지 한민족의 하나 됨을 위해 올바르게 처신해야 할 방향을 제대로 제시하지를 못했다. 일제에서 해방되고 미군이 들어오고 뒤이어 선교사들이 들어오자 한국 교회는 무조건 미군과 미국 선교사들을 열렬히 환영하는 데 온통 정신을 빼앗겼다. 교회를 지을 건축 자재들과 구제품, 달러를 가지고 오는 미군과 선교사들을 환영하는 데만 정신을 팔았고, 저들의 한반도 분할정책에는 전혀 둔감했다. 미국과 소련이 한반도를 나누어 먹기 식으로 쪼개고 있을 때 한국 교회는 미국을 무조건 우방으로 여기고 미국의 정책에 무조건 지지를 보내 남북한 분단 고착에 기여했다. 허문영은 예장 총회 제99회기 '새터민 선교 워크숍' 주제 강의에서 당시 미국 국무장관이었던 데이비드 러스크(David D. Rusk)가 1945년 8월 14일 한반도를 38도 선에다 분단선을 그려 넣은 지도를 들고 와 러시아와 합의해 한반도를 반으로 갈랐다고 증언했다.[9] 이렇게 한민족에게 몹쓸 짓을 한 미국에 대해 항의 한 번 못하는 것은 미국 선교사들이 가르친 그 알량한 이른바 '변경 못할 복음' 때문이 아닌가!

더욱 통탄할 일은 6·25전쟁이 나기 2개월 전 분파 싸움이 교회 안에서 시작되었다는 사실이다. 시대를 전혀 보지 못하고 정치를 외면한 교회 지도자들이 교권 싸움을 벌였다. 민족의 분단을 원통히 여기고 남북한의 화해를 위해 노력하기는커녕 목사끼리 분파 싸움질을 시작한 것이다. 이러한 추태가 곧 미국 선교사들이 전한 그 알량한 '복음'인가! 한국 교회가 정교분리원칙

---

9) 허문영, 「남과 북의 평화통일 현실진단과 미래전망」, 제99기 새터민 선교 워크숍 자료집(서울: 대한예수교장로회 총회 국내선교부, 2015), 9쪽.

에 충실한 동안, 교회의 몇몇 장로와 목사가 미국의 힘을 빌어 야금야금 높은 직에 오르더니 급기야 추잡한 밀수, 독직, 부정선거 사건 등을 저질렀다. 약한 자를 돌보고 도와주기는커녕 그들을 착취하고 억압하는 기독교인들의 수가 계속 늘었다. 미국에서 들어온 신학이나 신앙은 약한 자, 눌린 자를 위한 복음이 아니었다. 만약 미국 선교사들이 전한 복음이 진짜 예수의 복음이었다면 한국 기독교인들이 그토록 타락할 수가 없었을 것이다. 이른바 미국 선교사들이 전한 '전통적 복음'을 그대로 답습한 교회 지도자들이 정권에 아부하고 미국에 아부해 권력을 탐하고 물질을 탐했다. 나아가 교회 안의 감투, 교권 싸움에 앞장서 수백 개의 교파와 교단을 만들었다. 정치적·경제적 부패 사건에 연루되었고, 교권 싸움에 연루되어 추태를 일삼는 너무나 수치스러운 목사와 장로가 곳곳에 널렸다. 교회 지도자들이 가진 자와 권력자의 편에 서 있는 동안 분단은 점점 굳어져 갔고 이산가족의 수는 늘어만 갔다. 전쟁 중에서 수많은 젊은이들이 값진 목숨을 잃었다. 일본에 저항하지 못했던 한국 교회는 미·소가 한민족에게 행한 불의에 대해 제대로 저항하거나 고발하지 않았다. 이승만, 박정희 정권이 미국에 아부하면서 민족의 분단을 고착화하고 있는 데도 한국 교회는 그들의 속셈을 헤아리지도 못했고 시대의 징조를 분별하지 못했다. 4·19혁명이 일어났을 때도 교회 지도급 인사들은 시대를 분별 못하고 이승만 정권을 옹호했을 뿐이다. 민중과 시대를 분별하는 소수의 기독교인이 교파의 일치, 정의 사회 구현을 위해 소리 높여 외쳤으나 그들의 목소리는 권력과 연결된 장로와 목사에 의해 묵살되었다.

그런 와중에도 시대를 제대로 분별하는 기독교인들이 있었다. 4·19혁명 때도 많은 기독교인 학생들이 데모대 앞에 서서 데모를 주도하다 총탄에 쓰러졌고, 그 이후 일어난 서울대학교의 '새생활 운동'[10)]에서도 기독교인 청년 학생들이 앞장서서 운동을 이끌기도 했으나 기성 교회 지도자들은 이에 전혀 도움을 주지 않았다.

현 한국 교회 안에는 어떤 외세도 믿지 말고 일체의 외세를 배격하고 자주적 민족 통일을 부르짖는 젊은이들이 많다. 교회는 그리스도의 소금과 빛의 교훈을 따라 민족을 이끄는 주도적 사명을 다해야 한다고 그들은 외치고 있다. 이러한 젊은 기독교인들의 새로운 의식은 한국 기독교로 하여금 교회의 과거 잘못된 모습을 반성하게 하고 1970년대부터는 교회 갱신의 의지와 함께 민주 사회, 정의 사회 구현 의지가 힘차게 나타나게 되었다. 서구화된 한국 기독교에서 탈피해 토착적인 한국 교회, 한국 신학이 모색되었다. 민족과 민중을 위한 교회로 탈바꿈하려는 노력이 여기저기서 꿈틀거리고 있다.

그러나 이런 새로운 운동은 거대한 보수적·전통적 흐름에 비하면 너무 미미하다. 대체로 한국 기독교는 민중을 억압과 가난에서 해방시켜 인간화시키려는 민중운동, 인권 운동에 대해 거의 외면했다. 이북 공산주의자들이 노동자, 농민, 빈민을 해방시킨다고 야단법석을 치고 있는 동안 한국 기독교는 약한 자와 없는 자에게 거의 무관심한 채, 가진 자, 권력자에게 아부하기 바빴다. 이북의 휴머니즘과 메시아주의가 구체적·역사적인 데 반해 한국 교회의 신앙은 너무나 추상적·비역사적이었다.

한국 교회가 수적으로 성장하기 시작한 1970년대에 들어 그것과는 반비례해 노동자의 인권이 무섭게 짓밟혔다. 교회 부흥회가 수많은 사람을 모아 놓고 광신적 열광에 빠지게 하는 동안 유신 독재와 거기 아부하는 재벌들은 민중을 수탈했다. 가진 자 편에 서 있던 한국 개신교는 노동 현장의 비리에 아랑곳하지 않고 민중의 눈을 초월로만 향하게 해 현장을 보지 못하게 만들어 결과적으로 착취하는 재벌을 도와주고 있었다. 그리고 거기서 벌어들인

---

10) 서울대학교 '새생활 운동'의 회장은 김상복(햇불트리니티신학대학원 총장), 총무는 필자였다.

돈의 십일조를 받아 교회 건물을 짓고 목사 봉급을 올리는 일에 열심을 쏟았다. 이러한 사실은 1973년 여름에 발행된 ≪기독교사상≫의 다음 글에서 잘 설명되고 있다.

빌리 그래함 한국전도대회는 그 마지막 날인 6월 3일 여의도 5·16 광장에 110만의 청중을 모음으로써 기독교 역사상 최대의 집회를 가졌다. …… 이 대회는 한국 기독교가 가지고 있는 커다란 잠재력을 보여주었다. …… 그러나 이 대회는 과연 한국과 한국 교회에 무엇을 가져다주었을까? 한국 사회에 어떤 변화를 가져왔으며 한국의 역사 과정에 어떤 영향을 주었을까? 5000만을 그리스도에게 이끄는 것은 분명 교회의 사명이다. …… 아마도 우리는 스스로를 기만하고 있는지 모른다. …… 설사 5000만이 그리스도에게 다 왔다고 하더라도 한국 교회는 변하지 않고 따라서 한국의 사회와 역사도 변하지 않을 것이다. "새로 나지 아니하면 아무도 하느님의 나라를 볼 수 없을 것"이기 때문이다. 우리는 5000만을 그리스도에게 이끌려는 것이 아니라 등불이 꺼지고 생기가 사라진 회칠한 무덤 같은 교회로 이끌고 있는 것이 아닐까? ─ 청중의 대부분은 시내 교회들의 크리스천들이었다. ─ …… 그러나 이런 대회를 가지고서는 전혀 미치지 못하는 수많은 사람들이 있다는 것을 잊어서는 안 된다. 공장에서 땀을 흘리며 기계와 경주를 하는 직공들, 식당에서 다방에서 상점에서 다람쥐 쳇바퀴 돌리듯이 돌아가는 일손들, 언덕 밑 판잣집에 병들은 사람들, 황폐한 농촌과 어촌에서 땅과 바다의 저주를 몸으로 막으며 죽지 못해 살아가는 사람들, 사람으로 태어났으면서도 부잣집의 강아지나 고양이의 신세를 부러워하며 살아가야 하는 수많은 사람에게는 5·16 광장의 대전도 집회는 있거나 말거나 알려주는 사람도 없거니와 알 필요도 없는 것이다.
이 화려하고 거창한 크리스천들의 대집회가 준비되고 또 집행되는 것과 때를 같이하여 수도 서울의 어떤 공장지대에서는 한국 크리스천들의 생리를 여실히 드러내는 하나의 사건이 진행되고 있었다. 어떤 큰 방직공장의 여직공들이 근로조건 개선과 강제 종교행사 폐지를 요구했다가 마침내 주모자로 지목된 네 여공이 해고당하고 말았다는 사건이다.

공장의 경영주는 시내의 모 큰 교회의 장로이며 따라서 경영진 대다수가 교회에서 직분을 가진 사람들이다. 그동안 계속해온 공장 교회에서의 강제 예배 덕택으로 잘 길들여진 직공들도 많았다. 경영자 측에서 보면 불만을 품고 분쟁을 일으키는 자들은 악마가 뿌린 가라지 씨일 것이다. 그리고 오늘의 경영진은 가라지와 밀을 구분하여 밀을 다치지 않고 가라지만 뽑아내는 기술이 보통이 아니다. 그래서 자칭 예수의 제자인 경영진은 "함께 자라도록 내버려두라"라는 주님의 말씀은 따를 필요가 없다고 생각한 모양이다. 공장 경영은 현대 경영 기술의 원칙에 따라 하는 것이고 예수의 말씀도 이윤추구라는 기업체의 절대 목적에 부합되는 한 채택되는 것이다. 예수는 공장 직공들의 마음을 녹여 경영주에게 잘 순종하도록 만드는 데 이바지하는 한 공장 경영에 이용할 가치가 있다.

사실 많은 생산 공장에서 예수는 이렇게 잘 이용되고 있는 것이다. 공장뿐만 아니라 학교, 사회, 교회, 정부 할 것 없이 모든 통치기관은 반발하고 반항하는 인간을 길들이는 데 예수를 잘 이용해왔던 것이다. 해고당한 세 사람의 여직공과 그들의 억울한 사정을 교회에 호소해보았다. 그러나 교회는 그들의 호소를 들을 귀가 없었다. 그들을 동정하는 마음도 가지고 있지 않았다. 때마침 한국의 교회들은 화려하고 거창한 빌리 그래함 대전도 대회에 눈과 귀와 마음이 완전히 사로잡혀 있는 때였다.

대전도 대회의 우렁찬 구호에 비해 그들의 목소리는 너무나 미세한 것이다. 엘리야 같은 선지자가 아니면 들을 수가 없었다. 대전도 대회에 동원되고 투입된 인력과 금력에 비해 그들이 가진 힘이라고는 사르밧 과부의 통에 남은 가루 한 움큼 같은 것이었다. 미국이 낳은 세계적 대전도자 빌리 그래함 박사의 그늘 밑에 한국의 소외된 대중의 존재는 그 소리도 들리지 않고 그 실재도 인정받지 못했다. 110만의 신도를 여

의도 대광장에 모은 한국 기독교의 눈에는 한국 사회의 밑바닥에서 이 사회를 떠받 치느라고 피와 땀을 흘리며 살과 뼈를 갈아 희생 제물이 되고 있는 근로 대중의 현실 이 보이지 않았던 것이다.[11]

이 글에서 명백히 분석한 것처럼 한국 교회는 프롤레타리아와 만나지 못하고 있었다. 역설적으로 미국의 부흥사가 최대의 전도 집회를 인도할 때 여 근로자들의 인권침해 사건이 기독교인 기업에서 터진 것이다. 미국의 신학과 신앙을 배운 한국 교회가 한국 민중과는 전혀 연결을 짓지 못할 뿐만 아니라 그들을 완전히 소외시키고 있었다는 증거가 이 글에서 제시된 셈이다. 물론 일부 교회와 교인들은 '산업 선교' 운동을 통해 연약한 근로자들을 위해 최선을 다했다. 특히 영등포산업선교회를 통해 예수는 한국 민중, 프롤레타리아계급과 만나고 있었다. 그러나 기성 교회들, 큰 교회들과 총회 조직의 책임 자들은 이 선교회를 돕기는커녕 계속 억압하고 눈엣가시처럼 적대시했다. 오랫동안 미국의 신학에 고스란히 길들여진 한국 교회 지도자들, 그리고 유신 정권에 대항해 '예'와 '아니오'를 분명히 외치지 못하고 오히려 권력자와 가진 자의 편에 서서 아부만 일삼던 교권주의자들은 결과적으로 민중을 돕기는커녕 그들을 억압하는 편에 서 있었다.

한마디로 한국 교회는 부르주아계급에 속했고 따라서 프롤레타리아계급과 접촉하지 못했다. 실로 가진 자들의 편에 서 있었던 한국 교회는 민중의 언어를 이해하지 못했다. 따라서 한국 교회는 민중의 마음과 삶을 이해하지 못했고 그들의 웃음과 울음에 함께 참여하지 못했다. 양심과 지성을 겸비한 교역자 대부분도 그들의 교회를 좌지우지하는 기업인 혹은 고급 공무원인 장

---

11) 박형규, 「소외된 민중들과 교회의 선교」, ≪기독교사상≫, 제7권(1973년), 23~26쪽.

로들의 눈치를 보느라 없는 자, 눌린 자 편에 서지 못했다. 예수의 교훈을 그 대로 순종해 과감하게 예언자적 설교를 하는 목회자는 교회에서 쫓겨나야 하는 아픔을 겪었다. 교회는 귀족화되었고 가진 자의 소유가 되었다. 특히 큰 교회 안에서는 갈릴리 예수의 흔적을 찾아보기 어려웠다.

3. 기독교사회주의적 응답

제1절에서 서술한 바와 같이 전통적인 프로테스탄티즘은 교회와 프롤레타리아계급 간의 갈라진 틈을 메우려고 노력하지 않았다. 가진 자의 비위를 거스르지 않고 현상에 만족하면서 보수주의를 지탱했다. 그러나 이러한 대세 속에서도 갖지 못한 자와 동일시되려는 교회의 노력이 없었던 것은 아니다. 19세기 초부터 기독교와 프롤레타리아계급 사이를 이어보려고 노력한 조직적인 시도가 있었는데, 이른바 '기독교사회주의'가 바로 그것이다.

'종교 사회주의(Religious Socialism)' 혹은 '사회주의적 기독교(Socialist Christianity)'라고 부르기도 한다. 그 운동은 19세기 초 영국에서 일어나 크게 번지다가 20세기 초에 시들고 말았으나 교회가 가난한 노동자와 함께하려는 시도로서 높이 평가된다.

물론 그러한 기독교사회주의 운동은 모두 내용이 똑같지 않았다. 그런 운동을 시도하는 그룹도 여럿이었고 그들의 정치적인 태도나 신학적인 방법 역시 다양했다. 교회나 프롤레타리아계급과의 관계에서 긴장이 있었고, 다른 의견으로 갈등도 있었다. 심지어 사회주의에 대한 태도에서도 달랐다. 그러나 대체로 기독교사회주의는 비록 정치적·신학적인 한계가 있었을지라도 그 밑바닥에는 성서적 신앙과 용기로 교회와 노동자계급 운동의 만남이라든가,

기독교와 마르크스주의의 만남에서 야기되는 중대한 문제와 씨름한 것이라 할 수 있다. 사회주의란 말만 들어도 반기독교적이라고 생각하는 사람들과 달리, 그들이 주장하는 기독교사회주의는 어디까지나 성서의 진리를 기초로 하고 있다. 그리고 저들의 의도에는 교회가 눌리고 착취당하는 자와 함께 해 그들의 아픔을 해결해야 한다는 간절한 소원이 있다.

이런 종교적 사회주의를 주창한 사람 중 헤르만 쿠터(Hermann Kutter)와 레온하르트 라가츠(Leonhard Ragaz) 두 분의 활약과 공헌은 특별하다.[12] 두 분 모두 스위스 목사였다. 이제 두 사람의 사상을 차례로 설명하려고 한다.

쿠터는 교회와 노동자의 정당 — 당시에는 사회민주당 — 관계의 서술을 하나님과 혁명가들의 술어로 바꿨다. 그는 프롤레타리아 운동을 의혹이나 멸시와 증오의 눈으로 보지 말고 희망의 눈으로 바라봐야 한다고 주장했다. 프롤레타리아 운동은 해방시키는 힘이요, 또한 메시아적 실재로서 맞이해야 한다고 그는 역설했다. 그에 의하면 사회주의자 중에는 한 위대한 정신이 있는데 그 정신이란 무감각하지 않고 만족하지도 않으며 기쁨의 희망 안에서의 창조적 정신이요, 행복한 에너지의 정신이요, 하나의 신앙의 힘을 가진 열정적인 정신이다.[13] 쿠터는 당시 사회주의 정당이었던 사회민주당의 정책을 쌍수를 들어 환영했다. 그는 사회주의에 대한 기독교인들의 거부감을 깨끗이 제거하고 사회주의를 선택해야 한다고 역설한다. 사회주의는 기독교가 택해야 할 하나님의 요구라고 그는 주장한다. 쿠터는 교회가 마땅히 했어야 할 일들을 사회민주당이 했다고 생각했다. 당시 교회는 온통 돈의 지배하에 있었다. 황금만능주의가 팽배했던 교회는 가진 자의 교회로 전락했다. 따라서 교회는

---

12) Markus Mattmuller, *Leonhard Ragaz und der religiöse Sozialismus* Bd. 1, 2(Königstein: EVZ, 1957, 1968); Andreas Lindt, *Leonhard Ragaz*(Zollikon: Evangelische, 1957) 참조.
13) Andreas Lindt, 같은 책, p. 66.

살아 있는 하나님을 잃었다. 살아계신 하나님은 돈의 지배를 받지 않으시고 교리에 붙들려 있지도 않으며 신학적·교권적이지도 않다. 살아계신 하나님은 생동적·직접적이다. 그런 하나님은 세상을 바꿔놓으신다. 돈이나 교리나 제도에 의해 사람을 판단하거나 구별하지 않고 인간의 존엄과 자유를 보존하고 지켜주신다. 이런 일을 하는 사회민주당 사람들이야말로 살아계신 하나님에게서 명령을 받은 자들이다. 양심에서 그런 선한 일을 하려고 마음먹고 그런 목표를 향해 돌진하는 그들이야말로 그 누구보다 살아계신 하나님께 가까이 있는 자들이다. 중간에 서서 엉거주춤하는 교회나 교인들보다 더 가까이 하나님 곁에 거하는 사람들이다. 그렇기 때문에 사회민주당은 무의식적인 기독교라고 쿠터는 규정했다.

쿠터는 사회주의의 기본적 사상을 긍정하고 거기에 대해 분명하게 설명하고 있다. 첫째로 재산 문제를 공동체적·전체적으로 해결하는 것은 인간의 존엄성과 자유를 지키기 위함이었다. 그러나 재산을 많이 가졌던 당시 교회와 교인들은 쿠터를 비난했다. 적그리스도라고까지 저주했다. 그럼에도 쿠터는 사회주의를 옹호했다. 사회주의는 살아계신 하나님의 전위요 강력한 군대라고 옹호하고 변호했다. 더 이상 교회가 사회주의자들을 개심시킬 것이 아니라 개심해야 할 쪽은 교회라고 그는 못 박았다. 쿠터가 쓴 유명한 책『당신은 해야 한다(Sie Muessen)』에서 그가 사회민주당을 당시 교권에 대한 일반적인 비난에서 어떻게 옹호하고 있는가를 보는 것이 필요할 것 같다.

당대 교회의 비난과 이에 대한 쿠터의 변호를 몇 가지 적어본다. 첫째, 사회민주당이 하나님의 실재를 부인한다고 교회는 비난한다. 쿠터는 이에 대해 진실로 황금만능주의에 대항해 싸우는 하나님의 싸움을 인도하는 사람들이 사회민주당원들이라고 옹호한다. 이들은 마치 구약의 예언자들과도 같다. 무신론자들인 사회민주당원들이 살아계신 하나님의 선한 싸움에 참여하고 있는 반면 유신론자라 떠드는 교회는 죽은 하나님을 믿고 세상을 내버려두고 있다. 둘째, 교회는 사회민주당이 기독교 진리를 파괴하고 없앤다고 주장한다. 이에 대해 쿠터는 실제 예수의 메시지를 거짓되게 만드는 쪽이 교회라고 반박한다. 교회가 예수의 말씀을 순수한 내적인 삶으로 축소시킨 반면 사회민주당은 새로운 삶과 세계를 위해 투쟁함으로써 모든 것을 새롭게 만들기 위해 오신 예수와 같은 선에 서 있다고 쿠터는 주장한다. 셋째, 사회민주당은 혁명의 당이라고 당시 교회는 저주했다. 이에 대해 쿠터는 신약성서의 구절마다 세계의 위대한 혁명이 선언되고 있다고 주장한다. 교회가 그 독특한 보수적 염려와 불안 속에서 변혁의 하나님을 떠난 것이라고 말하면서 당대 교회의 보수성을 역공한다. 하나님은 혁명적이기 때문에 혁명적인 사회민주당의 혁명성은 나쁠 것이 없다는 것이다. 넷째, 교회의 비난은 사회민주당이 죄를 인정하지 않는다는 것이다. 이에 대해 쿠터는 살아계신 하나님은 죄를 인정하지 않고 죄와 싸워 이기시는 분이라고 주장한다. 그와 반대로 교회는 죄를 신앙 문제처럼 심각하게 취급하면서 정작 죄를 이기지 않는다. 그런데 사회민주당원들은 그들의 전력을 바쳐 악과 싸우고 있는 자들이다. 누가 더 하나님 편인가? 두말할 필요 없이 죄와 싸워 이기는 자들이다. 죄의 인정이 전부가 아니라는 것이다. 다섯째, 사회민주당에 대한 교회의 비난은 유물론적이라는 것이다. 영을 안 믿고 물질만을 믿는다는 비난이다. 이에 대해 쿠터는 정말 물질만 믿는 자는 교회라고 응수한다. 교회 지도자들은 겉으로 영적인 척하며 물질적인 것에 대해 멸시하는 말을 하지만 실제적으로는 재산 축적, 돈 불리는 일에 깊이 빠져 있다고 지적한다. 이들이야말로 실제적인 물질 숭배자라는 것이다. 여섯째, 사회민주당은 법과 도덕의 절대적 가치를 부인한다고 비난받는다. 이에 쿠터는 사회민주당은 의롭지 못한 전통적 법이나 도덕법을 반대하고, 인간의 참되고 영원한 법을 제안한다고 주장한다. 교회는 전통적인 법을 무조건 옹호함으로써 가진 자에게만 유리하게 만들고, 가진 것이 없는 자는 불리하게 만들었다. 그러기에 사회민주당은 부르주아적 도덕법을 반대하고 프롤레타리아적 법을 제안한다는 것이다. 일곱째, 사회민주당은 조국을 인정하지 않는다고 비난하는데 여기에 대해 쿠터는 본래 기독교는 모든 남자와 여자, 민족 간의 일치와 화해를 추구하는 종교로서 조국의 범위를 넘어서는 초국가적·초민족적 입장을 가지고 있다고 주장한다. 당시 교회의 옹졸함과 편협성을 책하면서 사회민주당이야말로 본래의 기독교적 평화와 화해주의에 가깝다고 옹호한다.[14]

다음으로 라가츠의 견해를 보자. 그에게 있어 '사회주의'는 새로운 사회를 의미할 뿐 아니라 새로운 삶을 의미한다. 사회를 개혁하는 것이 문제가 아니라 새로운 세계를 창조하는 것이 핵심이다. 라가츠가 말하는 사회주의란 색다른 정치적·경제적 체제일 뿐 아니라 도덕적 이상이다. 그것은 새 삶의 종합이다. 그는 사회주의가 하나의 과학이 아니고 신앙의 문제라고 생각한다.[15]

내용적으로 말하면 라가츠의 사회주의는 주로 노동조합 등과 같은 협력하고 협동하는 유형의 기구와 관련되어 있다. 그는 국가사회주의 혹은 관료주의적 사회주의에 대해 회의적이었다. 그는 노동계급 운동의 노동조합을 가장 높이 평가하면서 노동조합을 통해 노동자를 옹호하고 노동력을 더 잘 발휘할 수 있고 그것이 자의식적인 노동계급의 손에 의해 이용되는 도구라고 믿었다. 노동조합 운동이 노동자를 고립에서 뽑아내어 단합을 통해 희망과 용기와 존엄을 준다고 믿었다. 그것은 숫자를 인간으로 바뀌게 한다. 노동자는 더 이상 번호가 아니라 구체적 인격으로 다뤄지게 된다. 라가츠에 의하면 노동

---

14) Hermann Kutter, *Sie Müssen: Ein offenes Wort an die christliche Gesellschaft*(Jena: H. Walther, 1910), p. 18.

15) Andreas Lindt, *Leonhard Ragaz*, pp. 239~240.

250 마르크스주의자들의 종교비판을 넘어서서

조합은 민중을 위한 새로운 도덕적 실존을 위해 기초를 장만했다고 한다. 과거 교회, 학교, 정부가 한 것을 모두 합쳐도 노동조합이 한 것만큼 하지 못했다. 사회주의를 내건 사회민주당이 비로소 노동조합 운동을 강력히 벌여 노동자를 위한 생존의 기초를 이룩했다는 것이다.

놀랍게도 1873년 라가츠는 스스로 사회민주당에 가입했다. 사회민주당이 이데올로기적으로 마르크스의 정통성에 아주 충실하다는 사실을 알았음에도 정당원이 되었다.[16] 그는 왜 이런 결단을 내렸을까? 거기에는 두 가지 이유가 있었다. 첫째는 그 정당이 한계 — 이에 대해 라가츠는 매우 명료하게 지적했다 — 가 있음에도 노동자계급 속으로 파고들어 그들 편에서 효과적으로 일을 처리할 수 있기 때문이다. 그의 말을 직접 들어보자.

우리가 사회민주당원이 되었을 때 우리는 정치적 정당의 한 부분이 되는 것이 아니고 노동자계급의 한 부분이 된다. 아마도 우리가 우리의 힘으로 어떤 프로그램이나 정당 도그마를 설정하고 있는 건 아닌지? 우리는 우리 앞에 프롤레타리아계급을 보고 있다.

우리는 이들을 뿌리가 뽑힌 계급, 추방된 계급, 갖지 못한 계급으로 본다. 갖지 못했다는 것은 정치적으로, 종교적으로 그리고 도덕적으로 봐서이다. …… 그런데 이 프롤레타리아계급의 가난은 부르주아적이고 기독교적인 세계의 결과이다. …… 우리는 이와 같은 저주의 말을 들었다. 그들은 밤낮 우리를 마음 아프게 하고 있다. 그 때문에 우리가 사회민주당의 부분이 되었다. 우리에게는 이 길만이 우리 자신들이 노동자계급의 편에 서 있음을 고백하는 효과적인 길이기 때문이다. 거기가 우리의 처소이다. 사회의 죄들이 속죄되어야 할 곳이 거기이다. 우리를 사회민주당으로 인도하는 길은 한 정당의 길이 아니고 우리의 그리스도적 제자 됨의 길이다. 종교는 지배

---

16) 같은 책, p. 241.

하는 권력층의 편에 있고 하나님의 나라는 죄인들과 세리들에게로 간다.[17]

라가츠가 사회민주당 당원이 된 두 번째 이유는 프롤레타리아계급의 세속화를 막는 데 있었다. 즉, 하나님 나라의 메시지와 노동자계급 간의 분열을 막아보려는 데 있었다. 노동자계급의 운동 밖에 머물러서는 안 되고, 그 속에 들어가 투쟁하고 고난을 겪으며 희생함으로써만 그 괴리를 피할 수 있다고 생각해 정당 안으로 뛰어들었다. 프롤레타리아계급과 교회의 분리는 양자 모두에게 치명적이기 때문에 직접 사회민주당에 뛰어들어 그 치명적 분열을 막아보려고 했다.

라가츠와 마르크스주의의 관계를 살피면 그는 마르크스의 『자본론』을 공부하면서 깊은 인상을 받았다고 한다. 그러나 그에게 강한 영향을 준 것은 『자본론』의 과학적 가치가 아니라 그 메시지의 '종교적' 호소력이었다. 그는 마르크스에게서 고대 이스라엘의 희망이 되살아나고 있다고 믿었다. 이 땅 위에 완전한 정의의 왕국 도래를 위한 소원과 억압받고 착취받는 자를 위한 예언자적 정열이 마르크스의 글에서 재생된다고 그는 생각했다. 그렇기 때문에 마르크스주의의 강점을 제공한 것은 과학이 아니라 종교라고 라가츠는 이해했다. 즉, 마르크스의 메시아주의가 그것이다. 유물론은 단지 껍데기 장식이고 그 본질적 요소는 아니라는 것이다. 따라서 19세기 말 사회주의를 유물론과 연계시킨 것은 "부당한 연결"이라고 라가츠는 지적한다.[18] 사회주의가 결코 유물론과 일치할 수 없다는 것이다. 그것은 메시아주의적 종교성을 강력하게 표출하고 있는 사회주의이기 때문이라는 것이다. 유물론과 무신론이

---

17) Paolo Ricca, "Protestantism and the Proletarian Class," *WSCF Dossier*(World Student Christian Federation, 1974), p. 9.

18) Andreas Lindt, *Leonhard Ragaz*, p. 241.

나온 배경은 낡아빠진 부르주아 세계 때문이라는 것이다. 사회주의는 이 부르주아 세계를 박차버리려고 노력한 결과라는 것이다. 진짜 유물론적·무신론적인 것은 오히려 부르주아 세계라고 라가츠는 지적한다. 따라서 이 잘못된 세계를 박차버리려는 마르크스주의 운동이 유물론적·무신론적일 수 없다는 것이다. 라가츠는 이렇게 마르크스의 사상을 적극적으로 평가한다. 억눌리고 짓밟히는 프롤레타리아에게 마르크스주의는 복음이기 때문에 마르크스주의는 의미 있게 받아들여야 할 어떤 것이라고 라가츠는 주장한다. 사회 안에서 무시당하고 가난하게 사는 노동자계급에게 희망과 용기를 주고 있는 마르크스주의야말로 진리라고 라가츠는 외친다.[19]

그와 동시에 라가츠는 마르크스주의 안에 근본적인 모순이 있음을 지적한다. 즉, 본질적·윤리적·메시아주의적인 요소와 그것을 덮고 있는 유물론적 옷, 이 둘 사이의 모순이 바로 그것이다. 바로 이것이 필연적으로 역사적 결정론으로 매듭지어진다는 것이다. 그래서 라가츠는 이 모순의 해결을 위해 기독교사회주의를 제창했다. 마르크스주의적 사회주의의 모순은 기독교사회주의로 해결될 수 있다고 그는 믿었다. 기독교사회주의는 마르크스주의가 갖고 있는 메시아주의적인 핵심 요소에 유일하게 적절한 옷을 입혀줄 수 있다. 그 옷은 곧 하나님의 메시지이다. 이 메시지를 마르크스주의 위에 놓아서는 안 되고, 오직 그것의 유물론적 요소 대신 놓아야 한다. 그래서 마르크스주의에 윤리적·종교적 기초를 장만해야 한다.[20]

라가츠에 의하면 사회주의는 자본주의적 사회 구조가 깨진 다음에 참된 인간 공동체가 추구되어야 한다는 문제를 제기하고 있다. 참된 공동체는 개인과 전체 사이에 평등을 유지하는 데 있다. 라가츠는 개인의 권리와 함께 이

---

19) 같은 책, p. 242.
20) 같은 책, pp. 244~245.

른바 '형제의 법'의 권리도 똑같이 주장한다. 이 둘을 연합하는 기본 개념이 곧 단결(solidarity)이다. 단결은 땅 위에서 최고의 법이요, 또한 제일 깊은 도덕적 진리이다. 단결은 형제애의 표현이다. 그리고 그것은 남자와 여자의 참된 관계의 종교적 표현이다. 복음서에 의하면 이러한 관계야말로 인류 모두가 한 아버지의 자녀들임을 증명하는 자연적 결론이다. 사람이 아니라 하나님이 인간적 형제애의 기초이다. 여기에서 공동체가 탄생한다. 여기에 코이노니아(koinonia)의 참된 의미가 있다.

요컨대 라가츠에 의해 시도된 기독교사회주의 해석은 한편으로 교회로 하여금 노동자계급의 세계로 가까이 가도록 했다. 교회가 부르주아 세계의 속박에서 해방되어 프롤레타리아적 불경(不敬) 뒤에 숨어 있는 예언자적 메시지에 열린 마음으로 대처해 산업사회 안에서 새로운 정치적 위치를 차지할수 있게 했다. 다른 한편으로 기독교사회주의적 해석은 사회주의의 참된 기초를 장만했는데, 그 기초란 라가츠에 의하면 윤리적·종교적인 성격을 지니고 있다. 새로운 질서이자 세계인 사회주의는 새로운 정신을 요구하지만 도그마를 가진 마르크스주의적 방법에 의해 위협받고 있다고 라가츠는 보았다. 라가츠의 입장은 전통적·교리적인 교회의 태도와는 구별되면서 동시에 기독교의 깊은 신학적 이해가 특징이다. 당시 교회에게는 받아들여지지 않는 입장이었으나 신학적으로 깊이 있게 접근한 기독교적 입장이었다.

이제 결론적으로 기독교사회주의자였던 쿠터와 라가츠가 말하는 세 가지를 점검하자. 첫째, 기독교인은 프롤레타리아계급을 위해 존재할 수 있다. 이입장은 가장 기본적인 것이다. 기독교인은 없는 자, 가난한 자와 함께 있으면서 그들의 자유와 해방을 위해 싸워야 한다. 이렇게 하려면 먼저 교회가 부르주아계급의 노예가 된 상태에서 해방되어야 한다. 이것을 못하면 노동자계급의 복음화 문제를 교회는 손댈 수 없다.

둘째, 기독교사회주의는 비록 그것이 사회주의에 메시아주의적 운동의 성격을 부여하고 있으나 혁명은 인정하지 않았다. 사회혁명은 복음이 아니다. 노동자 운동의 내부에서 하나님의 왕국을 설교하는 일이 필수이다. 기독교 메시지가 선포되어야 한다. 그것은 역사나 프롤레타리아 영혼에 기록되지 않았다. 우리 속에 쓰여 있지 않은 하나님의 말씀이다. 따라서 하나님의 말씀을 전파함으로써 기독교사회주의는 노동자계급 운동이 세속화되지 않도록 싸워나가는 것이다. 기독교사회주의의 이러한 엄청나고 벅찬 싸움은 소련에서 나타났던 성직자의 세속 권력 참여를 통한 싸움이 아닌 예언자적 싸움이다. 기독교사회주의는 사회주의를 유물론적·무신론적으로 매도하지 않는다. 오히려 사회주의와 무신론을 연결시키는 부당성을 지적한다. 그것은 따라서 사회주의자이면서 기독교인이 될 수 있고 그 반대도 가능하다. 기독교사회주의는 프롤레타리아계급의 복음화 필요성을 강력하게 역설한다. 그것은 그들의 혁명적 요청을 마비시키고 제거하기 위해서가 아니라 새 세계를 위한 그들의 계획을 견고히 해주기 위함이다.

셋째, 기독교사회주의는 기독교의 희망을 당대 사람들이 일반적으로 이해했던 것과는 달리 새로운 방법으로 수용하고 있다. 즉, 기독교의 희망은 더 이상 오늘의 역사적 책임에서 도피해 하늘의 실재를 순수하게 기대하는 어떤 것으로서가 아니라 역사 안에서 미래에 대한 희망이라는 이름으로 오늘의 실재를 바꿔 새롭게 창조하는 어떤 것으로 이해되었다. 기독교사회주의는 희망의 신학이다. 곧 하나님 나라의 '절대적 희망'을 없애는 것이 아니라 생동하게 하는 것이다. 기독교인은 하나님 나라의 절대적 희망의 이름으로 역사의 상대적 희망을 가지고 살아야 하다. 이렇게 될 때만 적극적·창조적인 역사의 책임을 다하면서 사는 기독교인이 될 수 있다.

4. 중국 교회의 삼자애국운동

이제 마르크스주의에 대한 기독교의 응답 가운데 한반도에 이웃한 중국 교회가 마오쩌둥의 중국 정복과 함께 휘몰아친 사회주의를 맞아 어떻게 대응했는가를 볼 차례이다. 필자는 이와 관련해 미국 프린스턴 신학대학원 석사 학위 논문으로 그 내용을 정리해 학교에 2부 제출했다. 그리고 개인소장용 1부는 서울에 들어올 때 붉은 문서 지참이라는 오명을 쓰고 입국이 거부될까 두려워 가져오지 못했기에 몇 년 후 학교에 들러 논문을 찾았으나 도서관 신축으로 도서관 책임자가 논문을 찾지 못해 빈손으로 돌아왔다. 그래서 필자가 아세아연합신학대학교 교수로 있으면서 지은 책 『중국교회의 전기와 새로운 중국의 신학』에 근거해 중국 교회가 마오쩌둥 사회주의를 어떻게 받아들였는가를 서술하려고 한다.[21]

삼자(三自), 즉 자치(自治), 자양(自養), 자전(自傳)은 서구 선교사들의 이른바 '네비우스 정책'으로서 1920년부터 중국과 한반도에서 시행되었는데, 1950년대 중국 교회가 중국의 새로운 정치적 정황에서 '삼자애국운동'이라는 이름으로 마오쩌둥의 사회주의 정권에 대응한 중국 교회 정책이다. 삼자애국운동은 한편으로 정치적·사회적이면서 다른 한편으로 신앙적으로 해석된다. 여성동맹이나 청년회연합회 등과 같이 대중적이면서도 교회의 토착화와 갱신을 목표로 하는 운동이다. 그러므로 삼자애국운동을 정치적으로만 보는 것은 잘못이고 종교적으로만 보아도 잘못이다. 양쪽 모두를 통전적(通全的)으로 품는 중국 교회의 운동이라고 보는 것이 옳다.

1940년대 말 중국 개신교가 양적으로 성장하고 있었다. 23개 교파에 소속

---

21) 홍성현, 『중국교회의 전기와 새로운 중국의 신학』(서울: 한울, 1992), 56~76쪽.

된 교인 수가 약 150만 명이었고, 선교부에서 일하는 사람들과 중국 교회에 속한 교역자들이 약 1만 명이었으며, 외지에서 온 선교사들만 약 4000명이 었다. 상하이에만 예배처가 약 140곳이었고, 중국 전체 약 322곳에 교회가 운영하는 병원이 있었다. 선교사가 세운 대학이 13개, 신학교와 성경학교가 약 200곳이고, 중·고등학교도 약 240곳에 세워져 있었다.

당시 개신교 상황을 요약하기는 쉽지 않다. 기독교인들이 교육, 의료, 농촌 운동, 출판 등에서 사회적인 영향력을 제법 발휘했다. 그러나 다른 쪽에서는 파벌이 여러 갈래로 갈등해 사회적인 영향은커녕 오히려 비판의 대상이 되었다. 어떤 교단은 너무 보수적이었고, 다른 교파는 너무 급진적인 경우도 있었다. 교파가 갈라져 있는 결과로 대학 캠퍼스의 기독 학생 그룹이 갈라져 모임을 갖곤 했다. 특히 농촌 교회와 도시 교회의 차이가 대단했다. 작금 한국의 도시 교회와 농촌 교회의 모습과 비슷했다. 그때만 해도 중국은 농촌 사회였다. 그래서 개신교 선교 정책 논의에서는 농촌 복음화가 강조되곤 했다. 1930년대 중반 중국에 약 1만 5000개의 예배 처소가 있었는데 그중 2/3가 농촌에 위치했다. 그런데 제2차 세계대전에서 일본군의 침략으로 농촌 지역의 예배 처소 대부분이 소실되었다.

중국 교회의 대다수를 차지하는 농촌 교회에 경제적인 문제로 전임 교역자가 없어 교육을 제대로 받은 교역자들이 파송되지 못했다. 외국인 선교사들과 교육을 제대로 받은 목회자들은 주로 도시에 거주했다. 중국 전체 교인 수의 6%, 세례 교인 수의 20% 이하 정도가 있는 도시 교회에 외국인 선교사의 2/3, 중국인 교역자의 1/3이 몰려 있었다. 따라서 농촌 교회는 재정적인 어려움은 물론 미신적인 신앙이 큰 문제로 대두되었다.

이런 때 마오쩌둥 군대가 중국을 점령하면서 중국 교회는 엄청난 시련을 겪었다. 무엇보다 농촌 교회에 엄청난 시련이 닥쳤다. 도시 교회보다 농촌 교회가 더 많은 시련을 당했는데, 공산당 지지파와 반대파 간의 싸움은 물론이고, 이런저런 이유로 기존 교회가 문을 닫게 되었다. 첫째, 선교사에게 의존하는 교회가 질타의 대상이 되었다. 교회는 중국 민족의 자존심을 상하게 한다는 것이다. 둘째, 시골 교회의 어떤 교인이 봉건 지주로서 미움을 받게 되어 교회가 문을 닫은 경우이다. 시골 교회가 땅을 차지하고 있는 것에 대해서도 마오쩌둥 공산주의 정부의 숙청 대상이 되었다. 어떤 지역의 교회의 경우 그 교인들이 국민당 편에 서서 마오쩌둥 군대에 대항해 싸운 결과 완전하게 소멸되었다. 반공주의에 서 있던 대다수 교회는 새 정권이 토지개혁을 단행하는 과정에서 없어지기도 했다. 그러나 공산당 정부는 처음부터 보복주의를 쓰지 않았다. 오히려 교회에 대해 온건한 정책을 펴는 바람에 어떤 지역에서는 정권에 협력하는 분위기가 조성되기도 했다. 심지어 어떤 지역에서는 교인 중 그 지역 공산당 조직 지도자가 된 경우도 있었다.

도시 교회의 상황은 농촌 교회보다는 좋았다. 중국의 교회 중심적인 지도자들이 도시에 살았고 교인들 가운데는 지식인이 많았기 때문이다. 그래서 공산주의 정부는 이 교인들을 매우 조심스럽게 대했다. 이미 도시 교회의 지도자 중에는 중국 교회가 재정적으로 지나치게 외세 의존적임을 알고 외세에서 벗어나야 함을 강조한 바 있기 때문에 공산혁명 훨씬 이전부터 교회의 자립정신을 강조하면서 실천하고 있었다. 이런 지도자들이 새 정권을 맞으면서 삼자애국운동을 더욱 강력하게 이끌었다. 이미 실천하고 있는 자립, 자치, 자선 등 삼자운동 원칙을 교회 안에서 더 강력하게 전개하면서 새 정권의 방향성에 맞도록 애국을 첨가해 삼자애국운동을 벌였던 것이다.

중국공산당의 새 프로그램을 환영하지 않은 교회 지도자들도 삼자애국운동의 방향성을 이해했다. 당대 세계적인 중국인 신학자요 세계교회협의회 의장 중 한 분이었던 자오쯔천(趙紫宸)이 1949년 봄 학생들 앞에서 연설한 다음의 글이 삼자애국운동의 시대적인 절실함을 보여주고 있다.

> 교회로 대표되는 기독교의 모습은 가끔 뒤틀린 모습을 보여준다. 외국 제국주의와
> 연결되어 있고 부르주아적 기질을 가지고 있으며 부패하고 죽어가는 현상을 그대로
> 가지고 있다. 그래서 인민의 아편으로서 현실에서 도피하려고 하고 아무 데서도 소
> 용없는 고차원의 관념론에 빠져 있다. 저토록 많은 기독교인이 공산주의로 가는 것
> 은 놀랄 것이 없다. 아직도 교회는 깨어나지 못하고 있다.[22]

물론 선교사와 제국주의를 일치시키지 않은 중국인도 많았다. 기독교 선
교 운동이 본래 중국인들에 대한 선의에서 출발했음을 중국인들도 인정한다.
그러나 대체로 선교사들이 중국에 와서 제대로 선교 운동을 하지 못했다고
생각한다. 선교사들의 메시지는 주로 개인의 영혼 구원에만 치중했기에 이
세상 속에서 어떻게 사는 것이 옳은 것인지 등에 관해서는 언급하지 않았다
는 것이다. 개인적인 구원에만 강조점을 맞춘 것으로 끝났고, 사회 속에서 중
국인의 주체성을 가지고 멋진 삶을 사는 기독교인으로서 살도록 가르치지 못
했다는 것이다.

마오쩌둥이 중국을 점령할 때 기독교 지도자들의 성격을 대체로 세 가지
로 나눈다. 첫째 부류는 이른바 극우파인데 당시 집권 세력인 장제스(蔣介石)
정권과 밀착된 사람들이었다. 장제스와 그의 부인은 기독교인이었다. 그러니
교계 지도자 대부분이 장제스 편에 서 있었다. 마오쩌둥이 중국을 점령하자
이들은 미국이나 타이완으로 도망갈 수밖에 없었다.

두 번째 부류는 신학적으로는 보수적이지만 정치적으로는 국민당 정권에

---

22) 같은 책, 58~59쪽.

야합하지 않은 기독교인들이었다. 이들은 선교사들의 정책에 협조하지 않으면서 토착적인 교회를 이룩한 지도자들이었다. 그러나 공산주의 정권에는 협조했는데, 교회가 사회적인 문제에 참여하면 안 된다고 주장했던 분들이지만 삼자애국운동이 시작이 되었을 때 지도급 몇 사람이 참여하기도 했다.

놀라운 것은 마오쩌둥 군대가 중국을 탈환하고 입성할 때 앞장서서 이들을 맞이한 기독교인들이 당시 기독교청년회 운동의 중심에 섰던 우야오쭝 목사와 그의 동료들이었다. 그들은 기독교청년운동을 하면서 당시 세계 정신운동의 방향을 깨달은 기독교인 가운데 하나였다. 우야오쭝과 그의 동료들이 앞장서서 공산주의 정권을 환영했다. 바로 이 분들에 의해 중국의 '삼자애국운동'이 시작된 것이다. 류량머우(劉良模)는 전쟁 중에 '대중노래운동'을 조직해 중국인들의 애국심을 불러일으키는 운동을 했다. 우이팡(吳貽芳) 같은 여성은 여성해방운동에 앞장섰던 분인데 여자 대학 학장을 지내기도 했다. 마오쩌둥 정권을 과감하게 받아드린 기독교인들이 그 외에도 많이 있었다. 이들이 하나되어 '삼자애국운동'을 조직했던 것이다.

이 젊은이들 가운데 마오쩌둥이 중국을 점령하기 전인 1940년대 초부터 중국 공산주의자들과 접촉했던 분들이 있다. 이들 젊은이는 당시 교회가 중국의 사회개혁을 주도하기에 전혀 적절하지 못할 뿐 아니라 오히려 반동적이라고 생각해 사회개혁을 위한 이념으로 적절하다고 생각되는 사회주의 또는 공산주의 이념을 기독교와 연결시키려고 했다. 이들은 하나님에 대한 신앙을 가진 채로 사회를 변혁할 수 있다고 믿었다. 우야오쭝과 같은 기독교인들이 이런 생각을 가지고 있었다. 그러다 새로운 사회주의 정권이 들어오자 환영했던 것이다.

하지만 이런 분들은 보수적인 교인들로부터 맹렬한 공격을 당했다. 이유는 공산주의에 대해 너무 순진하고 단순한 평가를 내린다는 것이었다. 이들은 공산주의는 기독교와 전혀 타협할 수 없다고 믿은 분들이다. 그렇다고 우야오쭝을 따르던 사람들이 한결같이 공산주의 이념에 낙관적인 견해를 가진 것은 아니었다. 중국 교회 삼자애국운동의 최고 책임자로 있었던 딩광쉰 주교의 글이 새로운 상황에 대한 의식 있는 기독교인들의 마음을 잘 대변하고 있다고 본다.

> 공산주의가 지배하는 새로운 상황에 이를 때 만약 우리가 잘못을 저지를 수밖에 없다면, 나는 차라리 냉소보다는 천진스러움 쪽에서 잘못을 저지르는 편을 택하고 싶다. 냉소자는 스스로 기회의 문을 닫고, 영적 절망과 더 큰 냉소주의로 자신을 몰아갈 뿐이다. 그러나 천진스러운 기독교 일꾼은 자기 일에 집착한다. 그에게 닫혀 있던 문은 그에게 필요한 정정을 하게 해 진실한 현실주의자로 만든다. 여기에 냉소주의가 갖지 못하는 천진성의 치유 가능성이 있는 것이다.[23]

이 글에서 보는 대로 중국의 진보적 사회운동에 자신을 던진 기독교인들은 뱀의 지혜보다는 비둘기의 순결성을 택했다고 할 수 있다. 이런 태도는 이후 저들의 신앙을 더욱 튼튼하게 만들고 신학을 다시 정립하면서 정치적 상황을 제대로 이해할 수 있도록 만들었다.

5. 하나님의 민중 해방

성서의 주제는 자유와 해방이다. 구약성서의 주제는 출애굽 사건인데 그

---

23) 같은 책, 63쪽.

것은 강대국 이집트의 말발굽 아래 짓눌리고 억압받던 이스라엘 민중의 해방 이야기이다. 하나님 나라의 시작, 그 출발점에서 하나님은 프롤레타리아계급 편에 서 있었다. 이집트에서 이스라엘을 탈출시킨 하나님은 진정 민중의 해방자였다. 이스라엘의 하나님 야훼는 이 해방 사건에서 자신을 계시했다. 태초부터 하나님은 해방하는 힘으로서 인식되었다. 이러한 하나님이 행동 이전에는 자유나 해방에 관한 관념이나 개념을 나타내는 단어가 없었다. 하나님의 자유롭게 만들어주시는 행동을 통해 그것이 시작되었다. 이스라엘의 하나님은 그의 해방하는 행동의 역사 안에서 자기를 세상에 보이셨다. 이스라엘의 하나님은 처음부터 구원하고 해방하는 하나님으로 자기를 알리셨다. 얀 로흐만(Jan M. Lochman)의 말을 빌리면 "구약의 출애굽(탈출) 전망은 자유의 역사에 있어 근본적 새로움(radical novum)이다".[24]

이제 구체적으로 성서를 통해 자유하게 하시는 하나님의 성격과 눌린 자를 위한 그의 관심과 실천을 살피려고 한다. 성서의 신앙은 역사적·정치적인 사건을 통해 자신을 계시하시는 하나님에 대한 신앙이다. 민중을 역사 안에서 해방하시는 하나님이 성서의 줄기를 이루고 있다. 이집트에서 이스라엘민족의 해방은 역사적인 사실인 동시에 비옥한 성서의 주제로서 정치적 해방의 하나님, 억눌린 민중의 해방의 하나님을 생생하게 보여준다. 이집트인들에게 억눌림과 착취당하던 이스라엘 사람들을 해방하는 일이야말로 억압과 불행의 상태를 깨부수는 실천인 동시에 정의롭고 자유로운 사회를 재건하는 시작이다. 그것은 옛 사회의 무질서를 제거하는 것이고 동시에 새 사회를 위한 새 질서를 창조하는 것이다.

구약의 출애굽 사건은 유대인들이 이집트 땅에서 살면서 당한 억압, 착취,

---

24) Jan M. Lochman, *Das Radikale Erbe*(Zürich: TVZ, 1972), p. 28.

가난을 서술한다. 성서는 이집트 땅을 '종살이하던 집'(출 13:3, 20:2)이라고 했고, 거기서 강제 노동을 하면서(출 5:6~14) 혹독한 노역으로 괴로움을 당했으며(출 1:13~14), 강제로 산아제한을 당했다(출 1:15~22). 그때 야훼는 모세의 마음을 흔들어 깨우기 위해 이렇게 말씀했다.

> 나는 이집트에 있는 나의 백성이 고통받는 것을 똑똑히 보았고, 또 억압 때문에 괴로워서 부르짖는 소리를 들었다. 그러므로 나는 그들의 고난을 분명히 안다. 이제 내가 내려가서 이집트 사람의 손아귀에서 그들을 구하여, 이 땅으로부터 저 아름답고 넓은 땅으로 데려가려고 한다. 지금도 이스라엘 사람들이 부르짖는 소리가 내게 들린다. 이집트 사람들이 그들을 학대하는 것도 보인다. 이제 나는 너를 바로에게 보내어, 나의 백성 이스라엘 자손을 이집트에서 이끌어 내게 하겠다(출 3:7~10).

이렇게 해서 하나님에게서 보냄을 받은 모세는 그의 고난받는 민족의 해방을 위해 길고 모진 투쟁을 시작했다. 이스라엘 민중은 오랫동안 심하게 억눌리고 소외당했기에 처음에는 모세의 말을 듣지 않았다.

> 모세가 이스라엘 자손에게 이와 같이 전하였으나, 그들은 무거운 노동에 지치고 기가 죽어서, 모세의 말을 들으려고 하지 않았다(출 6:9).

파울로 프레이르(Paulo Freire)가 억압당하는 자의 의식을 잘 분석한 바와 같이 "억압당하는 자들은 억압하는 자의 이미지를 내면화해 자기의 안내자로 받기 때문에 자유를 두려워한다".[25] 그렇기 때문에 이스라엘 사람들은 모

---

25) Paulo Freire, *Pedagogy of the Oppressed*(NY: Herder & Herder, 1970), p. 31.

세가 해방과 자유의 투쟁을 선언했을 때 두려워했고, 그들이 끝내 이집트를 떠난 후 이집트 군대가 뒤따라오면서 위협할 때 모세에게 원망했다.

> 애굽에 매장지가 없으므로 당신이 우리를 이끌어내어 이 광야에서 죽게 하느냐? 어찌하여 당신이 우리를 애굽에서 이끌어내어 이같이 우리에게 하느냐? 우리가 애굽에서 당신에게 고한 말이 이것이 아니냐? 이르기를 우리를 버려두라. 우리가 애굽 사람을 섬길 것이라 하지 아니 하더냐? 애굽 사람을 섬기는 것이 광야에서 죽는 것보다 낫겠노라(출 14:11~12).

그들은 모세에게 과정 가운데 있는 불확실한 해방보다는 안정된 노예 생활이 낫다고 말했다.

> 이스라엘 온 회중이 그 광야에서 모세와 아론을 원망하여 그들에게 이르되 우리가 애굽 땅에서 고기 가마 곁에 앉았던 때와 떡을 배불리 먹던 때에 여호와의 손에 죽었다면 좋았을 것을 너희가 이 광야로 우리를 인도하여 내어 이 온 회중으로 주려 죽게 하는도다(출 16:2~3).

모세가 이스라엘 민중을 해방하기 위해 그들을 도우면서 생기는 어려움을 당할 때마다 야훼 하나님은 그를 격려하시고 그와 그 민중 앞에 놓인 구체적인 어려움을 해결해주었다. 민중의 해방자 하나님은 언제나 그들을 앞서서 걸어갔다. 하나님은 모세를 통해 민중을 교육하게 해 그들이 당하고 있는 억압과 가난의 뿌리가 무엇인지 깨닫게 하고 그것들을 극복하기 위해 투쟁하도록 해 그들이 부름받은 해방의 깊은 의미를 깨닫게 했다.

성서의 분명한 사실은 억압받던 이스라엘의 하나님은 구원하시고 해방하시는 하나님으로 자신을 나타내셨다는 것이다. 하나님이 선택한 이스라엘 ─ 여기서 선택했다는 것은 하나님이 억압당하는 자와 약자의 편에 일방적으로 서 있음을 의미한다 ─ 의 정치적 역사 속에서 이스라엘의 하나님은 해방의 기초적 행위를 선택하셨는데, 그 행위에서 그의 세계를 향한 목적이 분명히 예시되었다. 따라서 교회와 교회의 신학은 이 사건의 모델을 계속 추구하고 실천했어야 했다. 그럼에도 전통적인 교회의 신학은 출애굽 사건에 나타난 하나님의 해방의 정치적·역사적인 의미를 초역사적으로 해석하고 말았다. 디트리히 본회퍼(Dietrich Bonhoeffer)가 이 점을 정확하게 지적하고 있다.

> 다른 동양종교와 달리 구약의 신앙은 구속의 종교가 아니다. 기독교가 언제나 구속의 종교로 간주되어온 것은 사실이다. 그러나 그리스도를 구약에서 떼어놓고 그를 구속에 관한 신화들의 전통에다 놓고 해석한 것은 기본적인 잘못이 아닌가? 구약에서 절대적 중요성이 구속(이집트에서, 그 후에는 바벨론에서. 제2이사야서 참조)에 있지 않았는가라는 반론에 대해 다음과 같이 대답할 수 있을 것이다. 여기서 말하는 구속이란 역사적이다. 즉, 죽음의 이쪽이다. 그런데 구속에 관한 신화들에서의 구속은 죽음의 경계를 넘어서는 어떤 것을 말하고 있다. 이스라엘은 그들 땅 위에서 하나님의 사람들로 하나님 앞에서 살게 하기 위해 이집트로부터 구속된 것이다.[26]

이스라엘의 하나님은 역사 안에서 정치적 억압에서 그들을 해방시킨 해방자이다. 이스라엘의 하나님은 초월적·중립적인 신이 아니라 계속적으로 역사 속에 일어나고 있는 것을 헤아리는 분이고 그 사건의 내용을 이해하고 거

---

26) Dietrich Bonhoeffer, *Letters and Papers from Prison*(NY: Macmillan Company, 1967), pp. 175~178.

기에서 발생하는 구체적 상황의 문제에 응답하신다. 그렇기 때문에 하나님의 명령을 사람에게 전달하는 예언자들은 그들의 토론을 구체적·역사적인 당대 상황의 정확한 분석 위에 기초시켰다. 예언자들의 메시지에서 분명하게 드러난 것은 억압자와 착취자가 만든 사회의 불의를 정리하는 것이었다. 예언자들은 사회 안에서 일어나는 정치적·사회적인 사건에 관해 정확한 사실을 제시하면서 지배계급의 불의를 고발했다.

히브리어로 '빗나가다', '표적을 벗어났다'의 뜻을 가진 '죄(אטח)'라는 말이 인지되는 표준은 계명 자체가 아니라 공동체 관계에서이다. 계명이나 율법의 조항은 어디까지나 공동체 회원 상호 간 공동의 줄을 연결하는 기능이고, 그 공동체의 약한 자를 돌보기 위한 보호 장치이다. 그래서 일차적인 관심은 강자의 불의에 의해 파괴되는 공동체에게 주어진다. 경제적·정치적으로 약한 자를 보호하는 것이 법을 만드는 정신이자 주체이다. 구약의 계약법이 바로 그 사실을 입증한다. 예컨대 고대 이스라엘에 있어 외방에서 온 나그네의 경우 ― 그들은 오늘날 이민자이다 ― 사회적인 면에서 볼 때 약한 존재였다. 물론 그들은 자유인이었고 종이 아니었으나 그들은 본토인처럼 완전한 권한을 누리지 못했다. 따라서 이민 온 이방인은 가난했고 무력했다. 그래서 이들은 언제나 가난의 대명사처럼 여겨지는 고아와 과부와 함께 한 묶음으로 다뤄졌다. 그런 이유로 이스라엘의 하나님은 이스라엘 사람들에게 명하기를 "나그네를 억압하지 말라"(출 23:9)라고 했다. 또 "너는 이방 나그네를 압제하지 말며 그들을 학대하지 말라. 너희도 애굽 땅에서 나그네이었음이니라"(출 12:21)라고 명했다. 예레미야를 통해서도 같은 명을 내렸다.

너희가 공평과 정의를 행하여 탈취당한 자를 압박하는 자의 손에서 건지고 이방인과 고아와 과부를 압제하거나 학대하지 말며 이곳에서 무고한 피를 흘리지 말라(렘 22:3).

구약의 말씀 곳곳에서 사회적·경제적으로 연약한 자를 하나님이 특별히 관심하시는 것을 읽을 수 있다. 이스라엘의 하나님이 스스로 가난한 자의 편에 서 계신다는 사실은(시 146) 그가 낮은 자를 높이시고 높은 자를 내리치시는 간섭을 하신다는 표현에서도 읽을 수 있다. 사무엘의 글을 인용해 보자.

> 용사의 활은 꺾이나 약한 사람은 강해진다. 한때 넉넉하게 살던 자들은 먹고 살려고 품을 팔지만, 굶주리던 자들은 다시 굶주리지 않는다. 자식을 못 낳던 여인은 일곱이나 낳지만, 아들을 많이 둔 여인은 홀로 남는다. 주님은 사람을 죽이기도 하시고, 살리기도 하시며, 스올로 내려가게도 하시고 거기에서 다시 돌아오게도 하신다. 주님은 사람을 가난하게도 하시고, 낮추기도 하시고, 높이기도 하신다. 가난한 사람을 티끌에서 일으키시며, 궁핍한 사람을 거름더미에서 들어 올리시서, 귀한 이들과 한자리에 앉게 하시며 영광스러운 자리를 차지하게 하신다. 이 세상을 떠받치고 있는 기초는 모두 주님의 것이다. 그분이 땅덩어리를 기초 위에 올려놓으셨다(삼상 2:4~8).

하나님께서 가난한 자의 편에 서 있다는 사실은 가난하고 약한 사람에게 행해지는 불의한 일이 하나님의 뜻에 반대됨을 의미하는 것이고 동시에 눌리고 아픔을 당하는 가난한 사람을 위해 정의와 자유를 외치는 일은 하나님 편에 서서 행동함을 의미한다. 따라서 힘없는 자를 짓밟는 자에 대항하는 것은 하나님의 뜻에 순종하는 행위이다.

그러나 한국 교회는 이런 성서 구절을 단순히 하나님이 가난한 자의 편을 동정하시는 정도로 해석하고 있다. 그래서 가난 자체가 마치 하나님께 접근하는 길잡이인 양 해석한다. 못살고 억눌리고 착취당하는 일이 하나님의 관심을 끄는 특권의 기회인 것처럼 해석하기도 한다. 그래서 가난 자체를 가장 큰 덕목처럼 이해하게 되었다. 하나님이 가난한 자 편에 있다는 선언은 한국 교회에서 '가난한 자가 부자보다 하나님께 더 가까이 있다'라는 정도의 해석을 유발했다. 이렇게 가난 자체가 신성시되었다. 가난을 유발시킨 착취자의 불의와는 전혀 연관시키지 못하고 있다. 구약 예언자들의 메시지와 계약법 근저에 깔린 사회정의와 자유와 관련시켜 성서를 해석하지 못했다. 일단 가난이 특권적인 상태로 고려되면 그다음은 금욕주의나 정적주의(靜寂主義)로 이어지고 결국 가난을 만든 억압자와 착취자에게는 더 없이 좋은 기회를 주어 계속 가난한 자를 수탈하게 할 것이다. 이것은 결국 마르크스가 지적한 대로 종교가 아편으로서의 역할까지 했다는 증거이기도 하다. 교회가 가난 자체를 신성시해 민중의 가난을 외면하고, 나아가 교인들 자체가 정적주의에 빠져버릴 때 착취자는 계속 이것을 이용해 부를 쌓았다. 이런 잘못된 성서 해석이 결국 민중을 더 가난하게 만든 결과를 빚었다. 이제는 해방의 하나님이 부자인 억압자가 만들어낸 가난을 미워하고 그 가난을 만든 억압자를 저주했다는 사실이 한국의 설교단에서 강력하게 들려져야 한다.

다음 신약성서의 내용을 보자. 복음서에서 우리는 눌린 자를 해방시키시는 예수의 모습을 본다. 실로 예수는 민중 속에서 민중과 함께하며 그들의 해방과 자유를 위해 싸우셨다. 그의 삶과 죽음의 이야기는 그대로 눌림과 고난을 받는 민중의 이야기이다. 그와 동시에 예수의 이야기는 인간을 죄와 죽음과 사탄의 세력에서 구하려는 하나님의 의지의 표현이기도 하다. 베드로는 그 이야기를 다음과 같이 표현했다.

하나님께서는 이스라엘 백성에게 당신의 말씀을 전해주셨는데 그것은 예수 그리스도를 통하여 선포하신 평화의 기쁜 소식입니다. 이 예수 그리스도는 만민의 주님이십니다. 여러분은 요한이 세례를 선포한 후 갈릴리에서부터 시작하여 온 유대지방에서 일어난 그 유명한 사건을 잘 알고 있을 것입니다. 그것은 나사렛 예수에 관한 일인

데 하나님께서는 그분에게 성령과 능력을 부어주셨습니다. 하나님께서 그분과 함께 계셨기 때문에 그분은 두루 다니시며 선한 일을 행하시고 악마에게 짓눌린 사람들을 모두 고쳐주셨습니다. 우리야말로 예수께서 유대지방과 예루살렘에서 행하신 모든 일을 목격한 사람입니다. 사람들이 그분을 십자가에 달아 죽였지만 하느님께서는 그분을 사흘 만에 다시 살리시고 우리에게 나타나게 하셨습니다. 그분은 온 백성에게 나타나신 것이 아니라 하나님께서 미리 택하신 증인 곧 우리에게 나타나셨습니다. 그분이 죽음으로부터 다시 살아나신 후에 우리는 그분과 함께 먹기도 하고 마시기도 하였습니다. 그분은 하나님께서 그분을 산 이들과 죽은 이들의 심판자로 정하셨다는 것을 사람들에게 선포하고 증언하라고 우리에게 분부하셨습니다. 이 예수에 대해서 모든 예언자들이 그분을 믿는 사람은 누구든지 그분의 이름으로 죄를 용서받을 수 있다고 증언하였습니다(행 10:36~43).

이상의 베드로의 목격담은 나사렛 예수와 그 사회적 상황의 관계를 보여 준다. 베드로의 증언은 구체적·역사적·사회적이다. 그가 증언한 예수의 복음 은 "선한 일을 행하시고", "짓눌린 사람들을 모두 고쳐주었다"라는 것이다. 이 일을 위해 하나님에게서 '능력'을 부여받았다. 바로 이 강력한 인간의 해 방이 신약성서 '케리그마(kerygma)'의 핵심 요소이다. 구약에서 면면히 이어 지는 하나님의 민중 해방 의지가 신약에서도 이어지고 있다. 예수 그리스도 복음의 신비와 충만을 표현하는 가장 적절한 단어는 해방이다. 기독교인들은 처음부터 이것을 인식하고 있었다. 사상과 경험 속에 깊이 뿌리내린 해방의 개념이 초대 기독교인들에게 더욱 깊게 인식되어 전해졌다. 오랫동안 패권주 의자와 국내 독재자에게 억압받고 살던 유대인은 늘 해방과 자유를 갈구했 다. 그들의 메시아 대망사상에는 바로 이 구체적 소원이 깔려 있었다. 이러한 메시아 대망은 예수 시대의 민중 가운데 팽배했다. 예수는 이들의 요청에 응답하기 위해 최선을 다했다. 예수에 의해 갈릴리에서 시작된 평화, 자유, 해방의 운동은 결국 예루살렘까지 확산되었다.

　신약시대가 끝난 후 예수를 따르던 기독교인들은 예수가 메시아라고 증언하고 고백했다. 구세주 예수, 해방자 예수가 이 땅에 와서 해방의 역사(役事)를 진행하다 억압자의 손에 잡혀 결국 십자가에 달려 죽었다고 그들은 증언했다. 십자가형은 정치범에게만 가해지는 당대의 극형이었던 점을 고려할 때 지상에서 예수의 활동이 어떤 것이었음은 삼척동자라도 어림할 수 있다. 실로 초대 기독교인들은 처음부터 예수를 민중의 해방자로 인식했다. 또한 그들은 예수의 사역을 해방의 언어로 서술할 줄도 알았다. 특히 누가는 예수의 사역 목적을 예수가 인용한 이사야 61장 1~2절을 인용하면서 해방의 언어로 정확하게 전하고 있다.

　　주님의 성령이 내게 내리셨다.

　　주께서 나에게 기름을 부으시어

　　가난한 이들에게 기쁜 소식을 전하게 하셨다.

　　주께서 나를 보내어 묶인 사람들에게 해방을 알려주고

　　눈먼 사람들에게 시력을 주고

　　억눌린 사람들을 놓아주며 주님의 은총의 해를 선포하게 하셨다(눅 4:18~19).

　신약성서 전체를 통해 예수 그리스도는 자신을 가난한 자, 눌린 자와 동일시했다. 특히 누가는 예수의 탄생 이야기를 전하면서 그가 가난한 가정에서 태어났음을 부각시켰다. 마리아의 노래에서 그것은 더욱 분명해졌다. 그리고 마리아의 노래에서 분명히 드러나는 것은 하나님이 낮은 자의 편이고 높은 자를 내치신다는 사실이다.

주님은 전능하신 팔을 펼치시어 교만한 자들이 꾸민 일을 흩으셨습니다.

권세 있는 자들을 그 자리에서 내치시고 보잘 것 없는 이들을 높이셨으며

배고픈 사람은 좋은 것으로 배불리시고

부요한 사람은 빈손으로 돌려보내셨습니다(눅 1:51~53).

누가는 이미 앞에서 구약의 해방에 관한 논의에서 인용한 바 있는 사무엘상 2장 4~8절의 한나의 기도 형식과 비슷하게 마리아의 노래를 구성했다.

예수는 종종 부자를 책망하면서 가진 것을 팔아 가난한 사람에게 나누어 주라고 명하기도 하셨다(마 19:21, 막 10:21, 눅 18:22, 마 19:21 등). 누가복음과 사도행전은 부자의 문제에 특히 민감하다. 이 두 책을 한 저자가 썼는데, 저자 누가는 요한1, 2, 3서의 저자와 맥을 같이한다. 이 두 저자에 의해 부와 가난의 술어가 자주 언급되고 있다. 야보고의 경우도 야고보서 1장 9절 이하와 5장 1절 이하에서 부와 가난의 문제를 부각시켰다. 부자의 태도가 제일 악질적인 형태의 죄의 표본으로 기술되는 반면 가난한 자는 하나님에 의해 변호되는 의로운 자로 나타난다.

이런 성서 구절로 볼 때 만약 성서 말씀이 당대 환경과 관계없이 사람들에게 전해진 가치중립적인 서술로 이해된다면 그 참 의미를 상실하게 될 것이 확실하다. 예수의 복음은 이러한 기본 입장에서 해석되어야 한다. 예수 그리스도는 억눌린 자와 가난한 자의 해방자로서 약한 자를 억압하고 착취하는 권력자와 부자를 내리치신 반면 그들에게 눌림받고 착취당하는 자의 편에 서서 외쳤다. 실로 예수는 프롤레타리아와 만났다. 예수의 복음은 곧 프롤레타리아의 복음이다.

70년간 남북으로 갈라져 이질화된 우리 한민족이 반드시 참고해야 할 말씀이 에베소서 2장 12~19절이다. 사도 바울이 세운 에베소 교회는 이스라

엘인과 이방인이 함께 공동체를 이룩했다. 할례를 받은 이스라엘인이 할례를 받지 않은 이방인을 사람 취급하지 않았던 때에 사도 바울은 과감하게 할례 없는 이방인을 예수 안에서 받아들여 에베소 교회를 세웠다. 에베소서 2장 14절에는 이스라엘 민족과 이방 민족을 하나로 만들어 새사람을 만든다는 구절이 있다. 상상을 불허하는 놀라운 일이 예수의 십자가 안에서 이뤄진 것이다. 공동번역은 이를 '새 민족'을 이뤘다고 번역했다. 전혀 다른 이질적인 두 민족이 하나가 되어 하나의 새 민족을 이룬 것이 에베소 교회이다. 율법의 기준으로는 전혀 생각할 수 없는 놀라운 일이 일어난 것이다. 이스라엘인은 자기들만 하나님의 백성이자 자녀로 택함을 받았다고 자만하던 사람들이다. 그런 사람들이 바울의 설득으로 이방인을 받아들여 새로운 기독교 공동체, 즉 예수의 교회를 이룩했던 것이다.

실제로 예수 자신이 이 세상에 등장하면서 하나님의 나라를 이 세상 안에 이룩하기 위해 왔다고 선언했다. 하나님의 나라는 평화의 왕국이다. 그 나라에는 어떤 차별도 있어서는 안 된다. 종족, 재물, 학벌 등 모든 면에서 차별되고 무시당하는 일이 없는 나라가 하나님의 나라이다. 예수의 오신 목적이 지구촌이 소외와 차별이 없이 모든 민족이 평화롭게 살도록 만드는 일이었다. 죽은 후에 이룩되는 그 나라 이전에 이 지구상에서 평안과 평화를 만들려고 오신 분이다. 당대 이스라엘, 갈릴리, 사마리아 지역 등에 모든 사람이 서로 미워하거나 무시하는 것이 아닌 서로를 이해하고 행복한 삶을 살도록 도우러 오신 분이다. 하나님의 나라, 즉 하나님의 통치가 이 세상 안에서 이뤄지기를 위해 앞장서신 분이 예수이다. 그래서 예수 주변에는 모든 민족이 다 모여들었다. 그리스인은 물론이고 페르시아인(동방의 박사들?), 사마리아인, 갈릴리의 어부, 병자, 건강한 자, 가난한 자, 부유한 자, 지위가 낮은 자, 지위가 높은 자 할 것 없이 모두 당대에서 하나님의 나라를 맛보면서 살게 하려고 노력하셨다. 이 세상을 밝고 명랑하게 하고 평화롭게 만들기 위해 그 짧은 생애 속에서 최선을 다하신 분이 예수이다. 못된 권력자, 욕심 많은 부자, 위선된 종교인이 아름다운 하나님의 창조 세상을 싸움터로 만들어놓은 것을 한탄하시면서 권력자, 재력가 때문에 아파하고 괴로워하며 속이 부글부글 끓는 사람들 편에서 일하시다가 권력자의 미움을 사 결국 십자가라는 극형으로 죽임을 당하신 분이 예수였다.

이 지구는 하나님이 창조하셨고 지구 위에 사는 모든 사람이 하나님의 자녀이다. 하나님이 만들고 다스리는 이 세계 안에서는 모든 인종이 다 똑같다. 절대로 차별이 있을 수 없다. 이 세상을 다원적인 세계로 만드신 하나님은 모든 종족을 똑같이 대우한다. 유독 백인만 우월하고, 흑인은 저열하다는 생각은 절대 해선 안 된다. 지구촌은 각자의 다름이 하나로 조화롭게 만들어진 곳이다. 예수가 하나님의 아들로 이 땅에 오신 목적은 이 다름을 이해하지 못하고 차이를 인정하지 않는 사람들을 교육시켜 차별과 싸움을 없애기 위함이었다. 그래서 예수 주변에는 모든 인종이 다 모여들었던 것이다. 바울은 이 사실을 정확하게 이해하고 이방으로 나가 예수의 교회를 이스라엘 밖에 세워 어느 종족이든지 모두 환영했다.

하지만 갈라디아에서 베드로의 행동에서 보듯이 이방인과 함께 식사하는 것조차 부끄럽게 생각하는 사람들이 있다. 베드로도 그런 모습을 보이다 바울에게 비판받았다. 바로 한국 기독교인 중에 그런 분들이 너무 많은 것 같다. 이북 동포가 다른 사상으로 이질화되었다고 여기면서 대화를 기피하는 사람들이 너무 많다. 생각이 다르다고 멀리하고 소외시키는 이들은 바울의 비판을 기억해야 한다.

에베소 교회를 창설한 바울과 같이 한국 기독교인은 이북의 동족을 사랑으로 받아들여야 한다. 더 이상 이북 사람을 상종 못할 사람으로 대해서는 안

된다. 바울의 설교를 귀담아들어야 한다. 그래서 남북한이 한민족으로서 새롭게 뭉쳐 새사람을 이룩해야 한다. 남북한의 화해를 이룩하는 데 한국 기독교인이 앞장서야 한다.

6. 결어

이 장에서 프롤레타리아계급과 하나님의 만남의 성서적 근거와 그것이 기독교 역사에서 어떻게 이어졌는지 혹은 이어지지 않았는지를 고찰했다. 특히 한국 개신교 100년 동안 몇 번의 중요한 시기를 제외하고 그런 이어짐을 거의 찾아볼 수 없었던 것도 고찰했다. 특히 유럽의 기독교사회주의 운동을 통해 기독교와 프롤레타리아계급의 연계 노력을 살피면서 그것이 이론에 그친 것이 아니라 실천에까지 나아갔다는 것도 일별했다. 쿠터와 라가츠의 기독교 사회주의에서 살핀 대로 기독교가 프롤레타리아와 만날 수 있는 매개가 되는 실천은 마르크스 사상 속에 정립되었음도 이해하게 되었다. 마르크스주의를 심도 있게 연구하면 실천이 진리와 가치의 표준이 되고 있음을 발견한다. 그리고 실천의 개념은 인간성의 이상과 관련되어 규정된다. 즉, 윤리적·경제적인 의미에서의 자유라는 측면에서 정의된다. 이것이야말로 가치와 진리의 궁극적 표준이다. 그것은 또한 마르크스주의 체계를 이해하는 열쇠이기도 하다. 마르크스주의 체계의 밑바닥에는 인간의 자유와 그것의 성취가 실천을 통해서만 가능하다는 주장이 깔려 있다. 이러한 인간에 대한 믿음은 마르크스주의 체계의 진수이자 적극적·혁명적인 헌신의 원인이기도 하다. 마르크스주의를 기독교의 관점에서 바로 평가하고 거기에 대해 제대로 대처하려면 마르크스주의 전 체계를 이런 실천적인 휴머니즘적 입장에서 이해해야 한다.

억압과 소외받는 민중의 자유와 해방이 성취되려면 인간의 행동을 통해서만 가능하다. 인간의 행동과 실천이 해방시키는 힘으로 조직되어야만 뒤틀린 사회 현실에 참 의미를 줄 수 있기 때문이다. 이러한 실천을 통해서 '갖지 못한' 프롤레타리아와 만날 수 있다. 기독교가 프롤레타리아와 만나지 못했다면 그것은 기독교의 해방 실천이 없기 때문이다. 기독교가 프롤레타리아와 만나려면 마르크스주의의 실천을 배워야 한다. 여기서 기독교가 마르크스주의를 긍정적으로 해석해야 할 당위성을 찾는다.

그러나 문제는 마르크스주의의 무신론이다. 마르크스주의적 실천이 무신론적인데 어떻게 이것을 유신론적인 기독교가 수용할 수 있는가? 라가츠는 마르크스주의의 이러한 위험성을 기독교의 하나님 나라 메시지 선포로 극복하려 했다. 그렇기 때문에 라가츠의 기독교사회주의는 사회주의와 무신론의 연계의 정당성을 의심한다. 그는 초월적인 힘이신 하나님이 이 땅의 민중의 역사를 움직이시되 그들을 억압과 빈곤에서 해방하는 형태로 나타난다고 믿는다. 그런 이유로 프롤레타리아 해방운동은 오직 무신론적 사회주의에 의해 지배될 수 없다고 그는 주장한다. 하나님과 예수 그리스도에 관한 기독교 메시지는 결코 눌리고 억압받는 민중의 혁명적 의식을 제거하지 않고 그들을 이끌어주고 단단하게 해 이 땅 위에 새로운 세계를 건설할 수 있다는 것이다. 하나님의 실천은 프롤레타리아에게 있어 구체적·효과적인 행동이다. 하나님의 목적은 이 꼬이고 뒤틀린 세상을 변화시켜 프롤레타리아가 향유할 수 있는 세상으로 만드는 데 있다.

전통적인 기독교는 프롤레타리아의 소원에 제대로 응답할 수 없었다. 너무 추상적인 보편적 사랑만 강조했기 때문이다. 하나님 안에서의 존재와 사랑의 동일성은 기독교 휴머니즘의 기초이다. 그러나 그 동일성은 부자의 존재 법칙을 보증했지 가난한 자의 존재 법칙을 보증하지는 않았다. 하나님 안에서의 존재라는 기독교적 정체성은 죽음에 직면하는 인간존재의 의미만을 약속했다. 그것은 이 세상에서 고통당하는 사람을 위해서는 아무것도 약속할 수 없었다. 기독교의 사랑이란 억압자와 착취자에게 변명만을 보증했다. 그것은 눌림받고 착취당하는 자를 구원하지 않았다. 그렇기 때문에 기독교 휴머니즘의 본질인 기독교적 사랑은 참된 휴머니즘을 나타낼 역동적인 힘을 소유하지 못했다. 진짜 역동적인 사랑의 힘은 사랑의 실천(praxis of love)으로서 그것은 억눌리고 착취당하는 가난한 프롤레타리아계급에게 필수적인 것이다. 그와 같은 사랑의 실천이 성서의 하나님과 예수 그리스도에 대한 신앙의 기초가 되어야 한다.

그런데 한국 교회는 대체로 프롤레타리아를 위한 신학을 결여하고 있다. 미국의 신학 사조를 무비판적으로 전수받았기에 그것은 지극히 당연한 결말이라는 비판을 면치 못한다. 한국 교회와 신학은 대중의 소원에 응답할 정열이 없다. 대부분의 한국 기독교인이 믿는 하나님은 초월적인 하나님으로서 구체적·역사적인 민중의 생존 문제에 간섭하지 않는 분이다. 쿠터가 서술한 당시 교회의 특성이 어쩌면 그렇게 한국 교회의 특성과 똑같은지 신기하다. 바로 이 점에서 이북 사회주의와 공산주의는 한국 교회에 큰 경종을 울리고 있다. 한국 교회의 오늘의 신학이나 신앙의 형태로 이북 사회주의 체제와 대화가 어렵지 않겠는가?

다행히 한국 교회 안에 비록 소수지만 억눌리고 가난한 민중을 위해 일하는 목회자들과 기독교인들이 있기에 한국 교회가 이북 민중과 만날 가능성이 있다. 감히 아무도 말할 수 없었던 서슬이 시퍼런 유신 독재가 한창이던 1973년 5월 20일, 숨어서 민중운동에 참여하던 일단의 기독교인을 통해 '비상시국에 관한 선언'이 발표되었다. 그 내용의 일부를 소개한다.

우리는 하나님이 억눌린 자, 약한 자, 가난한 자의 궁극적 옹호자임을 믿는다. 그는 역사 안의 악한 세력을 심판하신다. 메시아 왕국의 도래가 바로 소외당하고 거절당하고 짓밟힌 자의 피난처임을 메시아 예수가 선언했다고 우리는 믿는다.[27]

유신 독재에 항거하던 일군(一群)의 기독교인은 "고난당하고 억눌린 자가 자유게 되기 위해 기도하며" "억눌리고 가난하고 멸시받는 사람 가운데 사는 일"[28]이 하나님의 명령이라고 믿었다. 그들은 그 길이 예수께서 유대인들 가운데 걸어가셨던 그 길과 같다고 믿으면서 예수와 같이 고난에 동참했다.

가톨릭 신도이자 시인인 김지하는 어두운 감방에서 사형선고를 기다리며 쓴 '양심선언'에서 프롤레타리아계급에 관한 그의 큰 관심을 선언했었다.

나는 나의 모든 이웃, 억압과 착취로 고통받고 인간의 기본권마저 거부당해 고통스럽고 모욕적으로 살고 있는 내 혈육의 이웃을 위해 정열을 다해 구체적으로 사랑하며 살 수 있는 사람이 되고 싶다. 이것이 내 생각이 모아지는 출발점이요 동시에 종착점이기도 하다. 나는 나의 지적 투쟁의 모든 과정이 민중을 사랑하는 지평으로부터 해석되어지기를 원한다.[29]

바로 이러한 민중을 향한 그의 뜨거운 사랑이 유신 정권에 도전하게 했고 유신 정권은 그를 '공산주의자'로 관제 낙인찍어 사형선고까지 내리게 했다. 유신 정권의 허수아비 재판장이 그를 공산주의자로 선고하자 그는 다음과 같

---

27) The Emergent Christian Conference on Korean Problems(ed.), *Documents on the Struggles for Democracy in Korea*(Tokyo: Shinkyo Shuppansha, 1975), p. 39.

28) 같은 책, p. 40.

29) Harold Hakwon Sunoo, *Repressive state and resisting church: The politics of CIA in South Korea*, p. 150.

이 진술했다.

> 나는 공산주의자가 아니다. 나는 가톨릭 신자이다. 내가 가톨릭 신자가 된 이유는 가톨릭교회 교리가 내게 보편적 메시지를 보여주었기 때문인데, 그것은 영적·물질적 고통이 모두 극복될 수 있을 뿐만 아니라 억압 그 자체가 억압자와 억압하는 자를 동시적으로 구원함으로써 없어질 수 있다고 하는 사상이다.[30]

이토록 그의 논리는 정확히 기독교적이었음에도 그는 공산주의자로 낙인이 찍혀 사형선고까지 받았던 것이다. 그 핵심 원인은 그의 관심이 프롤레타리아계급에 있었기 때문이다. 이러한 관심은 마르크스주의자들의 이론의 핵심인데 실은 이것은 기독교의 시작, 즉 예수의 복음 자체가 가지고 있었던 것이다. 김지하와 기타 일군의 기독교인이 민중을 위해 싸운 것은 이북 공산주의 이데올로기에 찬성해서가 아니라 예수 그리스도의 명령에 순종하고 그의 삶을 따르기 위해서였다.

1977년 3월 10일 개신교와 가톨릭 기독교인들이 공동으로 '노동자들의 인권에 관한 성명'을 발표했는데 그 성명서에서도 기독교인들과 프롤레타리아계급이 만나는 길을 강력하게 제시하고 있다. 이 길이 무신론적 공산주의를 극복하면서 이 땅에 하나님과 대화할 수 있는 자리이다.

---

30) 같은 책, p. 151.

제5장 화해신학을 향하여

　이 연구의 목적은 한반도의 통일과 화해를 위해 한국 교회가 꼭 해야 할 일을 준비하기 위함이다. 그 준비를 위해 먼저 이북 공산주의가 이북 기독교를 어째서 없애버렸는지를 알아야 했는데, 그것을 잘 이해하기 위해 김일성 사상의 기초가 되는 마르크스의 사상을 살펴야 했다. 나아가 김일성을 앞세우고 이북을 점령한 소련 공산주의의 사상과 실천, 즉 레닌의 공산주의 사상과 실천을 파악해야 했다. 그리고 당대 기독교가 어떤 형태의 신앙과 삶을 갖고 있었기에 이북 공산당이 기독교를 그토록 무섭게 핍박하고 박멸했는지를 알아야 통일 후 한국 기독교인들이 이북 민중과 만나 제대로 문제를 제기하면서 대화를 열 수 있을 것이다.

　어느 선교 단체는 통일 이후 이북에 들어가 예전 방식으로 기독교의 복음을 전하겠다는 의욕을 보이고 있는데 그 열정에는 감복을 금할 바 없으나 실제 그런 방향의 복음 전파가 이북에서 환영받지 못할 것은 불을 보듯 환하다. 이미 이북에는 50여 년 전 기독교가 무섭게 비판당해 거의 없어져 버렸다. 물론 현재 평양에 몇 개의 교회 건물이 한국 기독교인들의 헌금 등 외부의 도움으로 세워져 있지만 우리가 생각하는 그런 신앙의 기독교인을 만나기란 쉽지 않다. 대부분의 이북 동포가 기독교를 비롯해 종교 일반에 관해 거의 잊고 산다는 것을 알아야 한다. 그러므로 통일 이후 이북으로 들어가 예수의 복음을 전하려는 교회나 기독교 선교 단체는 이북에서 교회의 문이 오래전 폐쇄되어 기독교인들이 공개적으로 모임도 갖지 못하고 숨어서 예배를 드리게 된 배경 등을 똑바로 알고 통일 후 선교를 준비하지 않으면 안 된다. 더 이상 예전의 선교 방식으로는 이북에서의 복음 전파가 불가능하다는 것을 한국 기독교인들은 분명하게 알아야 할 것이다.

이 책을 집필하는 기간 중 예장 총회 국내선교부가 주관한 제99회기 새터민 선교 워크숍을 가진 바 있는데 '주제 강의 2'를 강의했던 대전신학대학교 정원범 교수는 이북에서 교육받은 새터민들(탈북자들)의 종교에 대한 이해를 한 탈북자의 말을 인용해 전했다.

> 북한에서 교육받은 대로 종교를 무조건 부정적으로 보려는 시각을 갖고 있었다. 종교는 아편이고 인민의 피를 빨아먹는 철면피와 같다는 의식이 강했다. 그래서 북한에 있을 당시 종교인을 정신병자로 취급해 그들을 멀리했다. 문익환, 임수경, 문규현이 북한에 방문했을 때도 이들을 북한에 동조하는 친북세력으로 보았을 뿐, 종교인이나 박애주의자로는 전혀 생각하지 않았다(류○○, 44세 남자).[1]

필자가 프린스턴 신학대학원에서 공부할 때 이북에서 출판되는 자료를 도서관에 쌓아놓고 읽으면서 앞의 탈북자가 증언하듯 이북에서는 이미 1960년대 말~1970년대 초에 기독교가 거의 철저하게 비판받아 폐쇄된 것을 확인

---

1) 정원범, 「평화통일선교신학의 기조 아래 새터민 선교의 신학적 과제」, 제99기 새터민 선교 워크숍 자료집(서울: 대한예수교장로회 총회 국내선교부, 2015), 45쪽.

한 바 있다. 탈북자 류 모씨의 증언대로 이북 인민은 이미 오래전 반종교적으로 세뇌되고 기독교인은 인민의 피를 빨아먹는 정신병자라고 교육받았다. 이런 이북 실상을 조금이라도 알고서 통일 후 한국 기독교가 이북 동포를 만나야 되기에 이 책을 집필하지 않을 수 없었다. 남북한이 화해되어 하나의 통일된 민족으로 평화롭게 지내면서 민족의 단합된 삶을 전 세계에 과시하며 살게 될 날을 바라보면서 한국 교회와 성도가 통일 이후 이북 인민의 신앙 방향을 제대로 정립하는 일에 도움을 주고자 이 연구가 시작되었다. 이북에서는 약 50년 전에 이미 끝난 기독교 비판을 이미 오래전에 확인했던 필자는 혹시라도 그 이후 새로운 종교비판 자료가 있을까 하고 찾았으나 국내에서는 구할 수 없었다. 그래서 2011년 평양에 직접 가서 두루 탐문하고 관련 서적을 찾아보았으나 더 이상 새로운 자료를 찾지 못했다. 이북에서는 이미 종교비판이 끝났기에 더 이상 종교에 관한 글이 필요 없어 종교에 관한 출판물이 전혀 없음을 확인한 셈이다. 필자가 이 책에서 인용한 이북 기독교 비판 자료가 비록 오래된 것이지만 그것을 다시 정리하면서 통일 이후 이북 무신론을 만날 준비를 위해 저술을 시작했다. 최근 자료를 찾지 못했다고 더 이상 미룰 수가 없어 옛 자료를 다시 정리하고 보완하면서 이 책을 내놓게 된 것이다.

필자는 이 연구에서 마르크스의 사상과 레닌의 혁명운동을 그들의 기독교 비판의 관점에서 서술하고 이어서 이북 이념의 핵심인 김일성의 무신론적 주체사상을 기독교적 입장에서 설명했다. 분명한 것은 제아무리 이상적인 사상이나 이론도 현실 정치 세계에서는 뒤틀리고 오도되고 있다는 사실이다. 따라서 공산주의 사상을 정치적·경제적인 현실과 동떨어져서 다룬다는 것은 매우 위험한 일이다. 그럼에도 이 책에서는 이북의 실상을 폭넓게 다루지 못했다. 8·15와 6·25를 전후한 한민족의 생생한 현실을 밑바닥에 깔고 공산주의와 기독교를 살펴야 함에도 역부족인 필자로서는 어쩔 수 없이 문서에 의

존해 다룰 수밖에 없었다. 이 자료에 의하면 이북 공산주의는 어디까지나 프롤레타리아독재 체제를 유지하고 있다는 사실이다. 가난하고 천대받으며 소외받던 계층의 혁명이 실현되었다고 그들은 자랑하고 있다. 그들이 계속해서 주장하는 기독교 제거는 이북 기독교인들이 부르주아이거나 아니면 부르주아 편에 서 있는 사람들이었기에 이북에서 기독교가 비판되고 제거되었다는 결론이 이북 문헌 여기저기에서 반복되고 있다는 것을 이 연구에서 밝혔다. 기독교를 비판한 이북 학자들의 연구 내용을 가급적 많이 인용하면서 어째서 그토록 왕성하던 기독교가 그토록 무섭게 비판받고 거의 사라졌는가를 알리려 했다.

이제부터 문제는 통일된 한반도가 되었을 때 기독교가 공산주의에게 민중을 더 이상 빼앗기지 않으려면 기독교 신앙과 신학이 프롤레타리아가 환영할 수 있을 만한 내용임을 제시해야 한다. 기독교 경전인 성서가 프롤레타리아를 위한 것이지 부르주아를 위한 것이 아니라는 사실을 확실하게 보여주어야 한다. 기독교의 신학과 실천이 이북의 정치 지도자들이 비난한 것처럼 '아편'이 아니라 오히려 구체적인 사회와 역사 안에서 역사를 바꾸고 사회를 변화시키는 역사적·사회적인 힘이 될 수 있음을 부각시켜야 한다. 남북한 민중의 한가운데 서서 민족의 화해를 위한 분위기를 조성할 수 있는 기독교 신앙과 신학을 보여주어야 한다. 기독교가 이북 민중을 만나려면 무엇인가 통하는 것이 있어야 하는데, 이 통할 수 있는 대화 내용을 마련하기 위해 서구의 경험을 한 예로 들어 고찰했다. 즉, 동구권에서의 기독교와 마르크스주의자의 대화와 화해에 크게 공헌한 두드러진 두 가지 현상을 소개했다. 하나는 마르크스주의 세계 안에서 그들 나름의 전통인 무신론의 입장을 넘어서려는 징후이고, 다른 하나는 자본주의 세계 안에 사는 기독교인들이 반자본주의적 입장을 취하면서 잘못된 자본주의의 희생자인 프롤레타리아계급의 투쟁에 참여하는 현상이다. 전자의 경우는 마르크스주의자 가르다프스키의 '신은 아직도 완전히 죽지 않았다'라는 선언에서 확인할 수 있었고, 후자의 경우는 '사회주의를 향한 기독교인들(Christians for socialism)'의 활동에서 확인할 수 있었다. 그리고 마오쩌둥이 중국을 공산주의 사상으로 점령할 때 중국 기독교인 우야오쭝 등이 취한 태도를 소개하면서 하나의 좋은 견본을 제시하려고 했다.

이제 '혁명'은 더 이상 마르크스주의의 전유물이 아니다. 이 책을 통해 많은 혁명적 기독교인들을 만났다. 한편 기독교인만이 더 이상 성서를 독점하고 있지 않다. 오늘날 교회 밖의 서클들, 특히 마르크스주의 서클에서 성서가 진지하게 읽히고 있고 예수의 이름이 긍정적으로 거론된다. 마르크스주의 세계에서 샤프, 마호베츠, 가르다프스키 등은 성서적·기독교적 문제를 휴머니즘적 방법으로 해석하려고 시도했다. 그들은 이제까지 전통적인 무신론적 반성이 제외하거나 무시했던 주제나 동기, 그리고 어떤 점에서는 신앙과 불신앙의 경계에서 발견되는 주제나 동기를 소개함으로써 옛 유신론-무신론 논쟁을 극복하려고 했다.

그들은 스스로를 진짜 마르크스주의자들로 여기고 있으면서도 자국의 문화적 성취를 의심어린 눈으로 바라보면서 공산당이나 공산 정권의 관료주의적 사회주의를 비판한다. 그들이 관심을 두는 것은 강한 자에게 눌려 사는 인간들, 즉 프롤레타리아계급이다. 마호베츠에게는 마르크스주의자가 자신을 깊게 이해하고 자기 과업의 거대함을 깨달을수록 노동자계급에 충실한 히브리-기독교적 전통과 기독교인들을 동지와 형제로 알게 될 것이라고 선언했다. 동구의 마르크스주의자들에게는 예수가 역사 속에 존재했느냐 하는 옛 논쟁은 흥미 바깥에 있다. 그들은 단지 예수가 역사 안의 수많은 사람과 오늘 우리에게 주는 의미를 계산한다. 오늘날도 예수는 억눌리고 착취당하는 사람을 위해 우리가 무엇을 해야 하는지 되묻게 한다고 그들은 말한다. 가르다프스키는 예수가 히브리 사람으로서 구약성서를 철저히 공부해 그 정신이 그의 생각 깊이 스며들었다고 말한다. 구약의 이야기에는 인간이 주체가 되어 자신의 운명에 대항해 싸우면서 운명을 바꾸는 모습이 그려져 있다. 즉, 인간이 역사의 창조자로서 자신의 미래를 형성하면서 계산된 기대나 주어진 가능성을 훨씬 넘어서고 있다는 것이다. 특히 가르다프스키의 해석에 의하면 야곱의 이야기는 인간과 하나님의 관계를 이해하는 데 좋은 예가 된다. 야곱 자신이 운명의 개척자이고 그것을 알았던 야곱을 하나님은 축복했고 인정했다. 사람의 역사는 반복이 아니라 이제까지 그의 발길이 닿았던 곳을 넘어 앞으로 나아가는 것임을 하나님은 긍정적으로 환영했다. 이것은 역사가 인간을 통해 영구한 혁명적 과정의 형식을 취하는 것을 하나님이 수용하신다는 것을 의미한다. 야곱의 이런 과정 안에서 그를 축복하신 하나님은 분명히 방해가 아니라 동력이었다. 하나님은 야곱의 목을 조른 것이 아니라 해방했다. 이처럼 가르다프스키가 해석하는 구약의 하나님은 마르크스주의 혁명을 거부하지 않는다. 구약성서에 나오는 사람들은 하나님을 미치지 못하는 한계로 인식한 것이 아니라 자기들의 모든 가능성이 하나로 모이는 장소로 인식했다. 초월은 더 이상 인간을 넘어서는 어떤 것이 아니라 인간을 인간 너머로 이끄는 어떤 것이다. 여기서 초월은 더 이상 인간 의식을 몽롱하게 하는 아편이 아니다.

신약의 예수도 야곱의 모형으로 해석된다. 예수의 선교는 앞으로 전진하고 오늘을 넘어서는 힘을 이스라엘에 불러일으키는 일이었다. 그렇게 함으로써 약속된 땅, 하나님의 나라에 우리를 가까이 이끌어준다. 이와 같은 '밑으로부터의 기독론'은 예수를 휴머니즘의 술어로서 해석한다. 그러나 여기에서 분명한 것은 기독교인과 무신론적 마르크스주의자 사이에서 예수는 더 이상 분열 지점이 아니라 만남의 지점으로서 서 있게 되었다는 사실이다. 그리고 바로 이 점이 매우 중요하다. 이미 언급한 것처럼 동구의 마르크스주의자들에게 예수는 결코 부정적인 참고인이 아니라 긍정적·적극적인 참고인이다. 더 이상 논쟁의 대상이 아니고 계시의 원천이다.

이제 우리의 기독교 세계로 눈을 돌려보자. 오히려 그 모습이 훨씬 다채롭고 복잡하다. 아직도 대부분의 교회에서는 신앙에서 정치적인 함축성을 인정하고 받아들이려 하지 않고 있다. 반면 일부에서는 '혁명의 신학'을 창도하기도 했다. 특히 제3세계에서는 신학과 교회가 민중의 억압, 착취, 가난의 문제에 대답하지 않으면 안 된다는 확신이 점증하고 있다. 이러한 문제에 답하기 위해 계급투쟁 ─ 억압받는 계급의 억압하는 계급에 대한 투쟁 ─ 이 복음의 증거에 포함되어야 한다는 것이 강조되고 있다. 이것은 그리스도의 교회가 프롤레타리아를 억압과 착취와 가난에서 해방하기 위해 노력하지 않으면 안된다는 것을 의미한다.

이 책의 마지막 장을 쓰고 있는 날 아침 미국 사우스캐롤라이나 주 찰스턴 임마누엘 감리 교회의 담임목사 클레멘타 핑크니(Clementa Pinckney) 목사가 백인 우월주의자의 총에 살해당했다. 그 영결식에 버락 오바마(Barack Obama) 미국 대통령이 참석해 조사를 하며 「어메이징 그레이스(Amazing Grace)」를 불러 위로를 전한 기사가 신문에 소개되었다.

이번 사건이 교회에서 벌어졌다는 게 고통스럽습니다. 미국 역사에서 교회는 흑인들이 적대적인 현실 세계를 피해 인간으로서 살아 있음을, 중요한 존재임을, 외치고 인정받을 수 있는 공간이었습니다. 그런 교회에서 이런 일이 벌어졌습니다. 하지만 신은 이번에도 신묘한 방식으로 존재함을 보여줬습니다. 범인은 희생자 가족이 용서할 것을 상상조차 못했을 것입니다. 이 역시 신의 은총입니다.[2]

오바마의 증언대로 흑인 교회는 미국에서 눌림받는 흑인의 삶을 지탱하는 공간이다. 통일 후 이북 교회는 이북 민중을 지탱하는 공간으로 자리 잡아야 한다. 한국 교회가 세워야 할 이북 교회는 바로 이런 교회가 되어야 한다. 고인이 된 핑크니 목사의 가족이 범인을 용서했듯이 이북에서 억울하게 희생된 기독교인 가족은 큰 아픔을 당하게 하고 가족의 생명을 죽인 범인을 만나 용서할 수 있는 마음의 준비를 하면서 이북 교회 재건을 준비해야 할 것이다.

이렇게 될 때 이북 민중이 한국 기독교인을 비난하지 않을 것이고 이것이 접촉점이 되어 이북 공산주의자들과 대화의 길을 열 수 있을 것이며 대화를 통해 그들에게 하나님 나라를 소개할 수 있을 것이다. 현재로서 이북 공산주의자와 기독교인 사이의 대화가 이루어지지 않는 것은 정치적인 문제가 제일 큰 원인으로 작용하기 때문이지만 무엇보다 서로에 대한 미움이 제거되지 않고 있기 때문이리라. 한국의 대부분 기독교인은 이북 마르크스주의자들이 싫어하는 바로 그 일을 하고 있고, 이북 마르크스주의자들은 한국 기독교인들이 싫어하는 바로 그 일을 저지르고 있으니 양쪽 모두 마음이 닫혀 있다. 즉, 한국 기독교인들은 권력 편에 서서 약한 자를 돌아보지 않고 있고, 이북 공산주의자들은 김일성을 신으로 만들고 있으니 한국 기독교인들과 대화할 수 없다. 이론적으로 양쪽 모두 이웃을 위해 살고 민중을 위한 제도라고 말하고 있으나 실천에서 그 반대의 일을 하고 있다. 김일성 우상화는 자기모순을 드러내고 있는 것이다.

이 논구가 처음부터 마르크스의 기본 사상 그리고 그의 추종자들의 사상을 기초로 교회의 올바른 반성과 대응을 모색하는 것을 목적으로 한 이상, 김일성 우상화의 실체를 폭로하는 일에 관심을 두기보다 그들의 프롤레타리아

---

2) 이승헌, "국민이 감격의 눈물 흘리는 … 美대통령의 '통합 메시지'", ≪동아일보≫, 2015년 6월 29일 자, A2면.

에 대한 이론에 더 깊은 관심을 두었다. 그러나 이제는 연구 방향을 우리 쪽에 돌려 스스로를 깊게 성찰함이 옳은 줄 안다. 이제 한국 교회는 이북 공산주의자들과 대화하기 위해 본회퍼가 말한 '성숙한 시기'에 접어들어야 한다. 기독교인들은 이북 공산주의자들에게 자신이 믿는 하나님은 더 이상 가난한 자를 착취하고 약한 자를 억압하는 도구로서 존재하지 않는다는 사실을 확신시켜야 한다. 나아가 기독교인들은 억압과 가난에서 민중을 해방하려는 정열을 보여야 한다. 교회는 민중의 억압자와 착취자에 대항하는 혁명적 의식, 정열 및 투쟁을 무마하거나 마비시키려는 행위를 중지해야 한다. 마르크스주의자들의 종교비판이 타당한 근거를 가질 수 있는 자리를 교회 안에서 없애야 한다. 교회의 신앙이 아편의 기능을 해서 강한 자, 압제자의 억압과 착취를 일시적으로 잊게 하거나 피하게 하는 역할이 되지 않도록 해야 한다. 오히려 기독교 신앙이 불의를 고발하고 약자를 보호하며 압제하는 강한 자에게는 강력한 대항의 힘으로 작동할 수 있게 해야 한다. 하나님의 신앙으로 살던 예수가 당대의 권력자의 불의와 압제를 고발하다가 그들에게 잡혀 십자가에서 산 채로 못 박혀 죽은 사실을 잊어서는 안 된다. 기독교는 바로 이런 삶을 사시고 참혹하게 죽으신 예수의 삶을 따라 사는 사람들의 공동체가 되어야 한다. 한국 기독교인이 이런 예수의 모습을 보여주는 삶을 살아야 한다.

하나님은 사람들이 역사에서 해야 할 일을 대신 도와주시려고 이 땅의 일에 간섭하는 기적의 신이 절대로 아니다. 하나님은 이 세상의 일은 사람들에게 맡겼다. 아름다운 사회를 건설해야 할 무거운 짐은 사람들의 어깨 위에 지워져 있다. 하나님은 고통, 악, 죽음, 약함, 자연의 비밀, 미래를 설명하기 위해 고안된 어떤 것이 더 이상 아니다. 기독교인은 창조된 인간이 발전시키도록 주어진 세계 안에서 자율적으로 살아가야 한다. 그렇기 때문에 만일 이 세계가 악, 미친 것, 잘못된 체계로 인해 위협받을 때, 기독교인은 그런 문제를 해결해달라고 신적인 대리자를 불러들이지 말고 그 위협에 분연히 맞서서 싸울 각오를 해야 한다. 만일 빈곤, 소외, 착취, 억압이 사람들을 절망과 고통과 죽음의 상태까지 몰고 간다면 기독교인은 그 사람들을 그런 사회적 곤궁에서 해방시키기 위해 벅찬 일을 시작해야 한다. 기독교인이 해야 할 일에 하나님은 결코 개입하지 않는다. 기독교인이 해야 할 일은 기독교인 스스로 완성해야 한다. 이렇게 기독교인이 성숙해질 때 우리는 당당히 이북 공산주의자를 만날 수 있다. 기독교인이 마르크스주의자보다 더 민중을 사랑하고 있다는 것을 보여줄 때 기독교와 마르크스주의의 대화가 열릴 수 있다.

기독교와 마르크스주의가 한반도에서 처음 만날 때 그 주제는 무엇이 될 것인가? 가로디의 제안은 생각할 만하다. 그는 서구에서 기독교와 마르크스주의 대화의 중심은 계급투쟁이나 혁명이 아니라, 초월, 주체, 사랑의 의미 등의 문제라고 제안한 바 있다. 만약 한반도에서의 대화 주제가 그가 제안한 주제들이라면 아마 한국 기독교인은 안도의 한숨을 쉴 것이고 이북 공산주의자는 버럭 화를 낼 듯싶다. 김일성이 그토록 열심히 강조한 계급투쟁과 혁명이 빠진 양자의 대화 테이블은 상상할 수 없을 것이다. 따라서 한국 기독교인도 계급투쟁과 혁명의 문제를 대화 주제로 내걸 각오로 준비해야 할 것이다. 그리고 난 후 초월, 주체, 사랑 등의 주제를 결코 양보해서는 안 될 것이다.

복음의 증거와 계급투쟁의 관련성 및 기독교인들의 계급투쟁 참여가 기초되는 성서적·신학적인 근거가 최고로 엄격하고 착실하게 다듬어져야 한다. 엄격성과 착실함을 강조하는 이유는 정치적으로 깊이 현실에 참여하는 많은 서클에서 그것들이 결여되어 있기 때문이다. 마르크스주의적 이론의 특유한 표현과 개념이 기독교 메시지의 특유한 표현이나 개념과 상호 교환될 수 있는 비슷한 것들이라고 부주의하게 생각하는 서클이 있다. 이런 서클의 엄격성과 착실함의 결여야말로 신학적·정치적인 혼란을 일으킬 뿐이다. 기독교인에게 있어 그 기초는 복음, 즉 예수 그리스도이다. 계급투쟁에 있어 복음의 증인이 된다는 것은 억압받는 자, 즉 프롤레타리아를 해방하기 위해 투쟁하신 예수의 증인이 되는 것을 의미한다.

이북 마르크스주의자에 의하면 그들의 생사를 건 계급투쟁은 착취와 억압으로 가득 찬 옛 사회를 제거하고 더 이상 착취와 억압이 없는 새 사회를 건설하는 유일한 길이고 한국 기독교인에 의하면 초월적인 하나님이 그런 일을 하시는 길이라고 한다. 한편에서는 인간의 힘으로 그런 사회를 이룩할 수 있다는 것이고 다른 한편에서는 인간은 할 수 없다는 입장이다. 물론 마르크스, 엥겔스, 레닌, 김일성 모두 계급 없는 이상 사회란 불가능하다고 암시하고 있다. 그렇기 때문에 혁명의 계속성의 필요가 역설되고 계급투쟁의 계속이 주장된다. 이들은 인간이 할 수 있는 데까지 해보자는 것이고 기독교는 해봐도 안 되니 하나님께 맡기고 죽은 후에 저세상에서 하나님의 나라의 완성을 이룩하고자 한다. 그러나 오늘 여기서 미완성이지만 개혁과 변화가 추구되어야 한다면 한국 기독교인은 마르크스주의자의 사상과 실천에서 많은 것을 배워야 할 것이다. 마르크스주의자에게 사회를 변혁시키는 힘은 혁명적인 투쟁이다. 반면 한국 기독교인에게는 그것이 초월적인 하나님이다. 그런데 세계 도처에서 마르크스주의자는 그런 변혁의 힘을 혁명적인 실천을 통해 증명하려고 노력하고 있는 데 반해 대부분 한국의 기독교인은 초월의 하나님이 억압자와 착취자에게 그들의 억압과 착취의 도구로 사용되도록 포기했다. 여기에서 교회가 해야 할 시급한 과제가 있다. 즉, 민중을 착취와 억압에서 해방하는 자원을 하나님의 초월의 힘에서 장만하는 일이다. 이 점에서 생명 목회를 표어로 내걸고 지역의 '마을 살리기' 운동으로 목회 활동을 확대시키는 목회자가 주목된다. 초월의 힘이 구체적인 마을 현장에서 마을 사람들의 구체적인 매일의 삶과 연계되고 있기 때문이다.

김일성과 그 추종자들의 글에서 대중을 향한 희생적인 사랑에 관한 언급을 여러 곳 찾아볼 수 있는데, 참된 영웅과 순교자란 억압자에 의해 눌림받고 착취당하는 민중을 돕기 위해 자신의 목숨을 버리는 사람이다. 따라서 저들의 미움의 대상은 민중의 적인 억압자일 뿐이라는 것이다. 억압자에 대한 그들의 미움은 민중에 대한 사랑의 표현일 뿐이다.

이북 공산주의자들의 이데올로기가 한국 기독교를 비판할 수 있도록 그 구실을 이론적인 면이나 실천적인 면에서 더 이상 줘서는 안 된다. 한국 기독교가 민중을 해방하고 저들의 자유와 인권을 보장하고 지키는 구실을 할 때 기독교는 한민족의 역사 한가운데 뿌리내리는 민중을 위한 민중의 교회가 될 것이고 그것은 곧 민족 통일로 이어지는 열매를 맺을 것이다. 8000만 한민족이 외세 침략과 독재자의 억압 없이 한반도에서 평화롭게 살 수 있는 그 날이 속히 오도록 기독교는 과감한 자기 개혁을 하지 않을 수 없다. 그리스도의 이름으로 민중과 함께하는 한국 기독교인이 되기 위해 민족적·민중적·구체적인 신학이 요청되고 있고 구체적인 삶의 한가운데에서 생명을 살리는 신학과 신앙이 요청되고 있다. 기독교의 초월이 삶의 현실에서 생명과 정의와 평화와 화해로 직결될 때 이북 동포와 한국 기독교인이 만나 마음을 열고 대화를 시작할 수 있을 것이다. 오늘의 아픈 현실과 직결되는 초월의 신학 또는 신앙만이 통일 이후 이북에 긴급히 요구된다. 이제 한국 교회는 생명 목회, 화해 목회, 지역 운동, 농촌 운동, 노동자 운동을 통해 이북이 거부한 기독교를 이북에 회복시켜야 할 책임을 느껴야 한다. 초월의 신앙이 민족의 현실과 직결되는 신학과 신앙이라면 사회주의로 무장된 이북 동포를 언제든지 만날 수 있을 것이다. 한국의 모든 교회와 목회자와 성도가 이런 신학과 신앙으로 무장해 통일을 이루고 나아가 진정한 화해를 이룩하자.

끝으로 필자의 개인적인 신앙고백을 하며 마무리하려고 한다. 필자는

6·25세대로서 가장 비참했던 민족 간 전쟁의 아픔을 온몸으로 체험한 사람이다. 김일성이 평양에 입성하고 자신이 주석이 되어 이북에 공산주의 정권을 세우려는 목적으로 하필이면 주일인 1946년 11월 3일을 선거일로 잡았을 때 이미 이북에서 기독교 세력을 제거하려는 음모가 진행되었다고 생각된다. 형식적으로라도 이북의 전 인구의 찬성을 얻어 합법적으로 정권을 세우려고 할 때 기독교는 '성수주일'을 외치며 선거에 반대했다. 이 날짜 선택부터가 기독교를 제거하려는 시도였음을 느낀 필자의 어머니는 11세였던 필자와 다섯 살 위인 필자의 형을 데리고 월남했다. 그때 우리가 살던 고향에는 외할머니와 외삼촌이 계셨는데 외삼촌은 동네에서 제일 큰 이층집에 살고 계셨다. 어머니는 감리교회의 회계집사를 맡고 있었는데 공산당이 주일에 흑백 선거를 치르는 것을 보시고는 월남을 작심하셨다. 가족과 재산이 많으셨던 필자의 외삼촌은 끝내 탈출을 못하셨는데 어머니는 외삼촌이 결국 공산당에 의해 총살당했다는 비보를 고향사람을 통해 들으시고 많이 슬퍼하셨던 모습이 기억난다. 필자의 형은 문학에 소질이 있어 시와 수필을 잘 썼는데 6·25전쟁이 임박한 때 형의 글에서 반공의 흔적이 있어 형에 대해 위협의 분위기를 느낀 어머니가 우리를 데리고 속히 서울을 떠나자고 하셨다. 그 후 한국전쟁이 시작되었고 우리는 천안으로 피난했다. 천안에 피난해 있는 동안 몸이 건강하지 못했던 형은 병원이 모두 문을 닫는 바람에 치료를 받을 수 없어 천안에서 숨을 거뒀다. 형을 잃은 필자는 어머니를 따라 새벽마다 천안의 한 교회 새벽기도회에 나가 기도했다. 그러던 중 어느 날 비몽사몽 중에 다음과 같은 하나님의 음성을 똑똑하게 들었다. "너는 깨끗하고 정직하고 거룩하라"라는 음성이었다. 나는 그 음성을 들은 후로 마음속 깊이 일생을 목사로서 살기로 결심했다. 그리고 어머니를 따라 새벽기도회에 나가 뜨겁게 기도했다. 그 교회는 현재 천안중앙교회이다. 어머니가 집집마다 전도하실 때는 필자도 따라다녔

다. 어머니가 천안 불당리 동네에서 전도를 시작했을 때부터 어머니를 따라다니면서 필자는 찬송가를 인도했다. 그 당시 어머니가 개척한 교회가 크게 성장해 현재의 천성교회로 남아 있다.

그런 어머니를 본받아 필자 역시 인천 인성여자중고등학교 교사 시절 학교 재학생들과 함께 인천에 교회를 개척했고 미국에서 유학하는 동안 프린스턴과 트렌턴에 한인 교회를 하나씩 세웠으며 귀국해 아세아연합신학대학교 교수로 재직 시 제3세계신학연구소[현재 (사)참된평화를만드는사람들] 연구원들과 함께 새민족교회를 세우는 데 앞장서기도 했다. 모두 다섯 교회를 개척한 셈이다. 아세아연합신학대학교에서 2년간 교수 생활을 하고는 문교부로부터 결국 교수 인준을 받지 못해 퇴출 교수가 되어 도미해 미국에서 가장 오래된 나성한인연합교회에서 목회하는 이력도 더했다. 아세아연합신학대학교에서 교수 재임명이 되지 못한 것은 필자가 '공산권 선교' 강의를 하면서 이북 사상을 찬양했다는 이유에서였다. 이북에 복음을 전하기 위해 민중의 아픔을 먼저 생각하는 공산주의 이론을 소개했는데 그것이 공산주의 찬양이라고 모 학교 이사가 보고한 모양이다.

필자가 이상의 신앙 체험을 소개하는 것은 필자 자신의 신앙의 기초가 초월자와의 직접 체험에서 시작되었다는 사실을 간증하기 위함이다. 그러면서도 필자의 초월 신앙이 역사와 사회와 연결고리를 계속 유지했음을 보여주고 싶어서이다. 필자를 지금까지 인도하시는 분은 눈에 보이지 않는 창조주 하나님임을 확신한다. 그리고 하나님은 역사 안에서 눈에 보이는 예수 그리스도의 고난을 통해 그의 본성을 드러내신 분으로 믿으면서 늘 감격하면서 사는 목사이다. 장로회신학대학교 채플 성찬식에서 그 보혈의 값짐과 은총에 감격해 뜨거운 눈물을 흘리던 신학도이기도 했다.

필자는 언어에 취미가 있었는데 히브리어, 헬라어, 라틴어, 네덜란드어, 독일어, 영어, 프랑스어를 제법 잘해서 다양한 참고서를 읽으면서 신학을 공부했다. 그래서 신약학 교수였던 박창환 박사님이 필자를 불러 신약학을 하라고 권하셨다. 하지만 서울대학교 철학과 재학 시절 4·19혁명과 '새생활 운동'에 동참하면서 민족문제에 깊이 관심을 갖게 된 필자는 '교회와 사회'라는 분야를 택하기로 결심을 굳혔기에 박 박사님의 제의를 받아들이지 못했다. 그 후에 깨달았지만 신약을 연구하면서도 민족문제, 사회문제를 능히 연결시킬 수도 있었다고 생각하며 후회한 적도 있다. 필자가 신학생일 당시에는 교수님들이 대체로 보수적인 입장에서 사회와는 관계없이 성서 주석을 하고 조직신학을 가르칠 때여서 필자는 많이 답답해하며 교수진 보강을 학장에게 요구하기도 했다. 한일협정 반대 시위를 주도해 신학생들을 이끌고 시청 앞까지 달려 나가 데모를 주도하기도 했다. 학교 당국에서는 골치 아픈 문제아 신학생으로 찍혀 퇴학당할 뻔한 적도 있었으나 동기들과 몇 분 교수님들의 도움으로 퇴학은 면했다. 이런 과거 이야기를 하는 것은 대학생과 신학생 시절 당대의 아픔에 동참하는 신앙과 신학이 필자의 삶과 신학에 조금씩이나마 싹트고 자라고 있었음을 간증하는 것이다. 즉, 사회에 변화를 주는 신앙인이 되고 싶었다. 그래서 장로회신학대학교를 졸업하고 새문안교회 전도사로 봉직하면서 대학생회를 만들어 아돌프 히틀러(Adolf Hitler)를 권총으로 쏴 죽이려던 본회퍼의 신앙과 신학을 대학생들과 함께 읽으며 교회와 사회를 매개하는 신앙 운동을 펼쳐 그들을 의식화하는 데 도움을 주었다. 그 결과 강신명 목사님의 뒤를 잇지 못한 결과를 낳았지만 절대로 후회하지 않는다.

교회를 사회와 연계하면서 목회하다 보니 군사정권 시절에는 한 교회에서 오랫동안 목회할 수 없었다. 사도 바울과 같이 3~4년 정도로 한 교회의 목회 기간이 끝나곤 했다. 필자의 설교에서 새어 나오는 군사정권에 대한 비판으로 정보부의 압력은 물론 교회 안 중진들의 압력도 많이 받았다. 반면 청년들이 많이 몰려와 교회 분위기를 신나게 만들었다. 그것은 동시에 기존 세력에게는 큰 부담으로 작용해 결국 내게 사임 압력의 화살로 다가오곤 했다. 필자는 잘 대처해 교회가 분란에 휩싸이지 않도록 사임하곤 했다.

70세 정년으로 국내 목회 현장에서 은퇴했고 필자가 1986년 남북한의 통일과 화해를 위해 세운 (사)참된평화를만드는사람들을 통일부 산하 통일 단체로 등록해 후배들에게 넘겨주고 아들들이 사는 미국 로스앤젤레스에서 살았다. 미국에서 통일 운동하는 분들을 만나 돕다가 자료도 찾고 필자의 고향인 강원도 송전 땅도 밟고 싶어 이북에 갔다가 한국 정부의 허락을 받지 않았다는 죄목으로 정보부에 잡혀 서울에서 1년간 조사받고 재판에 넘겨져 심문을 당하고 집행유예 보호관찰형을 받아 약 4년간 서울에 살면서 자유로운 활동을 하지 못하다가 이제 팔순에 접어들어 그동안 하고자 했던 일을 정리하고 싶어 새로운 자료를 찾았으나 이북 종교비판에 관한 새로운 글을 더 이상 찾을 수 없었다. 이는 이북에서 종교비판의 필요성이 없어졌다는 뜻이다. 앞에서 이미 기록한 대로 1970년대를 전후해 이북에서는 종교비판이 다 끝났기 때문이다.

필자는 앞에서 언급한 것처럼 민족과 신앙의 연결고리를 찾아보려고 신학적으로 노력했다. 필자가 친히 겪었던 민족의 아픔인 민족 분단의 문제를 신학적으로 다루기로 마음먹고 프린스턴 신학대학원으로 공부하러 간 것이다. 한국에서는 접할 수 없는 이북과 공산권 자료를 찾아 읽으면서 한반도 분단의 문제를 신학적으로 풀려는 노력을 계속했던 것이다. 학위 논문을 마무리하고 조국으로 논문과 자료를 가지고 귀국하려 했으나 그 자료가 불온 문서로 분류되어 있어 한국 반입이 불가능하다는 것을 알고 빈손으로 귀국했다. 몇 년 전 다시 프린스턴에 들러 필요한 자료를 찾았으나 중국 삼자애국운동을 다룬 석사논문은 끝내 찾지 못했다.

필자가 소명을 받던 순간부터 지금까지 변함없는 초월 신앙의 소유자이면서 그 신앙을 역사적·사회적인 사건과 연결시키려고 노력했듯이 한국 기독교인이 이북 동포를 만나 보여줄 초월 신앙도 저들의 현장과 만날 수 있는 기독교 신앙임을 행동으로 보여야 한다는 것을 다시 한 번 강조한다. 하나님의 사랑과 그리스도의 삶에 감동되어 기독교인으로 사는 자들은 보이는 현 세상의 한복판에서 민중의 현실적인 문제를 풀어주는 힘으로서의 기독교 신앙을 보여줄 수 있어야 한다. 이북의 기독교 제거는 초월의 힘이 민중을 억압하는 데 이용되었고 가진 자의 재산 축적과 오만에 힘을 보태주는 일에 도움을 주었을 뿐이고 가난하고 눌리며 아파하는 민중에게는 전혀 도움을 주지 않았다는 것을 이북에서 종교를 비판하는 사람들은 이구동성으로 지적하고 있다. 기독교의 초월 신앙이 민중에게 도움을 주기는커녕 민중을 짓누르는 데 이용되었다는 것이다. 초월 신앙이 아편 작용을 하게 해 순종적으로 만들고 겸손하게 해 힘 있는 자, 가진 자가 마음대로 민중을 종처럼 부릴 수 있게 했기 때문에 그런 잘못된 초월 신앙은 민중에게 해악을 끼친 셈이 되었다고 비판하고 그런 신을 제거해야 한다면서 기독교를 잘라냈던 것이다. 이제 기독교 신앙은 역사의 한복판에서 민중을 해방하고 자유와 평화를 선사하려고 노력하면서 권력자와 가진 자와 싸우시다가 미움을 받아 극형인 십자가에 희생당한 예수의 진면목을 전함으로써 남북한에 참된 모습의 기독교를 재건하는 사명을 다해야 한다. 초월 신앙이 현 역사의 한복판에서 민중의 강한 힘으로 표현될 때 이북에 새로운 예수의 무리가 우후죽순처럼 자라날 것이다.

참고문헌

1. 국내 문헌

극동문제연구소 편. 1974. 『북한전서』. 서울: 극동문제연구소.

김창순. 1961. 『북한 15년사』. 서울: 북한연구소.

김학준. 1986.6.27. "역사는 흐른다(56)". ≪조선일보≫, 5면.

민경배. 1972. 『한국기독교회사』. 서울: 기독교서회.

박형규. 1973. 「소외된 민중들과 교회의 선교」. ≪기독교사상≫, 제7권, 23~26쪽.

윤진헌. 2010. 『한국독립운동사』. 서울: 이담북스.

이승헌. 2015.6.29. "국민이 감격의 눈물 흘리는 … 美대통령의 '통합 메시지'". ≪동아일보≫, A2면.

정원범. 2015. 「평화통일선교신학의 기조 아래 새터민 선교의 신학적 과제」. 제99기 새터민 선교 워크숍 자료집. 서울: 대한예수교장로회 총회 국내선교부.

최재영. 2014.11.15. "북한의 종교자유와 인권은 어디까지인가?". ≪News M≫, 1면.

_____. 2015.2.26. "제1전시관 기독교 관련 전시물의 허와 실". ≪통일뉴스≫.

홍성현. 1982. 「Mission Consultation 보고서」(경주).

_____. 1992. 『중국교회의 전기와 새로운 중국의 신학』. 서울: 한울.

허문영. 2015. 「남과 북의 평화통일 현실진단과 미래전망」, 제99기 새터민 선교 워크숍 자료집. 서울: 대한예수교장로회 총회 국내선교부.

Horace G. Underwood. 1991. *Underwood of Korea*. Seoul: Yonsei University Press.

Paek, Nak-chun. 1929. *The History of Protestant Mission in Korea 1832-1910*. Seoul: Yonsei University Press.

"Ro Un-Kyo Jimmun Chosasho(고검사상조사과 여운형 심문조사서)". 1933. *Chōsen shinsō undō chōsa shiryō*(한국 사상운동 조사 자료), No. 2. Seoul, p. 55.

2. 이북 문헌

강성만. 1964. 「인간성, 문화, 그리고 아름다움」. ≪근로자≫, 제12권, 30쪽.

≪근로자≫. 1962. 2월 호, 12쪽.

_____. 1964. 12월 호, 2쪽.

_____. 1969. 5월 호, 7쪽.

_____. 1972. 11월 호, 2쪽.

김국진. 1969. 「김일성동지의 이론은 당의 지도이념이다」. ≪근로자≫, 제10권, 49쪽.

김동규. 1967. 「당의 정책수행과 혁명적 정신」. ≪근로자≫, 제2권, 2~7쪽.

김상기. 1963. 「젊은이들을 위한 도덕교육」. ≪근로자≫, 제9권, 9쪽.

김송학·정달곤. 1965.9.18. "대중의 정책은 우리 당의 모든 활동의 기초이다". ≪노동신문≫, 2~3면.

김일성. 1963. 『김일성전집』. 평양: 평양출판사.

_____. 1969. 『사회과학의 임무에 대하여』. 평양: 조선노동당 출판부.

김철희. 1960. 「남반부에 퍼져있는 부르주아 철학의 특성과 반동성」. ≪역사과학≫, 제2호, 61쪽.

김형일. 1963. 「계급적 본성과 인간의 본성」. ≪근로자≫, 제13권, 13쪽.

김후선. 1957. 「조선의 모순들의 특성들과 그것들을 해결하는 방법들」. ≪역사과학≫, 제4호, 5쪽.

김해균. 1963. 「실존주의 문학의 성격」. ≪근로자≫, 제10권, 33쪽.

림훈. 1963.11.16. 「사회주의와 종교」. ≪근로자≫, 27면.

사설. 1965.11.20. 「우리는 혁명을 계속시켜야 한다」. ≪근로자≫, 3면.

_____. 1969. 「위대한 지도자 김일성동지의 현명한 지도 아래 있는 우리 인민의 혁명적 과업은 누를 수 없다」. ≪근로자≫, 제4권, 3쪽.

_____. 1969.1.15. 「사회주의 기초가 닦아진 후에도 혁명은 철저히 수행되어야 한다」. ≪근로자≫, 10~17면.

≪세계신보≫. 1986.7.1., 8면.

신영하. 1965. 「미국의 남한 침략의 도구로서의 종교」. ≪근로자≫, 제6권, 28쪽.

신창선. 1968.8.30. 「혁명적 낙관주의 이론」. ≪근로자≫, 33면.

안덕평. 1967. 「부르주아들의 철학사상」. ≪근로자≫, 제8권, 56쪽.

양형섭. 1965.9.17. "우리는 당원들과 노동자들을 혁명화해야 한다". ≪노동신문≫, 2~3면.

_____. 1969. 「혁명적인 세계관과 당 이념 교양」. ≪근로자≫, 제1권, 34쪽.

이주석. 1967. 「남반부의 사회적 상황과 실존주의」. ≪근로자≫, 제8권, 56쪽.

임종봉. 1969.11.2. "혁명을 계속시키는 것은 사회주의의 완전한 승리를 위해 필수적 조건이다". ≪노동신문≫, 2면.

임춘봉. 1969.11.1. "혁명의 계속은 사회주의의 완전한 승리를 위한 필수조건이다". ≪노동신문≫, 2면.

정하철. 1957. 『왜 우리는 종교를 배척해야 하는가?』. 평양: 평양출판사.

「조선노동당 제3차 대회 중앙위원회 과업에 관한 보고서」. 1956.4.23.

『조선문화사전』. 1973. 평양: 조선사회과학연구소.

『조선중앙년감』. 1974. 평양: 조선중앙통신사.

철학연구소. 1985. 『철학사전』. 평양: 평양출판사.

황영식. 1964. 「사회주의와 인간의 성격」. ≪근로자≫, 제9권, 24쪽.

홍기만 외. 1958. 『조선통사』. 평양: 평양출판사.

≪해방일보≫. 1945.9.19., 1면.

Kim, Il Sung. 1970. *Report on the Work of the Central Committee to the Fifth Congress of the Workers' Party of Korea*. Pyongyang: Foreign Languages Publishing House.

_____. 1971. *The Democratic People's Republic of Korea is the Banner of Freedom and Independence for our People and the Powerful Weapon of Building Socialism and Communism*. Pyongyang: Foreign Languages Publishing House.

_____. 1972a. *Duties of Literature and Arts in our Revolution*. Pyongyang: Foreign Languages Publishing House.

_____. 1972b. *Juchei*. Pyongyang: Foreign Languages Publishing House.

_____. 1972c. *Selected Works,* Vol. 3. Pyongyang: Foreign Languages Publishing House.

_____. 1972d. *Selected Works,* Vol. 4. Pyongyang: Foreign Languages Publishing House.

3. 외국 문헌

Acton, Harry B. 1962. *The Illusion of the Epoch: Marxism-Leninism as a Philosophical Creed*. London: Cohem & West Ltd.

Berdyaev, Nicholas. 1937. *The Origin of Russian Communism*. trans. by R. M. French. London: Centenary Press.

Blair, William N. 1977. *The Korean Pentecost and the Sufferings Which Followed*. Edinburgh: Banner of Truth Trust.

Bloch, Ernst. 1966. *On Karl Marx*. NY: Herder & Herder.

_____. 1971. *Man on His Own*. NY: Herder & Herder.

_____. 1974. *Das Prinzip Hoffnung*, Vol. 3. Frankfurt am Main: Suhrkamp Taschenbuch.

Bocheński, Józef M. 1950. *Der sowijetrussische dialektische Materialismus*. Bern: Lehnen.

Bonhoeffer, Dietrich. 1967. *Letters and Papers from Prison*. NY: Macmillan Company.

Breznev, Leonid I. 1970. *Lenins Werk Lebt und Siegt*. Moskow: APN.

Bykhovsky, Bernard. 1970. *The New Man in the Making*. Moscow: Novosti Press Academy publishing House.

Calvez, Jean-Yves. 1964. *Karl Marx, Darstellung und Kritik seines Denkens*. Olten und Freiburg: Walter.

Curtiss, John S. 1940. *Church and State in Russia*. NY: Columbia University Press.

Davison, Leslie. 1954. *The March of Communism*. London: Epworth Press.

Dirks, Walter. 1947. "Marxismus in Christliche Sicht." *Frankfurter Hefte*(Feb.), p. 141.

Dryburgh, G. & C. Miller. 1952. *The Challenge of Communism*. London: SCM.

Eine Vergleichende Enzyklopädie, Bd. 6. 1972. Freiburg: Herder.

Fetscher, Iring. 1967. *Karl Marx und der Marxismus*. München: R. Piper & Co.

Feuerbach, Ludwig. 1904. *Samtliche Werke*, Vol. 1. Frommann-Holzboog: Stuttgart.

Freire, Paulo. 1970. *Pedagogy of the Oppressed*. NY: Herder & Herder.

Garaudy, Roger. 1966. *Christliche Humanität und Marxistische Humanismus, Dokumente der Paulus-Gesellschaft*. München: Paulus-Gesellschaft.

Gardavský, Vitězslav. 1970. *Hoffnung aus der Skepsis*. München: Chr. Kaiser.

Gollwitzer, Helmut. 1970. *Christian Faith and the Marxist Criticism of Religion*. NY: Charles Scribner's Sons.

György, Lukacs. 1965. *Der Junge Marx*. Phullingen: Neske.

Hegel, Georg W. F. 1969. *Briefe von und an Hegel: 1813-1822*, Bd. 2. Hamburg: Meiner.

Heine, Heinrich. 1980. *Sämtliche Werke*, Vol. 8. Hamburg: Hoffmann und Campe.

Johnston, Joseph. 1956. *God's Secret Armies Within the Soviet Empire*. NY: Putnam.

Johnson, Oakley C. 1966. "Marxism and the American Christian Church: 1876-1917." *Political Affairs*, Vol. 45(July), pp. 53~63.

Kim, Il Sung. 1975. *For the Independent Peaceful Reunification of Korea*. NY: International Publishers.

Kutter, Hermann. 1910. *Sie Müssen: Ein offenes Wort an die christliche Gesellschaft*. Jena: H. Walther.

Lee, Chong-Sik 1962. "Korean Communists and Yenan." *China Quarterly*(Jan~March), p. 182.

Lenin, Vladimir. 1937. "The Attitude of the Workers' Party Toward Religion." *Religion, Little Lenin Library* VII. NY: International Publishers.

_____. 1962. "Materialism & Empirico-Criticism." *Lenin's Collected Works(LCW)*, Vol. 35. Moscow: Progress Publishers.

_____. 1966. "Letter, V. Lenin to M. Gorky in November, 1913." *LCW*, Vol. 35.

_____. 1967. *Selected Works*, Vol. B. NY: International Publishers.

Lexikon für Theologie und Kirche, Vol. 11. 1967. Freiburg: Herder.

Lichtheim, George. 1971. *Marxism*. NY: Player Publisher.

Lindt, Andreas. 1957. *Leonhard Ragaz*. Zollikon: Evangelische.

Lobkowicz, Nikolaus. 1967. "Marx's Attitude Toward Religion." *Marx and the Western World*. ed. by Nikolaus Lobkowicz. Notre Dame: University of Notre Dame Press.

Lochman, Jan M. 1972. *Das Radikale Erbe*. Zürich: TVZ.

Lowry, Charles W. 1952. *Communism and Christ*. NY: Morehouse-Gorham Co.

Machovec, Milan. 1965. *Maxismus und dialektische Theologie, Barth, Bonhoeffer und Hromadka in atheistsch-kommunistischer Sicht*. Zürich: EVZ.

_____. 1967. "Dialog als Menschlichkeit." *Neues Forum*, 14, p. 322.

_____. 1968. "Panzersozialismus." *Neues Form*, 15, p. 521.

_____. 1969. "Aufgemeinsamer Suche nach dem Sinn des Lebens." in Erich Keller(ed), *Schöpfertum und Freiheit in einer humanen Gesellschaft Marienbader Protokolle*. Wien: Europa.

_____. 1971. *Vom Sinn des menschlichen Lebens*. Freiburg: Rombach.

_____. 1973. *God is Not Yet Dead*, trans by Vivienne Menkes. Penguin Books.

Macoin, Gary. 1951. *The Communist War*. NY: Devin-Adair.

Marcuse, Herbert. 1964. *Vernunft und Revolution*. Luchterhand: Neuvied.

Marx, Karl. 1942. "Letter to Engels, March 5, 1869." K. Marx & V. Engels. *Selected Correspondence*. NY: International Publisher.

_____. 1962. *Frühe Schriften*, H. J. Lieber and P. Furth(Herausgeber). Stuttgart: Cotaverlag.

_____. 1964. "The Difference Between the Natural Philosophy of Democritus and the Natural Philosophy of Epicurus." *On Religion*. NY: Schocken Books.

_____. 1965. *German Ideology*. London: Lawrence & Wishart.

_____. 1967. *Capital I*. NY: International Publishing House.

_____. 1969. "These On Feuerbach." *Marx Engels Werke(MEW)*, Bd. 1. Moscow: Progress.

_____. 1971. *Die Frühschriften*. Stuttgart: Alfred Kroner.

Marx, K. & V. Engels. 1927~1933. *Gesamtausgabe*. Moscow & Frankfurt & Berlin: Mel Institute.

_____. 1960. *MEW*, Bd. 8. Berlin: Dietz.

_____. 1976. *MEW*, Bd. 18. Berlin: Dietz.

_____. 1977. *MEW*, Bd. 4. Berlin: Dietz.

_____. 1981. *MEW*, Bd. 1. Berlin: Dietz.

_____. 1987. *MEW*, Bd. 19. Berlin: Dietz.

Mattmuller, Markus. 1957, 1968. *Leonhard Ragaz und der religiöse Sozialismus*, Bd. 1, 2. Königstein: EVZ.

McKwon, Delos B. 1973. *The Classical Marxist Critiques of Religion: Marx, Lenin, Kautsky*. Hague: Matinus Nijhoff.

Moltmann, Jürgen. 1969. "The Revolution of Freedom: The Christian and Marxist Struggle." T. W. Ogletree(ed.). *Openings for Marxist Christian Dialogue*. NY: Abingdon Press.

Post, Werner. 1968. *Kritik der Religion bei Karl Marx*. München: Kösel.

Reading, Marcel. 1957. *Der Politische Atheismus*. Graz: Styria.

Rüegg, Walter. 1969. "Humanismus." in *Religion in Geschichte und Gegenwart(RGG)*, Bd. 3.

Ricca, Paolo. 1974. "Protestantism and the Proletarian Class." *WSCF Dossier*. World Student Christian Federation.

Scalapino, R. A. & C. S. Lee. 1972. *Communism in Korea*. Berkeley: University of California.

Schaff, Adam. 1963. *A Philosophy of Man*. NY: Monthly Review Press.

_____. 1966. *Marx oder Sartre*. Frankfurt: Fischer.

_____. 1969. *Marxismus und das menschliche Individuum*. Frankfurt: Europa.

Shen, YiFan. 1985. "Chinese Christianity in Theological Reflections." *Missiology*, Vol. XIII, No. 3(July), pp. 275~276.

Shinn, Roger L. 1967. "Discussion: Communist-Christian Dialogue." *Union Seminary Quaterly Review*, Vol. 22, No. 3(March), p. 214.

Steiner, Hans F. 1972. "Grundlagen und Grenzen des sowietischen Humanismus." *Lebendiges Zeugnis*, Heft 1/2, p. 43.

Sunoo, Harold Hakwon. 1976. *Repressive state and resisting church: The politics of CIA in*

South Korea. Missouri, Fayette: Korean American Cultural Association.

Tawney, Richard H. 1962. *Religion and the Rise of Capitalism*. Gloucester, Mass.: Peter Smith.

The Communist International Between the Fifth and the Sixth World Congress, 1924-28. 1928. London: Communist Party of Great Britain.

The Emergent Christian Conference on Korean Problems(ed.). 1975. *Documents on the Struggles for Democracy in Korea*. Tokyo: Shinkyo Shuppansha.

Tillich, Paul. 1966. *Der Protestantismus als Kritik und Gestaltung*. Hamburg und Münich: Siebensten.

Tucker, Robert(ed.). 1972. *The Marx-Engels Reader*. NY: W. W. Norton & Company.

Valentinov, Nikolas. 1968. *Encounters with Lenin*. London: Oxford University Press.

Vööbus, Arthur. 1950. *Communism's Challenge to Christianity*. Maywood, Illinois: Seminary Book Store.

WCC. 1967. *World Conference on Church and Society, Official Report*. Geneva: Imprimeriela Concordance.

Weiss, J. & M. Hess. 1960. *Utopian Socialist*. Detroit: MI.

Wolfgang Leonhard. 1962. *Sowjet Ideologie heute, Die Politischen Lehren*. Frankfurt/Main: Fischer Frankfurt.

Zademach, Wieland. 1973. *Marxistischer Atheismus und die Biblische Botschaft von der Rechtfertigung des Gottlosen*. Düsseldorf: Patmos.

Zhdanov, Andrei A. 1947. *Sur l'histoire de la Philosophie*. Europe.

지은이 홍성현

1936년 출생

서울대학교 철학 학사
서울대학교 대학원 종교학 석사
장로회신학대학교 신학대학원 신학 석사
미국 프린스턴대학교 신학대학원 신학 석사
미국 프린스턴대학교 신학대학원 철학 박사과정 수료
미국 클레이턴대학교 철학 박사
미국 휘턴대학교 박사 후 과정 연구

새문안교회, 인천제일교회, 무학교회, 수송교회 등 목회
전 아세아연합신학대학교 교수, 서울장신대학교·장로회신학대학교 강사
현 갈릴리신학대학원(한국 분원) 원장

저서: 『맑스주의자들의 종교비판』(1988), 『중국교회의 전기와 새로운 중
　　　국의 신학』(1992) 외 다수

한울아카데미 1837

마르크스주의자들의 종교비판을 넘어서서
한반도 화해신학 서설

ⓒ 홍성현, 2015

지은이 ┃ 홍성현
펴낸이 ┃ 김종수
펴낸곳 ┃ 도서출판 한울

편집책임 ┃ 배유진
편집 ┃ 강민호

초판 1쇄 인쇄 ┃ 2015년 10월 8일
초판 1쇄 발행 ┃ 2015년 10월 19일

주소 ┃ 10881 경기도 파주시 광인사길 153 한울시소빌딩 3층
전화 ┃ 031-955-0655
팩스 ┃ 031-955-0656
홈페이지 ┃ www.hanulbooks.co.kr
등록번호 ┃ 제406-2003-000051호

Printed in Korea.
ISBN 978-89-460-5837-8 93230(양장)
ISBN 978-89-460-6072-2 93230(학생판)

* 가격은 겉표지에 표시되어 있습니다.
* 이 책은 강의를 위한 학생판 교재를 따로 준비했습니다.
  강의 교재로 사용하실 때에는 본사로 연락해주십시오.